闲话宰相

匡继先 编著

江西人民出版社
Jiangxi People's Publishing House
全 国 百 佳 出 版 社

图书在版编目（CIP）数据

闲话宰相/匡继先编著. —南昌:江西人民出版社，2014.10

ISBN 978 – 7 – 210 – 06737 – 5

Ⅰ.①闲⋯　Ⅱ.①匡⋯　Ⅲ.①宰相 – 生平事迹 – 中国 –
古代 – 通俗读物　Ⅳ.①K827 = 2

中国版本图书馆 CIP 数据核字(2014)第 240625 号

书名:闲话宰相
作者:匡继先　编著
责任编辑:吴艺文
封面设计:章　雷
出版:江西人民出版社
发行:各地新华书店
地址:江西省南昌市三经路 47 号附 1 号
编辑部电话:0791 – 86898470
发行部电话:0791 – 86898815
邮编:330006
网址:www.jxpph.com
E – mail:jxpph@ tom. com　web@ jxppj. com
2015 年 5 月第 1 版　2015 年 5 月第 1 次印刷
开本:787 毫米×1092 毫米　1/16
印张:13. 25
字数:200 千
ISBN 978 – 7 – 210 – 06737 – 5
赣版权登字—01—2014—628
定价:29. 80 元
承印厂:南昌市红星印刷有限公司
赣人版图书凡属印刷、装订错误,请随时向承印厂调换

写在前面

"闲话"，所涵盖的范围，可谓无边无际。大的有关天地风云，世界纵横，国事见闻；小的如家长里短，他人私情，身边琐事。闲话也是休闲场合一壶茶，品人品事，品是品非，品古品今，其中可能是正经的话，也可能不是正经的话。总之，说得无拘无束，随心所欲，常常是感之所发，兴之所至，情之所动，心血来潮。没有定势，没有严格逻辑和顺序。

宰相入列闲话，内容很多，其故事、其权势、其才识、其交往、其性格、其家事、其作风、其兴趣等等，常常是正史所不见，而又是人们所乐闻的。

《闲话宰相》中叙述的人物事例，均有史料依据，不是戏说。

《闲话宰相》为通俗读物，文字平白、通俗，尽量写得生动、活泼，让读者感兴趣。

《闲话宰相》，穿插对某些人物和某些事件的个人解读、认识、议论和联想，未必完全妥当，尽量体现闲话的特色。

书中的闲话，也有个思想境界问题，格调不可低俗。从闲话中应悟出点道理，得到一些启示，增加一些智慧，学到一些知识，享受一些乐趣。

目录

"宰相"这个官 —————— 1

皇权与相权 —————— 9

忽悠皇帝的高手 —————— 16

铁杆宰相萧何 —————— 26

最累和最闲的宰相 —————— 35

大老粗的精细 —————— 43

警诫万世八个字 —————— 47

分肉的大智慧 —————— 52

五朝的不倒翁 —————— 55

女皇手下的宰相 —————— 61

风流宰相 —————— 68

老鼠的启示 —————— 74

脸上的命运 —————— 80

救命的脱衣计 —————— 84

机关算尽,搭上老命 —————— 86

软硬兼施的两封信 —————— 88

日食的警告 —————— 91

倒数第一做宰相 —————— 94

大恩无言 —————— 98

一本难念的经 —————— 102

一杯毒酒 —————— 105

挨嘴巴的一堂课 —————— 109

林子一大,什么鸟都有 —————— 112

最高的一级跳 —————— 122

多磕头,少说话 —————— 127

宰相的一顿饭 —————— 130

稀奇的百岁 —————— 136

在朝为相,在家为奴 —————— 138

谀相的马屁术 —————— 141

卓越的政论家 —————— 148

七十五天宰相 —————— 154

别忘照镜子 —————— 159

埋在墓地的诚信 —————— 162

后代的成败 —————— 165

大海的肚量 —————— 168

尝屎、放鸟与送镜 —————— 173

李林甫选女婿 —————— 176

刚烈的风骨 —————— 178

贪污也有冠军 —————— 183

驱神逐鬼何其威 —————— 192

一副画,看十天 —————— 196

主要参考书目 —————— 199

附录 —————— 200

"宰相"这个官

宰相者,上佐天子理阴阳、顺四时,下遂万物之宜。外镇抚四夷诸侯,内亲附百姓,使卿大夫各得任其职焉。

——西汉·陈平

在中国古书和现今的史学著作中,或影视、戏剧的古代人物中,经常会看到宰相。这个官很不寻常,用简单的话说,宰相是中国封建社会的最高行政长官,其官职之大,在皇帝一人之下,百官之上。

"宰相"两个字是由"宰"和"相"组成的,"宰"为主管,"相"为辅佐,即辅佐帝王管理政事。将两个字联系在一起成为"宰相",最早见于《庄子·盗跖》和《韩非子·显学》。庄子和韩非子都是战国时人,他们说的宰相,只是泛指当时辅佐国王执掌政权的大官。秦始皇统一中国后,自称"始皇帝",并在中央设立丞相一职,协助皇帝处理全国政务,丞相是宰相的个称,这时宰相即成为辅佐皇帝主管政务的最高行政长官,以后在中国封建社会一直沿用下来。

但"宰相"一词,只是最高行政长官的总称,并不是实际的官称。实际官称从秦始皇开始到清末,各朝各代都不一样,可谓名目繁多、五花八门。比如,秦朝设丞相,西汉设丞相、相国为中央最高行政长官,统称为宰相。以后,宰相制度不断改变,三公中的司马、司徒、司空,均视为宰相。及至隋代唐初,又以尚书省长官尚书令(尚书令不常设,以左、右仆射代之)、中书省长官中书令、门下省长官侍中为宰相。之后,唐又统一以中书门下平章事为宰相。宋元又在唐朝基础上进行改革。到明清虽然废除了宰相,但内阁大学士、军机大臣,仍视为宰相,不过宰相的权力和职责比秦汉时小多了。这只是简单一说,实际的官称变化很多。

宰相既然在百官之上，具有无可比拟的巨大权力和崇高的荣誉，极为尊贵，因此宰相这个官，既受人无比仰慕，但又很难攀登到手。另一方面，宰相担负着辅佐皇帝、治理国家、统领百官的重大责任，因此有人即使侥幸当上宰相，也很难当好这个官。

首先，没有很高才能的人当不了，就是有很高才能的人也不见得能始终如一地当好宰相。三国中的蜀国丞相诸葛亮，很有才能吧，在出山前的隆中对，对天下大势分析得十分精辟，说得三顾茅庐的刘备心服口服、五体投地。

当诸葛亮成为刘备的军师时，他面对曹操亲率的南伐大军，亲自去东吴游说，联吴拒曹，最后赤壁一战，打得曹兵丢盔弃甲，巩固了天下三分大势。随后他又辅佐刘备取荆州、夺益州，使刘备成为皇帝，他做上了宰相。他在治蜀中，政治清明，也干得不错，可谓是超一流的智慧型宰相。

但之后，诸葛亮亲率大军北伐，在对曹魏的多次战争中，却屡遭挫败，最后病死在北伐中。

诸葛亮在北伐中不是没有谋略，而是精心筹划，竭尽思虑，实因双方力量太悬殊，再加上军队粮草运送困难，当然也有智者千虑，在用兵上未必周全的问题，最后没有完成统一大业的夙愿，成为诸葛亮的终生遗憾。

可见，宰相即使有天大本事，由于碰上难以逾越的客观因素的限制，也是很难完成他的雄心壮志的。因此，宰相在前进的道路上，曲曲折折，困难重重，有时能够成功，有时也会遭到挫败，像诸葛亮这样有很高才能的宰相，即使鞠躬尽瘁、耗尽心血，也未能事事功成名就，可见宰相事业之艰难。

王安石像

宋朝神宗宰相王安石，也是非常有才能的。22岁中进士，文才出众，是唐宋八大文豪之一。特别是他有很强的行政能力，有超群的改革意识。他在任宰相时以恢宏的气魄、高远的抱负、富国强兵的意志，一心想扭转宋朝积贫积弱的不利局面，因而他大刀阔斧地领导一次广泛的变法运动，对财政、农事、工业、商业、军事、科举、教育各个方面进行了重大改革，这些重大改革得到宋神宗的赞許和支持,并取得初步成效。但却触犯了大地主、大官僚的利益,得罪了皇亲国戚和保守派,他们联合起来,掀起巨大声浪反对王安石变法,使王安石每前进一步都伴随着激烈的斗争和巨大的困难。再加上熙宁六年至八年(公元1073—1075年),老天爷也不帮忙,连续大旱,灾民到处流亡,更成为反对派攻击王安石变法的口实。王安石处在极为困难的境地,已无法继续执政,因而要求辞去宰相一职,神宗也只能罢免了王安石。

之后又有人请求神宗恢复王安石相位,王安石第二次入相后,一心想进一步推行新法,但变法阵营内部的分裂已十分严重,王安石此时又体弱多病,神宗也不像以前那样信任他,因此他心灰意冷,又再次辞去了相位。王安石的两上两下,步履多么艰难!

但更令宰相为难的,是和皇帝的关系。皇帝和宰相的关系,是君臣关系、上下关系、辅佐与服从的关系。皇帝是国家的头号人物,主宰一切,有无限权力,有至高权威,有绝对命令。皇帝集立法、司法于一身,皇帝的一句话,就是金科玉律,等同法律,臣下当然都不得违抗,甚至君叫臣死,臣也不敢不死。在这种高压之下,宰相伴君如伴虎,整天战战兢兢,如临深渊,如履薄冰。真不知哪一天上朝得罪了皇帝,回不了家。明朝丞相胡惟庸与皇帝朱元璋闹矛盾,朱元璋便以谋反罪将其处死,这还未了,坐诛者竟达三万余人之多,十分惨烈。可见宰相的命运完全掌握在皇帝手中。

但皇帝又离不开宰相,因为不管这个皇帝有多大权力,才能有多么高明,学识有多么渊博,经历有多么丰富,但一个人的能力和认识总是有局限性的。这一点英明一世的唐太宗最有体会,有一次唐太宗向宰相萧瑀讲述这样一件事:"朕少年时就喜欢弓箭,以后又常拉弓射箭,自以为尽知弓箭的奥妙。可是最近得好弓十多张,拿给造弓的工匠看,工匠认为都不是用好材料做成的,朕问其缘故?工匠说,木心不正,木的纹理必然歪斜,弓虽然刚劲有力,但射出的箭不直,这当然不是好弓。"从这件事唐太宗领悟出一个道理:朕以弓箭平定天下,所用的弓可谓多矣,可是现在还不算真正懂得弓箭,何况朕得天下的时间还很短,对治国之道还不如对弓箭懂得多,对弓的判断还有错误,何况是治理国家!唐太宗从这一普通事物的感悟中,联想到帝王治国理政、安邦兴业,宰相的辅佐是绝对不能少的。唐太宗更深知宰相的进谏、匡正自己的失误是非常重要的,因而他一生喜欢大臣进谏,也善于纳谏。

唐太宗李世民像

但宰相向皇帝的进谏，难度可就大了。胆大刚直者少，像唐朝宰相魏征，向唐太宗进谏时，敢于说出别人不敢说的话，而且语言尖锐深刻，劈头盖脸，从不留情面。唐太宗虽然对宰相进谏有相当大的肚量，对魏征也特别尊重，但有时又认为魏征的进谏过于损害自己的尊严，在朝廷众官面前下不了台。有一次他下朝后竟对长孙皇后气愤地说，早晚我要杀死这个乡巴佬，这个乡巴佬就是魏征。幸亏长孙皇后向他说了一句"君明臣直"，这才使唐太宗转怒为喜。像唐太宗这样英明的皇帝还对魏征的刚直进谏怀有除掉的念头，其他的皇帝那就更难说了。

因此很多宰相在向皇帝进谏时怀有恐惧感，顾虑重重。有一次，唐宪宗要对进谏的人问罪，宰相李绛出来反对，劝皇帝说："人臣向君主进谏谈何容易，君主尊贵如天，群臣卑下如地，加上皇帝有雷霆之威，进谏者有诚惶诚恐之惧，进谏开始时要陈述十事，很快就减少五个，即将上奏时，又胆战心惊，削去一半。当到奏陈之际，也不过十中有二。为什么会是这样？因为臣下担心会遭到不测，对自身不利。"这段话对进谏者的描述多么活灵活现！因此宰相如何向皇帝进谏也是一个伤透脑筋的难题。

那好，进谏时向皇帝拍马屁可保险无事吧，有些宰相的确这样做了，如唐朝宰相李林甫就是这样一个典型人物，他的进谏投唐玄宗之所好，拍得龙颜大悦，取得唐玄宗的充分信任，而且做宰相长达19年。但是，那些贤良宰相对治理天下怀有强烈的责任感，不愿做低三下四、降低人格、只会拍马屁的谀相，更不愿做欺上瞒下、为非作歹的奸相，宁愿冒犯龙颜，也要为国为民争个高低，这些宰相的处境往往相当困难，或者要冒很大的风险。

宰相无功，在朝廷是站不住脚的，但功盖天下，也有风险，甚至有功高镇主之患。这在历史上是有教训的，君不见汉高祖刘邦是怎样怀疑功高盖世的丞相萧何的。隋文帝杨坚是怎样罢免开国第一功臣也是他所宠幸的宰相高颎的。皇帝对功高的宰相既怀有敬畏心，又怀有警戒心，还怕他有野心，更担心相权压过君权，出现尾大不掉的局面。

可见宰相，既怕因无功无绩，被皇帝摘掉乌纱帽；又怕因功高权大震主，受皇帝猜忌，受小人算计，自身不保。因此，宰相如何拿捏自己，既保住相位，取得皇帝信任，又不因功高权大而遭灭顶之灾，这也不是容易的事。看起来当宰相处处有人盯着你，稍有不慎，就会身败名裂。

当宰相之难，还难在要担负很大的责任。辅佐皇帝不力，宰相有直接的责任；国力衰败，宰相罪责难逃；民生凋敝，宰相要受指责；用人不当，宰相有干系；出兵失利，宰相也逃不了谋划失误的问责；甚至调理阴阳不好，引起天怨人怒，宰相更有不可推卸的责任。

西汉著名宰相陈平说宰相的职责是："上佐天子理阴阳、顺四时，下遂万物之宜，外镇抚四夷诸侯，内亲附百姓，使卿大夫各得任其职焉。"这里所说的"阴阳"，实际指春、夏、秋、冬四季，春夏为阳，秋冬为阴。宰相治国理政，必须顺应四时的变化，不能人为地干扰农时，不能超负荷地抢夺民力，不能随便地发号施令，不能来回折腾百姓，使万物和百姓有一个好的生存环境，使阴阳二气和谐运转，这样百姓既可安居乐业，国家也逐步走向安康，这是宰相所关注的大问题和掌握的大方向。

汉宣帝时宰相丙吉，有一次外出，刚离开长安城，就看见路旁有一群人斗殴，死伤横道。丙吉经过，看了两眼，也不过问，随从的官员很奇怪。

丙吉继续往前走，看见有人追牛，牛吐着舌头气喘吁吁地往前跑。丙吉站住脚，打发随从官员去问追牛的人，牛跑了几里。随从的官员更奇怪了，便对丞相说，你看见一群人斗殴不问，反而问牛跑几里路，这是不是有些不对头？并暗自讥笑丙吉，他这个丞相当得有些糊涂，颠三倒四。

丙吉不慌不忙地对他们说，民斗互相杀伤，有长安长官京兆尹去管，由他们抓捕审问，作为宰相只在年终时对其考核，评其优劣，奏请皇帝予以赏罚就可以了，宰相不亲自过问民间斗殴这等小事，所以在路上没有干预。现在正是春季，天气还不热，而牛竟跑得气喘吁吁，可能是天气不正常，暑气太盛，气节失调，恐怕要伤及万物。宰相是调和阴阳的，所以我非常担忧，这才过问牛的事情。

随从官员这才明白宰相的用意，佩服丙吉识大体，有眼光，尽职责。

这个故事说明,宰相的视野和职责是关注全局的,凡是有损百姓生活和万物生长的人为因素和不利气候,宰相都忧心忡忡,特别要关注,并要设法补救。由此可见,宰相理阴阳、顺四时所负的责任可谓大矣,稍有疏忽和怠慢,就可使百姓受到难以估量的损失,使国家经济蒙受巨大的灾难。到那时宰相的日子可就不好过了,轻则受到指责,重则可能丢掉乌纱帽,甚至还有更不好的下场,宰相虽然没有回天之术,但也要有补天之力,宰相身上的担子的确压得很重!

当宰相还难在,宰相确定任何决策,或进行重大改革,实施某项计划,变动官员任用,采取一些断然措施,等等,都会牵动各路神经,都会损伤某些高层人物的利益,必然遭到这些人的反对和抗争,其结果令人难以预料。

明朝著名宰相张居正,是一个杰出的改革家,他在万历年间,利用首辅(即首席宰相)的大权,从中央到地方、从财经到土地、从吏治到学政等方面进行了大胆而果断的改革,这些改革无疑对扫除积弊、整顿吏治、打击豪强、减轻百姓苦难有不少好处。但却受到豪强、保守官僚和大地主势力的顽强抵抗,遭到无情的污蔑和咒骂。

万历五年(公元1577年),张居正父亲去世,皇帝强令他不要回家服丧守制,继续上朝处理政事。反对他的人,就抓住这件事大加鼓噪,说他贪恋禄位,置养育之恩于个人名利之下。他夺情留任,有悖于人子之天性,应勒令他回家闭门思过,甚至骂他是巨奸大猾、伪君子、独裁者。这些人想把张居正赶出朝廷,最后虽然未能得逞,但对张居正却是个无情的打击。

比较起来,张居正还算幸运多了,晚清军机大臣(宰相)翁同龢的遭遇更不幸。翁同龢不但是晚清资深宰相,而且是光绪皇帝的老师,由于协助光绪皇帝变法维新,为老佛爷慈禧太后所记恨,不但将他革职免官,永不录用,而且交与地方官严加看管,把老头子软禁起来。翁同龢遭此沉重打击,心神憔悴,隔几年,便离开了人世。

由于宰相一官在朝廷中居于核心地位,他的所作所为受到四面八方的牵制,受到各种利益集团的猜忌和打击,尤其皇帝一族的势力派更难对付,像慈禧这等人物,居高临下,一言九鼎,谁和她的利益冲突,一定没有好的下场。

看起来,当上宰相,既是喜,也是忧。喜的是,官大了,权大了,一呼百应,好像什么都会有。忧的是,不知什么时候会从高位上摔下来,轻者革职罢官,重者可能小命也没了。因此有的人被任命为宰相则十分恐慌,不以为喜,反以为忧。

汉武帝刘彻于太初二年(公元前103年),任命公孙贺为丞相,公孙贺诚惶诚恐,趴在地上一边磕头一边哭着说:"臣本是一个守护边疆的小人物,因为有点战功才做了官,我的才能不配做宰相。"武帝命令左右扶他起来,他还是跪在地上不动,武帝只得亲自去扶他,公孙贺没办法才接受任命。出了朝廷,他唉声叹气:"从此以后,我就面临危险了。"

公孙贺有这种不祥的预感是有原因的,在他之前,一连有三位宰相因获罪而自杀。因此公孙贺做上宰相后,特别小心谨慎,但是这种不祥的事情,还是来到他的身上。武帝征和二年(公元前91年),因他的儿子犯罪,公孙贺受牵连而入狱,不但自己死去,而且全家都被诛杀。

唐朝有一个人叫岑文本,唐太宗贞观十八年(公元644年)升任他为中书令,成为宰相。回到家中,他不是喜形于色,而是忧愁满面,老母问何缘故?岑文本说:"我既没有特殊功勋,也不是皇帝的老臣故旧,骤然受此宠,居宰相高位,担负重大责任,所以十分忧虑。"不少亲友来到他家祝贺,他说了一句:"欢迎各位光临,但不接受祝贺。"还有人劝他当宰相要趁机捞一把,大营产业,他严词拒绝。正因为他忧心于做宰相,从而小心翼翼,如履薄冰,为政清廉,生活简朴,最后成为一个忠于职守的好宰相。

但有些人对宰相一官十分痴迷,望眼欲穿地渴望有一天能当上宰相,整天做宰相梦。唐朝就有这么几个官僚,在一起闲聊,唱他们的狂想曲。一个叫郝处俊的说:"愿秉枢轴一日足矣。"所谓"枢轴",即朝廷的中心机构、核心地位,这当然指的是宰相。这句话说白了,就是"能当上一天宰相也就知足了"。其他三个人,高智周、来济、孙处约更羡慕宰相的尊贵和权势,巴不得有一天能登上宰相宝座。也不知上天是如何安排的,竟如此凑巧,他们三人竟梦想成真,先后都做上宰相,过了一回宰相瘾。

值得提及的还有一个唐朝人宗楚客,此人更狂妄,他有一次对亲人说:"开始时,我官微职低,非常羡慕宰相,当我做上宰相后,又思太极,南面一日足矣。"这里说的"太极"和"南面"都指的是皇帝。就是说做宰相还不过瘾,还想当皇帝,真是人心不足蛇吞象。

还有的人为要当宰相,要尽各种卑鄙手段。唐朝的宦官李辅国,曾对唐肃宗有过功劳,因而飞扬跋扈,权横朝野,当兵部尚书(等于今天的国防部长)还不满足,又要求肃宗提升他为宰相。肃宗知道这个人心术不正,不想让他做宰相,可是又不好明讲,推说没有宰相和大臣的推荐怎么办呀?于是李辅国到处活动,请宰相和大臣为他写推荐表,结果没有一个人写,都石沉大海,眼看他做宰相的美梦就要破灭了,但峰回路转,肃宗去世后,李辅国积极拥立代宗做皇帝,代宗为报答其拥立之恩,任他为宰相。他做宰相后,根本不把皇帝和其他宰相放在眼里,事无巨细,全由他裁决,因而君臣上下极为愤恨。真是恶有恶报,有一天,有人冲入他家中,割去他的脑袋和手臂飞驰而去。这事是谁指使干的,无有下文。看起来,宰相一官不可强求,更不可飞扬跋扈。

宰相一官,拥有极大的权势,如果把这种权势,用在为人民造福上,用在国家富强上,矫正时弊,勇于革新,解民之困,解国之难,先天下之忧而忧,鞠躬尽瘁,即使在前进的道路上有成功也有失败,也是一位名垂青史的贤良宰相。

反之,如果把手中掌握的极大权势,用在个人的私利上,独断专横,胡作非为,贪赃枉法,欺压百姓,陷害忠良,引起官怒民怨,使国家面临危难,即使他个人得手于一时,甚至飞黄腾达,但最后很难有好下场,历史也饶不了他,必然成为万人唾骂、遗臭万年的奸相。

也有一些宰相,不会使用手中的权力,或无能使用手中的权力,甚至也不敢使用手中的权力。他们处理政事,遇到难事,既无主张,也无办法,整天糊里糊涂,既怕得罪人,又怕惹是生非,更怕树叶砸破自己的脑袋,因此遇事绕着走,模棱两可,整天庸庸碌碌,成为名副其实的庸相。

中国封建时代的宰相可谓多矣,究竟有多少,史家的意见很不一致,至今也没有一个权威的、准确的数字。但宰相一官在历史上所起的重大作用却毋庸置疑,这种作用有些是积极的、正面的;有的是消极的、负面的。因此宰相这个官什么形象都有,什么类型都有。

历史在前进,时代在转换,随着历史科学的发展,那些有争议的宰相形象,会越来越明朗,越来越清晰,越来越符合历史的实际。

皇权与相权

君者，出令者也；臣者，行君之令而致诸民者也。

——唐·韩愈

皇帝的权力和宰相的权力，虽然都是封建社会中享有的极大权力，但皇权与相权有根本不同，因为皇帝是封建统治的最高权威，是天下第一号人物。秦始皇创立皇帝制度时，其特征就是皇权独尊，皇权至上，皇权独享。皇权不仅具有立法权、司法权、行政权，还具有决策权、审判权、监督权，可谓集天下大权于一身。因此，皇权对政治、经济、军事、文化等领域，可谓无孔不入，无不彰显他的权力，无不在他控制之下。

不仅于此，皇帝还享有皇位世袭的权力，秦始皇创立皇帝制度时，就规定二世三世至于万世，一直传下去，可是秦朝只传二世，天下就改旗易帜灭亡了。汉高祖刘邦，也把天下视为自家的天下，皇位世袭，父子相传。这种皇位世袭的制度，延续整个的封建时期，一直到清亡。在中国历史的长河中，一个朝代的皇位永传后世的没有，传位最长的是唐朝，唐代有 21 个皇帝，共统治天下 289 年（公元 618—907 年）。皇位，意味着皇权，因此每一个朝代的皇帝都把皇位

秦始皇像

视为命根子。因为他们知道,失去皇位,就等于失去一切。

与皇权相比,宰相的权力虽然也很大,但和皇权不能同日而语。相权是皇帝赋予的,根据形势的变化、皇帝的需要,相权可大,也可小;可集中,也可分散;可长年累月,也可几日免除。相权是为皇帝服务的,相权的天职必须维护皇权。秦始皇的丞相李斯,虽然享有秦始皇给予他的很大相权,而李斯也只能是以他独有的智慧和权力,为维护和巩固秦始皇的权力而献计献策。

比如李斯在秦始皇统一全国以后,在如何管理国家、如何巩固皇权的问题上,他的谋略出人头地,尤为卓越。当时,以丞相王绾为代表的一些大臣曾请求秦始皇,将皇帝诸子封于燕、赵、楚等地为王,主张沿袭西周的分封制。这时的李斯官居廷尉,尚未做宰相,他反对沿袭分封制,认为应接受历史教训,从前的周文王、周武王大封子弟同姓为诸侯,以护卫周天子,可是后来,封国之间彼此疏远,甚至互相攻杀,成为仇敌,周天子也管不了他们。现在秦朝已统一全国,应分别设立郡县制。对皇帝诸子和功臣可以给予特殊照顾,以国家赋税重赏他们,使天下不再产生异心,这才是永久安全之策。可见,宰相和臣下是为巩固皇帝的统治服务的,虽然他们也有些不同意见,可以互相争论,但他们为皇帝效力却是一致的。

对这次不同寻常的重要争论,决策权当然在皇帝。秦始皇认为,过去天下苦斗不止,战乱不休,就是因为分封诸侯的缘故。现在天下刚统一,再分封诸侯,就是自己乱自己,想使国家安定,那就困难了。最后秦始皇决定,按照李斯的意见办,决定设立郡县制。这一决定显然是明智的,其影响远及后代。

但皇帝对宰相的进谏权力,并不是一味尊重,稍不合口味,就大力封杀,甚至严厉惩治宰相。其事其例,还是从秦朝说起。

秦始皇死了以后,因有人假造秦始皇遗诏,使排行十八的儿子胡亥做上皇帝,胡亥没有乃父那样的雄才大略,是个昏庸皇帝,可是他比其父更加残暴,由于加倍奴役、搜刮和残杀百姓,百姓举起大旗造反了,而且声势越来越大,已成为不可阻挡的力量。就在这时,右丞相冯去疾和左丞相李斯还有将军冯劫联合上疏进谏胡亥,说关东成群的强盗起来闹事,我们虽然发大兵镇压,杀了他们很多人,但不能消灭。强盗之所以这么多,是因为百姓的各种劳役太多太重,而且赋税也太多,请求皇帝停止修建阿房宫,减少大量劳役,让戍守边疆的人转回故里,尽量安抚他们。

本来这是缓和激烈矛盾、维护秦朝统治的很好建议,没有料到,竟引起胡亥勃然大怒,说什么享有天下的皇帝,就应当随心所欲,想怎么干就怎么干。在上的皇帝只有实行严刑峻法,在下的臣民才不敢乱来,只有这样,才可以统治天下。同时,胡亥又反守为攻,倒打一耙,说现在强盗群起,你们不但没办法禁止,还想要停止先帝的工程,这不是让我无法报答先帝吗?你们不尽心竭力地效忠于我,还有什么资格居此高位。说完,便决定将李斯、冯去疾等三人关进监狱,审判他们的罪行。你看,这个昏庸皇帝,皇权使他疯狂到什么程度!正由于他的这一昏庸决定,毁灭了秦朝天下和他自己。

皇权是至高无上的,相权完全处于依附和被动的地位。正如韩愈在《原道》中说的一句话:"君者,出令者也;臣者,行君之令而致诸民者也。"这句话,明白地说明了君相之间的关系。

但是,相权在有些时候,对皇权也是有一定的牵制作用。仅以宰相魏征对唐太宗为例,贞观六年(公元 632 年)唐太宗要去泰山封禅,魏征认为,国家现在虽然统一,陛下的功德虽然很高,但百姓还未得到更多的恩惠,国库粮仓还不够充实,还不足以担负封禅大典的巨额费用,现在还不可封禅。唐太宗最后听从了魏征的劝告,中止了封禅。

唐太宗为了个人享乐,要在洛阳修建飞山宫,魏征上疏反对,劝太宗以隋为鉴,隋炀帝倚仗自己富强,调动天下人力物力,兴师动众,征发徭役,为自己修宫殿建台榭,百姓不堪其苦,纷纷揭竿起义,以致国灭身亡。隋朝留下的宫殿,已够陛下享用了,如再建宫殿,过豪华的生活,使百姓不见陛下的仁德而只见劳役,这是最危险的。太宗听了魏征的劝谏,停修飞山宫,并把建宫材料运到遭水灾的地方,给灾民修房屋。可见相权并不是完全消极被动的,对皇权也有一定的制约作用。

从中国历史上也可以看到,皇帝的权力虽然至高无上,但在特殊时代、某种政治环境下,皇权反而起不了决定作用,而相权却能独霸一时。

比如,西汉末世皇帝平帝,即位时才九岁,用现在的标准说,也不过小学二三年级水平,是一个娃娃皇帝,他怎么能够管理国家、驾驭群臣?当时只能由太皇太后王政君临朝,替他坐镇。并以大司马王莽为宰相加以辅佐。

　　王莽是一个什么人物？饱读诗书，勤奋博学，是一个有学识的知识分子；同时也是一个当过官、从过政、胸怀异志、颇有心术的官僚；更是一个善于笼络人心，抱负远大的高级政客。他做上宰相，哪能看得起娃娃皇帝，也不在乎那个临朝坐镇的老太婆。因此大权独揽，朝政由他说了算。凡是顺着他的就提拔；逆着他的就干掉。在平帝在位五年里，王莽以各种方法把权力集中在自己手里，可谓相权独霸一切，而皇权就像瘪了气的皮球，再也弹不起来，平帝已成为一个任他摆布的傀儡皇帝。

　　再比如，东汉最末一个皇帝献帝刘协，生在军阀混战的乱世，九岁时，为大军阀董卓拥立即位，董卓自封为相国，自然成为宰相。从此以后，他垄断朝政，独断独行，献帝完全成为他任意骗哄的小孩子。之后董卓被杀，献帝这块招牌，便成为军阀相互拉扯、争夺、胁迫的对象。曹操是一个有军事才能、有政治眼光，又善于要弄权谋的特殊人物，在献帝从长安逃到洛阳时，他趁机把献帝迎接到许都，即现今的河南许昌。从此献帝便成为曹操手中掌控的皇帝，曹操不但控制了朝廷，而且以皇帝的名义发号施令，讨伐异己，具有很大的政治优势。之后曹操又成为丞相，军政大权一手抓，相权独揽独霸，完全无视皇权。建安十八年（公元 213 年），曹操封为魏公，三年后，又晋爵魏王，这时的曹操，用天子旌旗，戴天子旒冕（旒冕就是帝王礼帽前后垂下来的玉串）。他出入称警跸，所谓警跸，即皇帝出入时有左右侍卫警备，并清理街道，禁止过往行人。此时的曹操名义上虽然还是汉朝丞相，但实际已成为没有穿龙袍的真皇帝，而穿龙袍的汉献帝却是一个听命于曹操的摆设，皇权已荡然无存，取代之势已经非常明显。

　　再比如，南宋时期，山河破碎，国势败坏。但有三个宰相，其权势、其霸气，如日中天，而皇权却如日落西山的太阳，逐渐下沉。

　　第一个是秦桧，这是一个在中国历史上臭名昭著的奸相，但宋高宗却喜欢上他，把他当作心腹宠臣，因为二人都主张向金乞和，可谓臭味相投。绍兴十一年（公元 1141 年），秦桧第二次入相，升任左丞相，但右丞相一直空缺不补，这也是秦桧威势所逼，他容不得另一个宰相与他共享大权，因此就形成秦桧一人独揽朝政的不正常局面，其时间竟达十多年之久。

　　秦桧得势之后，加紧向金乞和，订立了向金称臣、缴纳贡银的屈辱和约。并以"莫须有"的罪名害死了英勇抗金、年仅 39 岁的名将岳飞。这还不够，凡是朝廷内外的忠臣良将，秦桧必诛锄务尽。凡是顽钝无耻之徒，秦桧必加重用,因此朝中大臣都是秦桧的党羽,他们吹捧秦桧为"圣相"。秦桧在朝廷议事或对军国大事作决定,专断独裁,根本无视皇权。同时他还在朝廷中密布心腹,高宗君臣的一举一动,都在秦桧的监控中,高宗这个皇帝已无独立的人格和尊严,甚至成为他手中的人犯,至于皇权那更是虚无缥缈了。

第二个是权相史弥远,他在宋宁宗和宋理宗时期,独相长达26年之久。史弥远任相之后,做的第一件大事是为秦桧恢复王爵和赠谥,因为秦桧是他心目中的偶像,可见他们是一丘之貉。

史弥远为专权专政,耍弄阴阳两手。一方面他用官爵和俸禄笼络人心,并起用一些理学家,以标榜他尊崇理学,看重名节,实际上他干了很多败坏名节的事。另一方面,他在朝廷 重用帮凶,广布爪牙,馈赂公行,独霸朝政。他的这些专权行为,为皇位继承人赵竑看在眼里、恨在心里,并咬牙切齿地说,我有一天得志,一定把史弥远流放到琼崖那里去。史弥远得到这一消息后,就开始谋划废立皇位继承人。宋宁宗去世后,他就踢开原有的皇位继承人赵竑,另立他所挑选的赵昀为皇帝,是为理宗。你看,作为一个宰相的史弥远,竟能擅自废立皇帝,他的相权已独霸到何种程度!

史弥远擅自废立皇帝,引起朝廷上下极大不满和一片叫骂声,众人纷纷为赵竑鸣冤,史弥远就将这些人罢官免职。理宗被史弥远扶上龙椅,对史弥远又感恩又害怕,根本不敢得罪他,一切听命于权相,从而相权完全俘虏了皇权。

南宋另一个权相贾似道,从他的名字看,似乎他很懂得理政之道、为臣之道,但如果和他的姓联系起来,实际全是贾(假)的,这倒也合乎他做宰相时的实际情况。

贾似道在理宗死了以后,策立度宗为皇帝,从这里可以看到贾似道权势之重了。度宗很年轻,对这位权相,视为自己的大恩人,因此毕恭毕敬,入朝不呼其名,而称"师臣"。"臣"前面加个"师"字,从来没有过,说明这位权相具有皇帝导师的地位。因此贾似道入朝,上不拜皇帝,反而在他退朝时,皇帝还要起身,目送他出了大殿才落座。可见这位权相的特殊和威势了。不仅如此,由于贾似道专恣日甚,有时竟长达数月不上朝,但他的耳朵却无时无刻未离开过朝廷,凡军国大事都由他决断,度宗只是摆设。有一次度宗派人请他入朝,他正在兴高采烈地斗蟋蟀,他根本不把皇帝之命令放在眼里,一直玩到尽兴之后,才想起入朝见度宗。

度宗在位十年,听命贾似道十年,贾似道独霸朝政十年,相权压制皇权十年,权相欺压弱君十年。

如此可见,相权独霸,皇权衰微,已经到了君臣颠倒的地步,这种现象多发生在一个朝代的衰落时期,或是小皇帝和弱皇帝居多,他们不会掌握皇权,或者掌握不了皇权,这就使相权兴风作浪了。

由于相权的独霸,削弱了皇权,甚至取而代之,这就引起以后皇帝的严重关切和忌惮,他们为了保护和加强皇权,避免宰相乱政,篡夺皇权,就千方百计地在削弱相权上下工夫。

下狠手削弱相权的皇帝,首先是汉武帝,他见汉初的丞相萧何、陈平、周勃等人的权力过大,因此,他在位54年之间,始终不给相权膨胀的机会,始终不使宰相的任期过长,使他们成为老资格,尾大不掉的局面。故而,他任用的13个宰相中,一般任期三五年,个别最长也没有超过十年。同时,汉武帝对这些宰相督察甚严,其中因各种缘故免职的和处死的竟达半数之多。更为重要的,汉武帝还选拔一些有才能的士大夫,安排在自己的周围,让他们参与国家政事的决策,因而逐渐形成了"内朝",这个"内朝"显然侵夺了宰相参与决策的权力,使宰相成为一个光有执行权力的"外朝",宰相权力被严重分割和削弱。汉武帝英武一世,对宰相权力的警惕,可谓特别有心。

到了唐朝,以尚书省、中书省、门下省的长官为宰相,将相权拆分为三,尚书省长官统辖六部,中书省长官负责决策,门下省长官主管审议。这样做,是当时的统治需要,还是有意分割相权?可能二者都有。不仅如此,皇帝还可以随时把职位较低的官员,加上一个名号,成为宰相。如魏征,本是秘书监,临时加上"参预朝政"名号,即成为宰相,而且这种情况已常态化,人相的名称也多元化,这样一来,更便于皇帝可以随时调整宰相的队伍,既有利于加强皇帝权力,也有利于削弱相权。

到明朝,明太祖朱元璋不但杀了丞相胡惟庸,而且对宰相一职恨之入骨,一气之下,竟把长期沿袭以来的宰相制度砍掉了,而且立下誓言,以后子孙做皇帝,不许立宰相,如臣下有奏请恢复宰相,将凌迟,全家处死。从此宰相一职,寿终正寝。而皇帝的权力却达到登峰造极的地步,皇帝是国家元首,还要兼政府首脑,直接领导六部,从而君权与相权合而为一。

可是，朝廷的事务纷繁复杂，皇帝一个人哪能处理过来，还得需要帮手，后来又设置殿阁大学士，实际大学士只是皇帝的贴身秘书，给皇帝起草诏书，后来也成为皇帝的重要顾问，有大事，皇帝经常向内阁垂询，一来二去，内阁大学士便成为实际的宰相，入阁也就是拜相，但其权力与过去的宰相相差甚远。

清沿明制，也不设宰相，大学士也只是草拟诏书、当顾问而已。后来设立的军机处，虽然都是皇帝的重臣，也只是承旨出政而已，大权完全

明太祖朱元璋像

在皇帝手里。后人把军机处大臣视为宰相，虽然有时因人而异，掌权有多有少，但其权力受到极大削弱。

总之，在中国的历史中，皇权和相权的关系，在发展中虽曲曲折折，但皇权不断加强，相权不断削弱，却是当时历史发展的总趋势。

忽悠皇帝的高手

> 辩说譬谕,齐给便利,而不顺礼义,谓之奸说。
> 口言善,身行恶,国妖也。
>
> ——战国·荀子

忽悠皇帝,虽然担当很大风险,有欺君之罪,但封建时代的宰相们巧于应付,那些昏庸的皇帝也就迷迷糊糊地信了他们,入了他们的圈套,这些宰相可谓是忽悠皇帝的高手。

请看下面几位宰相是怎样忽悠皇帝的。

首先看看中丞相赵高是怎样忽悠皇帝胡亥的。

秦始皇的儿子胡亥,虽然排行十八,但在赵高的阴谋策划下做上了皇帝,于是胡亥便封赵高为中丞相,为什么丞相前加一个"中"字?因为赵高是宦官,宦官也称"中人",故称中丞相。这个中丞相赵高,在当时可是一个呼风唤雨、阴险毒辣、诡计多端、能言善骗的高手。他干了不少令人惊骇的坏事,他逼迫秦始皇长子扶苏自杀,在他主使下,大将蒙恬、蒙毅兄弟及一些有碍胡亥统治的大臣、公子、公主全被处死,连诛者不计其数,其手段十分凶残。赵高杀了这么多无辜之人,也有些心虚,他怕有的大臣一旦上朝告发他的滥杀罪行,那可是对他十分不利,他为了解除可能发生的危机,争取抓住更大的权力,于是他就开始忽悠皇帝胡亥了。

有一天上朝,赵高面对胡亥编造一个瞎话,说:"做天子所以尊贵,是由于群臣见不到他的面,只能听到他的声音,所以天子才自称为'朕'。陛下现在还很年轻,未必什么事情都懂,坐在朝廷上,如果有些事情处理不当,大臣就会看不起陛下,那可是不能让天下人认为陛下是最神圣、最明智的皇帝了。因此,陛下不妨深居宫中,不必过问外事。外事由我们权衡考虑，批示办理。这样一来，大臣就不敢上奏那些惑乱视听、混淆是非的事情了，天下人都要称颂陛下是神圣的人主了。"

对赵高这一通忽悠，胡亥不但没有感到作为皇帝有任何失权失政的危险，反而觉得赵高非常关心自己、爱护自己，因而深信不疑。从此以后，胡亥就不坐朝廷，不与大臣见面，整天深居宫中，寻欢作乐，享受天子为所欲为的糜烂生活。而赵高却借机取得更大的权力，朝廷的事都由赵高说了算。

这样一来，引起丞相李斯极大不满，皇帝怎能整天在宫中玩乐不上朝，怎能不和大臣见面？而且赵高权力过大，李斯也感到不舒服。一向神经过敏的赵高很快知道了李斯的不满，他知道这个矛盾非解决不可，于是赵高就开始忽悠丞相李斯了。

有一天，赵高见到李斯，摆出一副对朝政十分担忧的样子，对李斯说："函谷关以东的地方，盗贼很多，可是皇帝却加紧派很多劳工修建阿房宫，还到处收集名狗骏马这类没有用的东西，我真想劝劝皇帝不要这样做，可是我的身份低，这正是你做宰相应当做的事，你为什么不进谏呢？"

李斯虽然是一位经风雨、见世面有丰富政治经验的宰相，但对于赵高的阴谋、给他设的圈套还缺乏警惕，反而认为赵高的提醒很必要。于是李斯对赵高说："我老早就想说话了，可是现在皇帝不坐朝廷，不见大臣，整天在深宫里，想要面见他，没有机会。"

赵高见李斯已入套，便答应李斯，替他打听一旦皇帝有空闲时间，就及时通知他。于是赵高就专找胡亥在宫中与一些美女戏弄、调情最为兴奋的时机，便派人马上通知丞相："皇帝正有空，可以前来上奏。"

李斯赶紧到宫门求见皇帝，此时胡亥正与宫女调情、玩得十分火热，胡亥一听李斯求见，非常恼火。如此情况，先后竟发生三次，胡亥火冒三丈，指着李斯说："我有闲空的时候，你不来；我正在私会的时候，你偏来请示，丞相是不是看不起我这年轻皇帝，还是存心让我出丑？"

这一出戏，赵高导演得非常成功，使胡亥对李斯非常反感。但赵高并未就此而止，他趁势继续忽悠胡亥，以加害他的对头李斯。

赵高对胡亥说："沙丘密谋（指秦始皇死于沙丘时，赵高拉李斯密谋私立胡亥为帝），丞相曾参与，现在陛下已立为皇帝，而丞相的地位并没有提高，看他的意思，想要割地为王。""而且丞相在外边的声威和权势，已经超

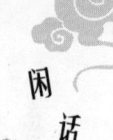

过陛下。"赵高这一忽悠,非常恶毒,不但挑拨李斯与胡亥的关系,而且要胡亥加倍警惕李斯对帝位的威胁。

这还不够,赵高又进一步忽悠胡亥,说:"丞相的长子李由担任三川郡守,而那些楚地贼寇,如陈胜等人都是丞相邻县的同乡,由于丞相对他们纵容,所以贼寇才大胆公开造反,横行无忌。贼寇经过三川时,李由只守城不出击。"说到这里,赵高还觉得火候不够,又火上浇油:"我听说李由与那些贼寇还有公文往来。"这简直是在告发丞相李斯父子通敌。这一忽悠,非同小可,胡亥虽然相信赵高的话,但事关重大,于是就派人调查李由所谓的通敌罪,最后李斯父子均为赵高所害。

赵高忽悠皇帝之所以成功,也有其内在因素。赵高曾以阴谋手段,迫使秦始皇长子扶苏自杀,辅佐秦始皇小儿子胡亥为帝,胡亥自然感恩于他,信任于他。赵高也深知胡亥是一个喜好声色娱乐、荒淫无度的皇帝,因此赵高叫他深居宫中,不上朝议事,胡亥也就乐于接受了。特别是,赵高精心设计的丞相李斯进谏胡亥的圈套,更是天衣无缝,忽悠得李斯毫无察觉,忽悠得胡亥怒发冲冠,李斯的命运也就可想而知了。赵高忽悠胡亥得意之处,在于他巧妙地抓住了胡亥的特性和本质。

论忽悠皇帝,唐高宗宰相许敬宗也是一个高手。

有人说唐高宗李治是一个仁弱皇帝,可是他在立武则天为皇后的问题上,却坚定如钢。

唐高宗偏爱武则天已非一时一日,因而他要废太宗为他娶的王皇后,决意立武则天为皇后,以示宠爱之深重。

在废立皇后的问题上,朝廷大臣截然分为两派:一派是资深宰相、也是唐太宗临终前嘱托辅弼高宗的顾命老臣长孙无忌和褚遂良,而且长孙无忌还是高宗的亲舅舅,正是这位亲舅舅亲自选定而且力主李治为继承皇位的太子,之后,李治做了皇帝,长

长孙无忌像

孙无忌可谓是唐高宗最亲的人。但这两位资深宰相都反对立武则天为皇后，为此高宗亲自劝说他们，但他们认为，"王皇后出自名门之家，是先帝（唐太宗）为陛下所娶，在先帝即将驾崩时，拉着陛下的手对臣说：'朕的佳儿佳妇，现在托付你们了。'这话陛下亲自听见的，言犹在耳。而且王皇后也没有过错，岂可轻易废除。"高宗听不进这些话，又再次劝说他们，褚遂良表示："陛下一定要换皇后，应从天下选一个出身高门望族的女子，何必一定要武氏，何况武则天过去曾侍奉过先帝（唐太宗的才人、小老婆），如立武氏为皇后，后人将如何评说陛下！"唐高宗听到这些话非常气愤，这简直是在揭自己的伤疤。

武则天对褚遂良的话，更是咬牙切齿，竟大声叫喊："何不捕杀这个凶恶东西。"武则天气愤这个老家伙在揭自己的老底，是在伤害自己，不除掉这两个老家伙，不但出不了这口气，而且也做不了皇后，将来自己的权力既不巩固，也会受到威胁。武则天是一个铁血女人，她的意志谁也阻挡不了。

武则天有两个心腹，一个是许敬宗，一个是李义府。

许敬宗此人，有文才、有学识，曾参与修撰《武德实录》《贞观实录》，是一个有名的笔杆子，由于其品德不佳，故而文风也不正，但他能说会道，更善于忽悠。他于太宗贞观十九年（公元 645 年）入相，高宗显庆二年（公元657 年）再次入相，也算是一个有相当资历的两朝宰相了。在废立皇后的问题上，他当然要站在武则天的一边，极力主张立武则天为皇后，他说："乡巴佬多收十斛麦，还想换一个老婆，何况是天子，想换一个皇后，这和朝廷大臣有什么关系，竟如此反对！"许敬宗的这几句话，当然高宗和武则天都愿意听，从而更认为许敬宗是可以信赖的人。

永徽六年（公元 655 年）十月，高宗不顾长孙无忌、褚遂良等人的反对，下诏立武则天为皇后，从此武则天掌握了更大的权力。但武则天并没有忘记以宰相长孙无忌为首的几个老家伙对自己权力的威胁，不把他们除掉，将来永无宁日，特别是长孙无忌，更是首要分子，于是武则天便把除掉长孙无忌的秘密使命交给了许敬宗。

许敬宗受命以后，便施展起他特有的文辞之才、口辩之才、罗织之才、胡编乱造之技巧，开始忽悠高宗，他知道只有说服皇帝，才能除掉这个老家伙。

也真巧，这时许敬宗正在审查太子洗马韦季方图谋不轨的案子，本来这个案子与长孙无忌毫无关系,但许敬宗为了把长孙无忌牵扯进去,就对韦季方严刑拷打,逼韦季方供出与长孙无忌是同谋,韦季方不堪酷刑之苦,选择了自杀,但没有死了。许敬宗便从这里开始忽悠高宗了,他无中生有地上奏高宗,说:"韦季方和长孙无忌相互勾结在一起,想要陷害朝廷忠臣和皇亲国戚,企图把大权控制在长孙无忌手中,因而趁机起来谋反,由于此事被发觉,韦季方畏罪要自杀,但没有死。"

高宗听到许敬宗这一忽悠,十分惊讶,怎么自己的亲舅舅竟要谋反!这不可能,一定是小人的诬陷。其实高宗怀疑对了,确实是小人的诬陷,不过这个小人就在高宗眼前,但高宗还蒙在鼓里。

许敬宗见高宗不相信自己的舅舅会谋反,拿出证据吧,没有,因为这是自己无中生有的捏造;找证人吧,只有把想死而没有死的韦季方抬出来见高宗,可是又怕韦季方把逼供的事说出来,那就全砸了,反而弄成自己有欺君之罪,那还得了。许敬宗想来想去,只有一条路,铁嘴钢牙,一口咬定谋反不松口,而且说是自己亲自审问的,难道皇帝还不相信我许敬宗吗?

当许敬宗再次忽悠高宗时,他伪装成对皇上、对国家无限忠诚的样子,其实这正是大奸的一贯手法,他不紧不慢地、斩钉截铁地说:"这是臣从始至终亲自审问的,确凿无疑。如果陛下还怀疑的话,恐非国家之福。"

软弱无主见的高宗见他如此坚定,真有些相信了,因而十分伤心地说:"我皇家真不幸,亲戚中屡有人谋反,前几年高阳公主(唐太宗的女儿)与房遗爱(唐太宗宰相房玄龄之子)谋反,现在舅舅又要谋反,真使朕愧对天下。这件事如果属实,如何处理?"

许敬宗见自己的忽悠已使高宗的态度有所变化,于是他便借题发挥,进一步挑动高宗:"陛下刚才说的房遗爱与高阳公主的事,房遗爱不过是一个乳臭未干的小儿,与一个瘦弱女子谋反,能成什么气候! 长孙无忌辅佐先帝夺取天下,足智多谋,哪个不服? 他做宰相三十年,谁不畏惧他的权威;如果一旦发难,陛下派谁抵挡住他。现在有赖祖先之灵,皇天之助,在审查小案时,牵扯出大奸,这真是天下之大幸! 臣恐怕长孙无忌得知他与韦季方谋反之事已泄露,他急中发难,振臂一呼,丑类云集,国家必成忧患!"许敬宗这一忽悠,具有极大的煽动性、蛊惑性,他在刺激高宗对长孙无忌要早下手、狠下手。

许敬宗见高宗还在疑虑,不动声色。好吧,给他讲一段历史教训,叫他清醒清醒。"从前隋朝,宇文化及的父亲宇文述受到隋炀帝的无比宠幸,而且双方还结成姻亲,隋炀帝又把朝政完全委托于他。可是宇文述死后,他的儿子宇文化及主管禁军,一夜之间,就在江都(今江苏扬州)作起乱来,到天亮时,就倾覆了隋朝。这段历史不远,希望陛下以此为鉴,尽快决断。"

不管许敬宗讲的历史多么动听和有可鉴性,不管许敬宗多么施展招数忽悠高宗,高宗还是不相信自己的亲舅舅会谋反,遂命令许敬宗对此案再详细审查。

这时的许敬宗感到有些麻烦了,就此住手吧,又怕不好向武皇后交代,一想起武皇后那种威力,他简直不寒而栗。因此他只得咬着牙,继续干下去,他相信自己的才气(实际是歪才邪气),但为何忽悠不了这个软弱无能的皇帝?于是他又暗下决心,必须解开皇帝不相信舅舅谋反的死扣。

许敬宗知道,忽悠皇帝必须有耐心,有连贯性,还得从韦季方这里下手,于是他又编造一套谎话,继续忽悠高宗:"臣问过韦季方,长孙无忌既然是先帝和陛下至亲,受到无比宠幸,何恨之有,要谋反?韦季方说:'长孙无忌曾主张立梁王(即李忠,因王皇后无子,另一个嫔妃所生之子)为太子,后被废,降为梁王,从而皇上对长孙无忌也产生怀疑,再加上长孙无忌的亲戚调往外地,亲信也被贬官,长孙无忌很恐慌,为求自保,便与韦季方密议谋反。'臣已反复验证核实,事实俱在,请陛下立即下令收捕。"

许敬宗这一通极有杀伤力的忽悠,却产生了实效,糊涂的高宗竟信以为真,但他仍然难以割舍与舅父的亲情,伤心地落下了眼泪,悲泣地说:"舅舅如果真是这样,朕绝不忍心杀他,如果杀他,天下将认为朕是什么人,后世将怎样看我这个人。"

许敬宗见高宗难以割舍过去的旧情,怕留下骂名,还是不肯对这个老家伙下手。许敬宗决定,再给皇上上一次历史课,煽动他"大义灭亲",他说:"汉文帝刘恒的舅舅薄昭,迎接刘恒从代地(今山西太原)回来即皇帝位,有大功吧。后来,薄昭犯了杀人罪,汉文帝命令百官穿上白色丧服哭送他,毫不留情地杀了舅舅。汉文帝的大义灭亲,至今,天下人仍然认为他是英明之主。相比之下,长孙无忌谋反之大罪,与薄昭之罪不能同日而语。陛下还有什么疑虑,不早下手。古人说:'当断不断,反受其乱。'安危之机,其间的区隔,简直容不下一根头发。陛下如再迟疑,恐怕大乱即要发生在身边,到那时后悔就来不及了。"许敬宗口若悬河,以古比今,混淆视听,其制造的危机气氛,其煽动的语言,简直是危言耸听,好像就要大祸临头了,实际他在诱导和逼迫高宗对长孙无忌立即下手。

许敬宗这一通别有用心的忽悠,简直把高宗弄得晕头转向,像这样人命关天的大事,高宗应召来长孙无忌亲自问一问、查一查,但他没有这样做。最后他竟轻信许敬宗的一派胡言,下诏削去长孙无忌的官爵和封邑,贬为扬州都督,安置在黔州(今四川彭水),按正一品官位待遇。从此,长孙无忌这位两朝元老宰相,被罢官免相,失去一切权力。

但许敬宗对长孙无忌并不松手,他虽权丢了,人还在,其同伙还在。如不拔除,必有反扑危险。于是他又欺骗高宗,说长孙无忌图谋反叛,是由其同伙褚遂良等人煽动的。高宗又轻信,下诏削去褚遂良官爵,其他同伙除名。

但是,许敬宗仍然担心长孙无忌还活在人间,卷土重来。于是他又派亲信到流放长孙无忌的黔州,继续追问所谓的谋反罪行,最后逼长孙无忌自缢身亡。

许敬宗这个善于忽悠皇帝的能手,终于大功告成。

高宗终于成为许敬宗忽悠的俘虏。

论忽悠皇帝,唐玄宗宰相李林甫也是一名别出心裁的高手。

唐玄宗在中国历史上是个出了名的半明半昏皇帝。说他一半英明,是指在做皇帝前期,励精图治,选贤任能,开创享有盛名的"开元之治",从而国势大振。说他一半昏庸,是指他统治后期,沉湎酒色,荒废朝政,信任奸佞,终致发生震惊朝野的"安史大乱",从而国势大衰。对这样一个大治大乱的分界线,唐宪宗朝宰相崔群有个分析:"人皆以天宝十四年安禄山反为乱之始,臣独以为开元二十四年罢张九龄相,专任李林甫,此理、乱所分也。"这就是说,玄宗罢免张九龄宰相,任李林甫为宰相,就是大治大乱的分水岭。此一语,真是说到点子上。

李林甫何许人也,竟把国家弄成由大治走向大乱的地步?刨根说,李林甫出身于皇家宗室,由于他从小就不好好读书,因此长大也识字不多。但他的头脑非常精灵,善于察言观色,见风使舵,生来又有一张巧嘴巴,又有一肚子坏水,因此诡计多端,奸诈狡猾。他凭着皇家宗室的关系,特别是受到掌有大权的舅舅姜皎的喜爱,再加上他善于钻营,因此李林甫的官运一路顺风。由太子府里的千牛直长小官,一直爬到御史中丞、吏部尚书的大官,于开元二十四年(公元736年)竟一跃而成为宰相,而且是唐玄宗非常喜爱和宠幸的宰相,任相一直到天宝十一年(公元752年)病死为止,时间竟长达19年,是唐玄宗朝在位宰相中年头最多的。这其中一个主要原因,是李林甫善于用各种手段忽悠昏庸的唐玄宗,千方百计地迎合皇上,玄宗认为他是最可信赖的宰相,是自己的心腹,因而把朝中大权放心地交给他,自己舒舒服服地在后宫享受着荒淫、糜烂的生活。

作为宰相,李林甫理政治国没有多少本事,他喜欢专权,更妒贤嫉能,他任用官员,只用本事比他低的,不用本事比他高的。玄宗看重的人,将要赋予重任时,李林甫就千方百计地忽悠皇帝,把这个人挡回去,或者排挤出去。

有一次,玄宗想起那个有学识、有才干的严挺之,问李林甫此人在哪里,可以重用。

李林甫对此深感不安,他担心一旦严挺之入朝,必定威胁自己的地位和权势。于是他左思右想,计上心来,开始忽悠起来。

一天,李林甫把严挺之的弟弟严损之请到家中,严损之虽然感到这位宰相大人请他有些突然,不知是福还是祸,心中有些嘀咕,但看到李林甫那副笑眯眯的神态,周到的待客之礼,心情也就踏实下来。李林甫不紧不慢地对他说:"皇上对尊兄可是情义深厚,为什么不想个办法上奏皇上,说是自己得了风寒,请求回京就医,这样可以进京,有机会得到重用。"严损之哪里知道这里有什么圈套,反而对李林甫如此关照哥哥,表示十分感谢!

严挺之此时正在绛州做刺史,听到弟弟转达李林甫的意见,他虽然平素瞧不起李林甫,但对李林甫这次送来的关怀,没有多加思索,更没有戒备心,便给皇上写一奏章,说自己得了风寒,请求回京治病。

李林甫得到严挺之给皇上的这份奏章,心中暗喜,又准确无误地套上一个人。于是他便以这个有力凭证,忽悠玄宗:"严挺之已年老体衰,现在又得了风寒病,应授予他一个散官(散官就是闲职),以便于就医养病。"玄宗虽然完全听信了李林甫的话,但是连连发出惜怜人才的叹息声!最后只好命令严挺之去做太子宫詹事,在东京养病。

你看,李林甫既忽悠了严挺之,更忽悠了皇上,巧妙地挡住了严挺之出任要职的路,他干得可谓得心应手。

天宝初年,李林甫与李适之同朝为相,李适之不但有才干,而且为人宽厚,但李林甫容不下他,有碍他独揽大权。于是李林甫又开始忽悠李适之。一天,两人碰面,李林甫对李适之说:"华山有一个金矿,如果开采,一定使国家富起来,可是这件可喜的秘密,皇上还不知道。"细心的人一定会琢磨李林甫为什么不亲自把金矿的事上奏皇上,讨个头功,反而告知其他人,这里边一定有文章。但李适之性格宽厚、粗疏,更没有去想李林甫会给自己设圈套。有一天上朝,李适之顺便把金矿的事上奏玄宗,玄宗十分高兴。事后,玄宗又奇怪,这么大的事,为什么李林甫不先奏上来?

有一次,玄宗问李林甫可知金矿的事。李林甫便开始按自己的预谋忽悠玄宗了:"臣好久就知道金矿的事,只因华山是陛下的本命,是王气所在的地方,不能开采这一金矿,所以始终不敢上言。"玄宗听李林甫这番说辞,更感到李林甫对自己的忠诚和对皇家的爱护,更加认为李林甫是最可信、最可靠、虑事周密、善于权衡利害的忠实宰相。反之,李适之却是一个只知富国、不知爱护王气,对皇家不忠诚、不可信赖、不可重用的宰相。因而玄宗态度变得十分严厉,告诫李适之说:"你今后奏事,要先与李林甫商议,不可轻率。"无形中宰相权力的天平更加失衡,李林甫大权独揽,李适之居于从属地位。

李适之见自己已失去玄宗信任,也害怕今后再遭李林甫暗算,于是请求辞去宰相,天宝五年(公元746年)玄宗批准罢相。李林甫又清除了一个对手。

李林甫做宰相19年,排斥异己,陷害忠良,为了专权专政,独揽大权,他劣迹斑斑。更为严重的是,李林甫为了保位固权,他竟忽悠玄宗引进一只狼,这只狼闹得大唐昏天暗地,国势大衰。

唐玄宗为贪求边功,曾派重兵镇守边关,这就使驻军长官节度使握有很大的权力,甚至节度使中有的功勋特别大、威名特别高的文人也可以入朝当宰相。李林甫非常害怕这种文人与他同起同坐,不但对自己独揽大权是个威胁,而且他们出将入相,手里还有兵权,对自己是个严重挑战。李林甫为切断节度使调到朝廷当宰相的这一危险管道,经他冥思苦想,有了一个不可告人的对策,于是便开始忽悠玄宗:"文官出任边关统帅,对战场上的乱箭飞石,都害怕得不得了。不如专用生活贫寒、不通文墨的胡人,胡人将领不但作战勇敢强悍,而且擅长拼杀。他们又是贫寒的一族,身单势孤,无党无派。陛下只要诚心诚意,以恩德笼络他们的心,他们必然能够尽心尽力地效忠朝廷。"昏庸的玄宗哪里知道李林甫在其中玩的把戏,居然同意了,便重用了胡人安禄山,从此大祸临头了。

安禄山此人,非同一般。他的父亲是胡人,其母是突厥人,是个混血儿。安禄山的性格机智乖巧,而又凶恶残忍;作战时骁勇冲杀,但又骄纵不羁;他伶牙俐齿,善于献媚皇上;他表面忠于朝廷,但又暗藏野心。在昏庸的玄宗宠幸下,安禄山步步高升,竟握有河北、山西等地的军政大权,他一身甚至兼任三个节度使,掌握二十万军队。当安禄山窥见朝廷已无能无力、内虚外强时,便于天宝十四年(公元755年),在范阳(今北京市西南)起兵,举起叛乱大旗,其势极为凶猛,攻下洛阳,占领长安,玄宗狼狈出逃,其祸乱范围之大、时间之久长、对国家危害之深,不仅玄宗尽尝其苦果,也使国家元气大伤。正如《资治通鉴》说的:"卒使禄山倾覆天下,皆出于林甫专宠固位之谋也。"这句话的确说到根子上。

论忽悠,以上三个宰相可谓是高手。封建社会之漫长,宰相忽悠皇帝者,不乏其人,这里不宜多举。在多数情况下,善于忽悠的宰相常是奸相、权相或是谀相。而被忽悠的皇帝,多是昏庸或头脑不清醒的君主。特别是这两种人凑在一起,忽悠才能出彩、出故事,而且很有实效。

铁杆宰相萧何

> 萧相国何于秦时为刀笔吏,录录未有奇节。及汉兴,依日月之末光,何谨守管龠,因民之疾秦法,顺流与之更始。淮阴、黥布等皆以诛灭,而何之勋烂焉。位冠群臣,声施后世。

——西汉·司马迁

丞相萧何,对刘邦这位西汉开国皇帝可谓是肝脑涂地,全心全意。无论刘邦有任何困难,他都赴汤蹈火;无论自己受多大委屈,他都义无反顾;刘邦指到哪里,他就打到哪里。他始终死心塌地地忠诚于汉高祖刘邦,是刘邦的铁杆宰相。

如果溯本求源,萧何和刘邦是同乡,都是沛县丰邑(今江苏丰县)人。萧何是沛县县吏,刘邦是一个小小的亭长,两人相遇,非常投合,便结交成铁哥们。秦末大乱,刘邦聚众反秦,萧何为刘邦招兵买马,扩大队伍,两人的交情更深厚了。

秦灭后,汉王刘邦与楚霸王项羽便展开了争夺天下的激烈战争,而萧何紧紧地和刘邦贴在一起,为他出谋献计。

在楚汉相争最困难时期,在汉王刘邦一筹莫展之际,萧何为替刘邦打天下,立帝业,他非常注意寻找人才。当他发现弃楚归汉的韩信是一个能

萧何像

统率千军万马、胸怀奇韬异略、善于用兵的奇才时，他就多次向刘邦推荐韩信，说他是千军难得的大将之才。但刘邦既不重视，也不重用。韩信一气之下，走了。

萧何，是一个独具慧眼而且有政治头脑的人物，他对韩信的认识，可谓非同寻常，表现出超人的睿智，不妨先看看萧何如何器重韩信、举荐韩信的。

韩信究竟是一个什么样的人物？

韩信是淮阴（今江苏淮阴）人，家里很穷，可是这个穷小子整天不务正业，吊儿郎当，乡里没有一个人愿意推举他为吏，他也没有本事做点生意，因而到处混饭吃。有人可怜他，管他几顿饭，但很多人讨厌他，看他没出息。可是韩信满不在乎，身上还带着一把宝剑，就是这把宝剑给他增加很多光彩，在乡里晃悠来晃悠去，十分风流潇洒，自由自在。本来是个穷光蛋，还装作挺神气，有些当地的恶少地痞看他不顺眼，要羞辱他。一天，这些恶少地痞与韩信面对面地逼上来："你韩信如果不怕死，就用剑刺我；如果你怕死，就从我的裤裆下爬过去。"

韩信处在这种威逼羞辱之下，《史记》说他"孰视之"，说白了就是，韩信用两只眼睛盯着几个恶少好半天，无疑此时的韩信正在进行激烈的思想斗争，采取怎样的行动对自己最有利？最后他选择了从恶少的裤裆下爬过去。在场的人都讥笑他，是个懦夫，是个胆小鬼。于是韩信便有了受胯下之辱的卑贱名声。

韩信为什么要选择钻裤裆这样奇耻大辱的行动？这恐怕是和他心怀远大抱负有直接关系。论韩信的气质和胆识，突然临之而不惧，不怕这些地痞恶少的威胁；论韩信的气魄和壮志，又不愿和这些坏家伙厮打乱斗，坚守"小不忍，则乱大谋"的原则，说明他是一个能屈能伸的大丈夫。

秦末大乱，风云突变，各种势力纷纷起义反秦。项梁也在韩信的家乡起兵造反，韩信便毅然地带着身上的宝剑参军了。项梁肉眼凡胎，看不见他是一个勇夺三军的大才。以后项梁不行了，他又跟随项羽，项羽虽然力能扛鼎，但有眼无珠，不采用韩信的奇谋良策。韩信一气之下跑到汉王刘邦那里，刘邦也看不起这个逃亡来的又钻过裤裆的小子，因而只让他当一个粮仓管理员。

韩信在汉王军营里不知什么事犯了军法，要杀他的头。同案犯 13 个人都杀了,轮到韩信,韩信挺胸昂首,毫无畏色,一眼看见了夏侯婴,夏侯婴是谁?是汉王刘邦的铁哥们,官居太仆,太仆是掌管车马的,居九卿之一,也是不算小的大官。韩信大声疾呼:"大王不是要得天下吗,为何要杀壮士?"语出惊人,引起夏侯婴的特别注意,再一看他的相貌,豪气英壮,雄哉,雄哉!此人绝非等闲之辈。于是夏侯婴决定不斩他,释放了他,并报告了刘邦,但仍未引起刘邦的特别注意,只任命韩信为治粟都尉,也就是管理粮饷的军需官。

萧何是个有心人,眼睛极为锐利,曾多次与韩信深入交谈,大惊其才,认为他是帮助汉王刘邦打天下的大才、奇才,必须加以特殊提拔,大用、重用。

萧何得知韩信出走的消息,大吃一惊,慌忙得来不及报告刘邦,也不考虑会受什么责难,就骑上一匹快马追赶韩信,单骑飞奔,日夜兼程。当萧何追到韩信时,说了一些什么话,才劝说韩信回心转意,正史没有具体描述。

京剧有一出《萧何月下追韩信》的戏,戏中萧何劝说韩信转回程的戏词,虽然是艺术构思,不是当时的具体实情,但真实地反映了萧何的情真意切,把萧何对韩信的爱慕和器重的浓厚情感一股脑儿掏给他。在这里不妨抄上一小段,品味一下。

汉高祖刘邦像

"(萧白)将军,千不念,万不念,为何不念你我一见如故。(唱)是三生有幸,天降下擎天柱保定乾坤。全凭着韬和略将我点醒,我也曾连三本保荐于汉君。他说你出身微贱不肯重用,那时节怒恼将军,跨下了战马,身背宝剑,出了东门。我萧何闻此言雷轰头顶,顾不得这山又高,这水又深,山高水深,路途遥远,我忍饥挨饿来寻将军。望将军你还念我萧何的情分,望将军且息怒,暂吞声,你莫发雷霆,随我萧何转回程,大丈夫要三思而行。"

韩信岂非冷血动物,被萧何的深情厚谊所打动,终于跟着萧何转回程。

萧何把韩信追回来,是不是能够得到刘邦的认可和重用,还是个未知数,萧何抱着豁出去的决心,再闯一下。当然,需要坚持再坚持,需要劝说再劝说,需要一番口舌工夫,从这一点也可以看到萧何的铁杆精神。

就在这前一天,有人向刘邦报告:"萧丞相逃跑了。"刘邦听到这个五雷轰顶、大出意外的消息,又生气,又大骂,简直六神无主,不知如何是好。他一天也离不开萧何,萧何离去,如同失去他的左右手,整天愁眉不展、坐卧不安。

过了两天,萧何竟然回来谒见刘邦,刘邦又气又喜。气的是萧何竟不辞而去,喜的是萧何终于回来了。一见面,刘邦与萧何之间有一段精彩的对话。

"你不是也想跑吗?"刘邦开口这一问,带有怒责的情绪,又带有探问的口气。

"我没有逃跑,我是追逃跑的人去了。"听到萧何的第一句话,刘邦把心放在肚子里了。但又追问,什么人逃跑,值得你亲自去追?"那你追的是谁?"

"是韩信。"萧何这一回答使刘邦很不理解,随之追问:"军中跑掉的将尉已经几十个了,你都没有去追,你说追韩信,显然是假话。"看起来刘邦对韩信已有成见,认为韩信不值得萧何亲自去追。

萧何随之说明了他所以追韩信的重要原因:"已经逃跑的那些人不算什么,随时都可以得到。至于韩信,那可是难得的杰出人才,千军易得,一将难求呀!大王如果只想在汉中称王,那就用不着重用韩信;如果要夺取天下,没有韩信,恐怕难以成功。现在就看大王如何拿主意,怎样决策了。"一个关乎刘邦将来命运的大问题摆出来了,一个能否重用韩信的尖锐问题也端出来了,这是萧何劝说刘邦重用韩信最有说服力、最闪光的语言。萧何预知汉王刘邦绝不会窝在汉中。

刘邦立即表示:"我当然要向东发展,哪能长久地窝窝囊囊地守在汉中?"

萧何又逼进一步:"大王既然决意向东发展,夺取天下,如果能重用韩信,韩信就会留下;如不能重用韩信,韩信还是会走的。"

刘邦见萧何如此器重韩信,为照顾萧何的情分,只得言不由衷地说了一句:"好吧,看在你的面子上,留他做一员将领吧。"

萧何说:"留韩信为将军,还是留不住他。"

刘邦只得退一步说："拜他为大将，可以吧？"这时萧何才松了一口气，满意地说了一声："很好。"

大将是什么？就是最高军事统帅，大小三军的总司令。

这是一次意想不到的高升，使得那些眼巴巴想当大将军的旧将目瞪口呆，大为惊愕。

萧何认为，拜大将可不是一件小事，必须有隆重的仪式，高规格的授予。因为在萧何的眼里，刘邦对部下一向没有礼貌，呼唤接待，随随便便，拜大将可能如同儿戏，这样还是留不住韩信。因此萧何对刘邦说："大王决定拜韩信为大将，就必须择吉日，作斋戒，在广场上筑高台，举行拜大将的隆重仪式。"刘邦全部答应了。

拜大将典礼之后，刘邦要亲自考问一下韩信，看看这个大将有什么打败项羽的高招和良策？

韩信开始向刘邦滔滔不绝地讲述了项羽和刘邦的力量对比、人格特点、人心向背、天下大势，最后献计刘邦，起兵向东，先定三秦（指雍王章邯、塞王司马欣、翟王董翳，均在关中，作为项羽的屏障），再图项羽。刘邦听了韩信这一通高谈阔论，眉开眼笑，大为惊奇，高兴极了，这时他才悔恨与韩信相见太晚了，才信服萧何力荐韩信为大将的眼力。

萧何就是这样一心一意地帮助刘邦打天下，不怕担风险，不怕受责难，不屈不挠地向刘邦推荐韩信，其过程可谓是曲曲折折，最后终于画上一个圆满的句号，其铁杆精神的确可嘉。

但是，下一步更重要的问题是，韩信的韬略卓见，虽然迷住了萧何，也使刘邦五体投地，在实战中他能不能指挥好百万雄兵，能不能打胜仗，这又进一步考验韩信作为大将军的真正才能，也在考验萧何的眼力和卓识。

战场是无情的，大将军韩信以其卓越的军事才能，所向披靡，出手夺取三秦之地，紧接击溃魏国，大败赵军，继而降燕，占领齐地。随后，韩信又引兵与刘邦会和，四面包围楚军，一举击灭项羽于垓下，从此楚汉大战以刘邦的完全胜利而告终，韩信为汉朝的建立，立下了永不磨灭的赫赫战功。

刘邦取得了天下，兴奋至极，决定论功行封行赏，这虽然是一件大好事，但因群臣争功，一年多也定不下来。刘邦最后决定，萧何为首功，封酂侯，赏得也最多。这一宣布，群臣诸将的议论可就开锅了，不服的声音可就大了："我们身穿盔甲，手执兵器，苦经百战，攻城占地，功劳最大。萧何有什么汗马功劳？他不过是舞文弄墨，耍耍嘴皮子而已，从来也没有打过仗，为什么功在我们之上，是何道理?"问题提得很尖锐，对立情绪很大。刘邦哪能怕这个阵势，扯开嗓子对诸将说："你们知道猎狗吗?"大家一怔，怎么扯到猎狗身上，异口同声地说："知道。"刘邦不紧不慢地说："打猎时，追杀野兽的是狗，至于萧何，他就是发现野兽踪迹，放狗追杀野兽的人。"刘邦形象地向众将表白，你们这群人不过是追杀野兽的狗，而萧何是指使群狗追杀野兽的人，哪个功劳大，不是很清楚了吗？再者说，"你们只是一个人追随我，最多也不过带两三个家人，而萧何的家族几十人都在军中效力，你们比一比，哪个功劳大?"一下子压住了群臣诸将的不满情绪。

从刘邦以萧何为首功，从刘邦以上的对话中，可以看到，萧何在刘邦心目中的地位了，萧何的铁杆精神得到刘邦的高度认可。

把话再转到韩信这里，就在韩信功成名就之时和以后，刘邦和韩信的矛盾逐渐显现和加深了。由于刘邦和韩信有了不可解开的矛盾，因而萧何对韩信的态度也就发生了根本的变化，这种变化，萧何是以刘邦的利益为前提的，保住刘邦的权力和利益，保住刘邦的天下，也就保住自己宰相的地位，因此刘邦的权益是和萧何的权益联系在一起的，这也就看清了萧何为什么甘心情愿地做刘邦的铁杆宰相。

不妨再看看事情的具体经过。

在韩信率领大军占领齐国后，很快杀了齐王，于是韩信给刘邦送去一封信，请求自己做假齐王，就是代理齐王的意思。表面的理由是为了镇服齐国，安定齐地，而实际是韩信已向刘邦伸手，邀功请赏了。

这时的刘邦正被项羽大军围困在荥阳，十分危急。接到韩信来信以后，刘邦火冒三丈，开口大骂，我被围困在这里，整天眼巴巴地盼望你来救兵解围，你不但没有来，还要自立为王，实在可恨!

当时，张良和陈平在场，两人都是智多星，在暗中碰了一下刘邦的脚，对刘邦小声耳语："我们正被围困，不能得罪韩信，不能禁止他为齐王，不如趁此机会就立他齐王，叫他好好地守住齐国。"

刘邦也非常机灵，将计就计，马上改口说："大丈夫既然成就事业，就要做真大王，为什么请求做假齐王。"于是立即派张良去齐国，立韩信为齐王。

韩信被封为齐王后，当然很高兴。可是在刘邦的心里却结下了对韩信的怨恨，刘邦与韩信的矛盾也就从此产生了。

以萧何的机敏，虽然他在后方，也会慢慢察觉到他们之间的矛盾。

刘邦下手很快，在取得楚汉战争胜利后，疑虑韩信功盖天下，居功自傲，又手握重兵，不得不防他一手，因此很快就解除了韩信的兵权，这是一个突然袭击的大动作，无疑对韩信是个极大的打击，刘邦和韩信的关系出现了明显的裂痕。

刘邦做皇帝之后，又将齐王韩信改封为楚王，表面原因是韩信家乡在楚国，回楚国为王更合适。而隐藏的政治用心，恐怕是因为齐国是经济、军事的要地，不能把韩信放在这样重要的地方。

刘邦对韩信的以上动作，明显地对韩信提高了警惕，而韩信何尝不明白，刘邦已经对自己产生重大怀疑。

韩信到了改封的楚国后，出巡各地时，常常带些随从兵马。有人告发韩信，说他要谋反。

刘邦本来对韩信就有很深的疑虑，听说韩信要谋反，更挑起他的敏感神经，因此不加深入调查，便以谋反为借口，诱捕了韩信，加上刑具，带到了东都洛阳，最后刘邦虽然赦了韩信，但降为淮阴侯。刘邦和韩信的矛盾从此急剧地加深了。

高帝十年（公元前197年），代国（今河北境内）的相国陈豨谋反，刘邦亲自征讨，留下吕后（即吕雉）和丞相萧何执掌朝中大政。此时的韩信因遭受刘邦的一贬再贬，心中闷闷不乐，常常借口生病不上朝。韩信府中有一个舍人，也就是侍从，因为犯罪，韩信把他关起来，准备要杀他，这个舍人的弟弟便向吕后密告韩信要谋反。吕后这个女人很不寻常，她和老公刘邦对待韩信有同样的政治敏感神经，一听韩信要谋反，急着要召来韩信，可是又怕他有警惕性，不肯前来，于是找来丞相萧何商量。

萧何是一个机警的政治家，韩信虽然是他追回的，是他举荐为大将的，而且立了大功。吕后告知韩信要谋反，在这个问题上，萧何毫不犹豫地站在吕后这一边，并为吕后献上一个诱杀韩信的计谋："假装一个使节是从皇帝那里来的，说是陈豨已被捉住处死，列侯、群臣都要入宫祝贺。"有了这个冠冕堂皇的理由，萧何为了请韩信前来参加祝贺，他又亲自去见韩信，哄骗他说："你虽然生病，也应打起精神前去祝贺。"韩信对大恩人萧何的话毫无戒心和防备。当韩信入宫后，吕后命令武士把韩信绑起来，手起刀落，斩首于长乐宫钟室，并诛灭韩信的父、母、妻三族所有的人。一个杰出的名将、为汉朝立有卓越大功的韩信竟死得这样悲惨！

萧何用计诱杀了韩信，为刘邦除一大害，萧何的铁杆精神在此时可谓得到高度的发扬。

韩信被杀后，刘邦又喜又怜。喜的是清除了一个最可怕的对手，怜的是他毕竟为建立汉朝立过盖世大功。

韩信是否要谋反？有的史学家根据史书记载，认为他是要谋反；又有的史学家根据史书分析，认为都是告密者说韩信要谋反，又未查实，显然证据不足，不可信。不管韩信是否要谋反，反正刘邦对韩信已产生严重疑虑，而且怀有恐惧感。虽然韩信手中已经没有兵权，但他的才能超过其他任何人。现在汉朝已建立，用他为汉朝打江山的时候已经过去；留着他，恐怕是刘家天下的最大祸害。不管告密者说他谋反是否属实，如果属实，杀了他，名正言顺，顺理成章；如果不属实，告密说他谋反，杀了他，也是事出有因，有了借口。总之，吕后和萧何以迅雷不及掩耳的方式诱杀了韩信，反正都是有理由的，从此解除了刘邦最大的一块心病。

萧何这个人，平时谦卑奉上，委屈待己，对刘邦毫无二心。刘邦经常在外出征，萧何就在后方为刘邦运输粮草，补充兵源，安抚民心，可以说萧何是刘邦后方的大管家，在后方建有丰功伟业。就是这样，刘邦对他的忠诚也是不放心，用各种办法和手段试探他、考察他。比如，英布谋反时，刘邦亲自讨伐，几次派使者到后方，问萧何在干什么？很不放心。萧何听从一位门客的建议，皇帝所以几次派人问询你，就怕你在后方收拢民心，害怕你的威望太高，你何不强行用低价购买百姓的房地产，叫百姓怨恨你，自我败坏名声，只有这样皇帝才安下心来。萧何这样办了，刘邦这才高兴。就是这样，萧何对刘邦既无怨言，也不疏远，小心地夹着尾巴做宰相，仍然对刘邦很铁。

刘邦平定英布，回到长安，萧何有一次向刘邦建议，长安地方狭窄，上林苑（皇家打猎的地方，今陕西户县）有许多荒地，最好给百姓开荒种地，收了庄稼，秸秆可以留给野兽吃。这本来是一个有利于民，又不妨碍打猎的好主意。但刘邦火冒三丈，指责萧何接受商人贿赂，为他们要我的上林苑。说着就把萧何交给廷尉，加上手铐脚镣，打入大牢。

过了几天，一个刘邦侍从，王姓卫尉，问皇帝怎么把萧相国关入大牢？刘邦这才说出心里话："做宰相，有善应归主，有恶应自负。他接受商人贿

赂,竟开口要我的上林苑,以讨好老百姓,如此居心,我就把他关起来,有何不可?"王卫尉劝刘邦:"为民办好事,这是宰相的职责。过去陛下在外出征,萧相国镇守关中,那时他只要一挥手、跺跺脚,关中的地方就不是陛下的了。萧相国不在那时牟私利,为何现在接受商人贿赂?"想不到这个姓王的卫尉说的几句话,竟然打动了刘邦,刘邦这才醒悟,赦免了萧何。最后,刘邦又来个180度的大转弯,说萧何是贤相,自己是昏君。萧何经过这一次打击,虽已是老迈之年,但仍然忠心不改,继续做铁杆宰相。

刘邦说,张良、萧何、韩信"此三人者,皆人杰也,吾能用之,此吾所以取天下也。"

但刘邦做皇帝后,张良以三寸不烂之舌为帝王之师,被封为万户侯,可谓功成名就,但张良不贪侯爵禄位,深知帝王之家所蕴藏的风险,因此他功成身退,跟随神仙赤松子学道,云游天下去了。

而韩信,在政治上是个短腿驹,居功自傲,以谋反罪,最后落得极为可悲的下场。

独有萧何,仍然是刘邦的铁杆宰相。

最累和最闲的宰相

> 鞠躬尽瘁，死而后已。
>
> ——三国·蜀·诸葛亮
>
> 参代何为汉相国，举事无所变更，一遵萧何约束。
>
> ——西汉·司马迁

诸葛亮是三国时期最有智慧的宰相，他为相的格言是："鞠躬尽瘁，死而后已。"他不但这样说了，而且认认真真地这样做了，历尽千辛万苦，肝脑涂地，身心交瘁，最后累死在北伐的征途上，因此，诸葛亮可谓是最累的宰相。

以前的不说，仅从刘备在白帝城（今四川奉节县）托孤说起。刘备因为荆州被吴国占有，吴军又把失守荆州的关羽俘虏后杀害了，这一震惊和残酷的现实，使刘备悲痛欲绝。

如何应对这一重大变化的局面，蜀国有截然不同的两种意见。一种意见是，刘备坚决要夺回荆州，为桃园三结义的二弟关羽报仇，与东吴开战；张飞也因桃园三结义的二哥关羽之死而痛心疾首，力主伐吴。应当说刘备和张飞都是出于兄弟义气的感情用事，缺乏以天下为重的战略思想。另一种意见是，诸葛亮和赵云的主张，认为出兵讨伐东吴，必然破坏与东吴的联盟，只有利于曹魏，不利于统一大业。应当说，这是顾全大局、理智的对策。

诸葛亮像

但刘备因兄弟情感而昏了头脑，哪里听得进诸葛亮的劝说，便独断讨伐东吴，并亲

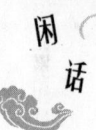

帅大军出征。结果彝陵一战,蜀军大败,损失惨重,刘备只带少数人马逃回白帝城。

刘备面对如此惨败的局面,悲愤、惭愧、悔恨交集在一起,从此一病不起,越来越严重,自忖来日不多,便叫来诸葛亮,命令他辅佐太子刘禅,并说出最后几句话:"你的才能比曹丕高出十倍,一定能够安邦治国,必能成就统一大业。如果太子刘禅可以为帝,请你尽力辅佐他;如果他不才,你可以取代他。"

刘备这几句临终前的血泪语言,凝聚着他对蜀国将来的期望和担心。他期望诸葛亮以他的才智完成统一大业,他担心儿子刘禅是否成器,是否能当好蜀国的皇帝,对此刘备没有信心。因而刘备把很重的话摞在前头,如果刘禅不才,叫诸葛亮取代他。这是刘备以国家统一为重,而不以皇位继承为重的高姿态呢,还是预防诸葛亮篡位而预先点明呢,还是二者兼有之?反正刘备是很有心计的,这里不必明说。在《资治通鉴》中,胡三省评注曰:"自古托孤之主,无如昭烈(刘备谥号)之明白洞达者。"

诸葛亮听了刘备的临终嘱托,心情无比悲痛和沉重,君臣亲密共处16年,一旦诀别,在情感上承受着巨大的冲击。刘备虽然有过失,但仍然是一位不忘恢复汉室江山、要完成统一大业的贤明君主,现在又以国家大事相托,诸葛亮眼含热泪、异常激动地对刘备说:"臣一定竭尽全力,忠心不二地辅佐太子,效命国家,直到生命最后一息。"诸葛亮这句关键性的表白,可能使刘备放心了。

刘备又下诏给刘禅:"你与宰相共事,视如父亲。"

刘备去世后,刘禅继帝位于成都,这时他才17岁,按现在的标准说,也不过是中学生水平,而且禀性平庸,其真正的水平就很难说了。以后的诸葛亮又当政务繁重的丞相,又当教导刘禅的父亲,两个担子一身挑,你看累不累!

荆州一丢,非同小可。因为荆州位于长江中游,是蜀国生存和发展的战略要地。失去荆州,不但使蜀国地盘缩小,而且国力也削弱多了。再加上关羽的被杀,不久猛将张飞也遇害,这两员大将的亡故,是任何人无法弥补的。更令诸葛亮悲痛的是,贤明君主撒手人寰,好像天塌下来一样。与东吴联盟的破裂,完全打乱了统一全国的重要的策略。面临这一连串的失地、失将、失主、失盟的大不幸,诸葛亮处于内外异常困难的境地,可谓身心交瘁,精神负担很重。

如何走出这种困境? 他是费尽心机的,绞尽脑汁的。但他又是智者的化身,他善于从全局中把握大事,又善于从内外压力中解脱自己,他能屈能伸,沉着冷静,坚定刚毅。经过他反反复复地思考,认为只有重新与东吴联盟,才能减少外部的强大压力,才能实现他一贯主张的全国统一的路线。但当前与东吴重新联盟又谈何容易,蜀国备受东吴的巨大折辱,现在又去主动与它和好,这又需要多么大的忍辱负重、能屈能伸的勇气。此时诸葛亮的身心已完全陷入左右权衡、精打细算的精神劳累之中。但他最终找到了重新联吴的具体办法,找到出使东吴的合适人选,这个人就是,能透彻理解诸葛亮联吴的策略、又长于能言善辩的尚书郎邓芝。

在诸葛亮的具体指导下,邓芝肩负着千斤重的责任来到吴国,邓芝劝说吴王,十分有技巧,他对吴王说:"吴蜀二国,占有四州之地(即荆、扬、梁、益),大王是当代的英雄,诸葛亮也是今世的豪杰。蜀国有地势险要可以固守,吴国有长江天险可以御敌。两国的优势合在一起,唇齿相依,进可以兼并天下,退可以三国鼎立。相反,如果大王投靠魏国,一旦不服从他的命令,魏国必然以反叛的罪名讨伐你。到那时,蜀国也顺流东下,趁机两面夹攻你,这时江南的大块地方可就不是大王所有了。"邓芝按照诸葛亮的指导从正反两面展示了东吴与蜀和好、结成联盟的利害关系,说得理直气壮,有强烈的感染力。这就使小视蜀国的吴王沉思良久,最后他毅然决定,断绝与魏国的关系,与蜀国重新结成联盟。这是诸葛亮费尽心血所取得的外交的重要胜利,对巩固和治理蜀国十分重要。

诸葛亮治蜀,千头万绪,军政大权一手抓,他虽然是丞相,但那个小皇帝刘禅不管事,诸葛亮还要帮教他,因而实际决策权都在诸葛亮手里,因此事无巨细,诸葛亮无不亲自出谋、过问、处理。因此政务十分繁重,非常劳累。甚至诸葛亮亲自校对公文,为此主簿杨颙劝说他:"所有的事都是自己做,不仅陷入琐碎事务中,自己也弄得疲惫不堪,身体也十分劳累。如今你管理全国政务,却亲自校改公文,终日汗流浃背,岂不是太劳累了吗?"

诸葛亮对这些话,深表感谢。其实以诸葛亮的智慧对这些道理何尝不明白,但他的严谨、认真的性格,一丝不苟、事必躬亲的工作作风,日积月累已长期形成,是难以改掉的,因此诸葛亮日夜操劳,非常忙累,他终日毫无保留地燃烧着自己的身心和智慧。

诸葛亮在与吴国和好之后,加强了朝廷内部的治理。之后又与西南少数民族的矛盾尖锐起来,叛乱集团的彝族首领孟获,是少数民族的头面人物,在南中地区很有威信和影响。

诸葛亮决定亲自率军出征。这仗怎么打?如何降服孟获?诸葛亮认为,只靠军事上的镇压,是不能使叛乱者心服的,是不能使西南地区稳定的。因此决定,在与孟获作战中,必以心战为上,兵战为下,只能生擒,不能伤害。

诸葛亮率领大军,不顾五月天气的炎热,不顾瘴气的困扰,穿过人烟稀少的高山峻岭,渡过怒涛汹涌的泸水(今金沙江),行军极为艰苦,诸葛亮的劳累可想而知了。

经过双方交战,孟获哪能敌得过诸葛亮,结果被活捉了。诸葛亮对他不杀不辱,以礼相待。

诸葛亮为使孟获信服,把自己的军队排列成一个阵势,威武雄壮,整齐严肃,并亲自领孟获到阵前观看,以显示蜀军的强大,并对他说:"你看我的军队如何?"诸葛亮等待他的话是赞扬和信服。但是骄悍的孟获并不以为然,更不信服,他轻蔑地说了几句:"由于不知你军的虚实,所以打败了。今天看了你们的军队阵势,也不过如此。如果再打一仗,我一定打败你。"诸葛亮一听他的话,觉得这小子挺狂妄,为了使他心服口服,便笑着叫他回去,好好操练兵马,再打一仗。

第二次双方一交锋,孟获又被打败活捉。但孟获仍然不服气,诸葛亮又把他放了。

孟获是个硬汉子,不到山穷水尽的时候,他是不服输的。诸葛亮是一个谋略大师,不到孟获心服口服的时候,他会耐心等待的。在中国历史上这两个人碰在一起,是很少见的。

第三次、第四次,一直到第六次,擒擒放放,来来去去,诸葛亮始终坚持既定的方针,始终观察孟获来去的动向,他相信孟获总有一天会降服的。孟获对诸葛亮左一次、右一次的宽容、大度和耐心,心中也在思考,这是仁义之师,同过去一味镇压少数民族的军队大不相同。好吧,再试验他一次。

第七次,在战争中孟获仍然被诸葛亮捉住,诸葛亮还要放他回去。这时的孟获彻底心悦诚服了，说了一句："公，天威也，南人不复反矣。"孟获把诸葛亮比作"天威"，何谓"天威"？用白话说，即神威也，是一种异乎寻常的威武，是任何力量抵抗不了的威武，是令人心悦诚服的威武。孟获说出这句话很不容易，是用血换来的，是在实战中、多次失败中从心底发出的自愿降服的声音。

诸葛亮最终使孟获心悦诚服地降服了，这是武力与仁德、攻战与攻心，两者巧妙结合的结果，没有武力打先锋是擒不了孟获的，但没有仁德之举，是不能服孟获之心的，西南地区还是不安宁，这是诸葛亮深谋远虑、过人之处。诸葛亮这次南征，不但劳累了心机，也透支了他的身体。

诸葛亮七擒孟获的故事，有的史学家认为并无此事，因为《三国志》的正文无此记载；但在《三国志·蜀志》《诸葛亮传》注引《汉晋春秋》中却有较详细的记载；在《资治通鉴·魏纪二》卷七十，文帝黄初六年七月条也有简要记载，因此，有的史学家认为确有此事。

但使诸葛亮更为吃苦和受累的是北伐曹魏。为了恢复汉室，统一天下，北伐曹魏，是诸葛亮老早在"隆中对"时就定下来的大政方针，以后他为此方针的实现，可谓绞尽脑汁，始终不渝。为了北伐，诸葛亮作了各方面准备，最后诸葛亮决定亲自挂帅，北伐曹魏。

此时的曹魏，魏文帝曹丕已经病死，魏明帝曹睿刚即位，但曹魏仍然战将如云，有雄厚的军事力量。诸葛亮虽然能于用兵，巧于用兵，是一位智多星，但北伐的第一仗就失败了，前锋大将马谡违背诸葛亮的作战部署和嘱托，失去重要阵地街亭，使蜀军北伐的有利形势发生逆转，使诸葛亮十分痛心和揪心。诸葛亮严于军法，痛斩爱将马谡，又使诸葛亮在内心承受了巨大的悲痛。

长话短说，诸葛亮北伐曹魏，先后竟有六次之多，无论诸葛亮神机妙算有多么出众，他的军事部署和谋略有多么严密，但是，行军的蜀道又是那样的艰险，李白有一诗句："蜀道之难，难于上青天。"这就给蜀军往前线运送粮草造成极大困难。比如，诸葛亮第二次北伐时，与魏军激战20多天，终因蜀军粮草供应不上，只得退军返回汉中。在粮草的运送上，诸葛亮想出多少良策，设计和制造大批木牛、流马（一种木制的人力推运的独轮车和改进的四轮车），但是都难以达到预期的效果。

魏军看清了蜀军这一致命的弱点，特别是老谋深算的魏军大将司马懿,深知诸葛亮大军从路途艰险的蜀地远处而来,粮草供应困难,必然求战心切,因此,他避开蜀军急于进攻的锋芒,凭险坚守阵地,拒不出战。魏将连讽刺又挖苦司马懿:"公畏蜀如虎,难道就不怕天下人笑话吗!"在魏将强烈请求下,司马懿出兵了,结果被蜀军打得大败而逃。

蜀军形势虽然非常有利,但就在这时,由于后方负责粮草供应的李严严重失职,粮草供应不上,只得前功尽弃,又撤军汉中。

经过几年的休整,诸葛亮又亲率十万大军北伐,进军到渭水南岸的五丈原(今陕西眉县西南),与司马懿率领的魏军隔着渭水遥遥相对。司马懿根据过去与诸葛亮的较量经验,仍然采取坚守不出,拖垮敌军的战术。因此,无论蜀军怎么叫阵,司马懿就是不出兵。甚至蜀军偷进魏营,把一套女人的衣服送给司马懿,用于羞辱、激怒他,但司马懿神色不动,不上这个套。魏军诸将实在忍不住了,要与蜀军决战,司马懿仍然按兵不动,不许出兵。

诸葛亮出兵几个月,始终找不到战机,不能与魏军接火,这个仗打也打不得,退也退不得,心情十分焦急、抑郁。诸葛亮一想起复兴汉室、统一大业的艰难和遥遥无期,更使他的心情万分惆怅。再加上几次北伐的艰苦的军旅生活,夜以继日的繁杂的军机事务,还有国内政事的担忧,严重地摧垮了他的身体,因此累得一病不起,竟在五丈原的战争阵地上停止了呼吸,时年54岁,一颗智慧之星竟这样陨落了。

纵观诸葛亮的一生,可谓是"鞠躬尽瘁,死而后已"。他是为统一大业活活累死的。

曹参像

在中国历史上有最累的宰相诸葛亮,也有最闲的西汉宰相曹参。

西汉惠帝二年(公元前193年),声望最高、资格最老的宰相萧何去世了,在萧何临终时,他向皇帝推荐曹参代替自己为宰相。论萧何与曹参的关系,在二人未显贵时,私交甚好;当二人成为将相时,反而有了嫌隙,关系不好。但萧何以国事为重，以人才为重，不计嫌隙，毅然把宰相的接力棒交给曹参。萧何之大度，确有宰相之风。

应当说萧何对曹参的才能是有深刻了解的。曹参不但有赫赫的战功，而且有管理政事的才能。惠帝即位初年，就把曹参安排到封地齐国当宰相，曹参到齐国后，深入到当地的长老和儒生的群体中，听取有关治国方略的意见，这些人七嘴八舌，议论纷纷，莫衷一是。后来他请教胶西一位盖公，盖公教他"治道清静而民自定"。也就是说，治理国家的办法，要使老百姓清静，不要去扰乱他们，这样百姓就自然而然地安定了。这个治国办法，即黄老之术。曹参用黄老之术治齐九年，结果齐国经济繁荣、百姓安定，人人都夸奖曹参是贤相。

曹参接替萧何为宰相后，治国理政的大政方针，一无变更，都是按照萧何制定的成规办事。因为这些方针律令都符合当时的情况，而且行之有效。萧何委任的属官，不是靠能说会道、耍嘴皮子的人，而都是为人为事忠厚老实，很有品德的人。凡是官吏，说话和行文苛刻、强求的，不实事求是，或者只务虚名、哗众取宠者，萧何立即把他们革除免职，这样清除了一大批垃圾官吏。

所以萧何留下的政策是完善的，是符合现实的，吏风也很清明，因而曹参继任宰相后，不必做什么变更，照样执行就是了，这就有了"萧规曹随"之说，所以曹参这个宰相当得十分轻闲自在，他一天到晚不是喝酒，就是美餐。一些卿大夫和官吏，还有一些宾客，见曹参当宰相，不治理政务，只是吃吃喝喝，有点不像话，因此都来求见劝说他，但这些人一到，曹参就拿出美酒给他们喝，他们要张口劝说，曹参又举杯把他们的嘴堵住了，一直把他们灌醉，一走了事。像这样的事，已成常态了。

惠帝虽然也看不下去，有意怪罪宰相曹参为什么不干政事，可是又不好当面责问，于是就指使曹参的儿子曹窋私下探听他父亲，当宰相为什么天天喝酒，不问政事，这样何以治天下？曹窋领命以后，见到父亲，没和父亲聊上几句，曹参就明白了儿子的来意，于是大发雷霆，把儿子拉下去痛打一顿，并指着他的鼻子说："治理天下的事，不是你所应该说的。"老子的霸气，毕露无余。

曹参痛打儿子曹窋，惠帝不高兴了。上朝的时候，惠帝责问曹参："你为什么打曹窋？那是我叫他向你进言的。"

曹参赶忙谢罪,接着向惠帝说:"请陛下想一想,你和高帝哪一个圣明威武?"惠帝说:"朕哪敢和先帝比。"

曹参又问:"依陛下看,我的才能与萧何比,哪一个更强?"惠帝说:"你好像比不上萧何。"

曹参说:"陛下说得不错。高帝和萧何平定天下后,一切法令制定得都非常清楚、明白,现在陛下只要放心放手,无为而治;我曹参等人只要坚守职务,一切遵照萧何制定的法令、制度办事,而不出差错,这不是很好吗?"惠帝听了曹参这一番话,认为也对,从而对曹参只饮酒不问政事的一切误会都烟消云散了,曹参仍然做最清闲的宰相。

曹参就这样当了三年宰相,一直到他去世为止。他去世后,老百姓为他编了一首歌,称颂他的相业:"萧何制定的政法,既严明又完整,曹参接替他为宰相,认真遵守而无失漏,多亏他施政清静无为,百姓才得以生活安定。"

史学大家司马迁也赞颂曹参:"曹参为汉朝宰相,主张清静,提倡黄老之道。当百姓脱离秦朝的残酷统治后,而曹参给予他们以休养生息的机会,所以天下人都赞美他。"

你看,这个整天吃吃喝喝的宰相竟受到这么大的赞扬,关键问题是曹参为政的理念,适合当时社会的需要,适合百姓的要求,不折腾百姓,不伤害百姓,不暴政百姓,百姓能安居乐业,当然要受到赞扬。

大老粗的精细

> 　　绛侯周勃始为布衣时，鄙朴人也，才能不过凡庸。及从高祖定天下，在将相位。诸吕欲作乱，勃匡国家难，复之乎正，虽伊尹、周公何以加哉！

——西汉·司马迁

　　西汉宰相周勃，有人说他是一个粗人，文化很低，又不爱读书，每次召见儒生说事的时候，既缺乏应有的礼节，又百般挑剔责难，要求他们说话不要引经据典、咬文嚼字、之乎者也，要直截了当。看起来，周勃对文人很不文雅，真是个大老粗。但仔细看他的一生，却粗中有细。

　　周勃的祖先从河南的卷县（今河南原阳）移居至沛县（今江苏沛县），家里很穷。周勃长得身高力大，膀大腰圆，平时也不爱说话。早年以编织养蚕的器具为业，有时在别人办丧事时也当吹鼓手，他既不打鼓，也不敲锣，更不吹喇叭，专门吹箫。吹箫虽然不是吹鼓手的主角，但箫的配音低沉而回荡、悠扬而缠绵，是一些乐曲中绝对不能少的音调。

　　周勃的志趣不在编织和当吹鼓手，只是当时谋生的一种手段。因为他有很好的身体条件，有很大的力气，又爱习武，很快成为一个能引拉强弓的武官。

　　秦二世时，穷困的周勃跟随刘邦在沛县起兵，反对秦朝的暴政统治，从这点看，他跟对了人，是有眼光的。他作战非常勇敢，攻城掠镇，常常头一个登上敌人的城楼，是作战的先锋。

　　推翻秦王朝后，在楚汉战争中，他又随从汉王刘邦出生入死，打败了楚霸王项羽，建立了卓越的战功。

　　刘邦做皇帝后，一些异姓诸侯王叛乱，在平叛过程中，周勃率领的军

队一直是主力,打先锋、冲敌营,大败叛军,功劳极大。

刘邦因其战功多,功绩显赫,封他为绛侯,享受列侯的爵位,食邑八千一百八十户。周勃从一个穷小子一路爬上侯爵的高位,非常难得,说明他选择的人生道路是正确的,也说明他建功立业是有成效的,这正是他精明之处。

周勃追随刘邦打天下,死心塌地,忠诚无二心,常置生死于度外。那时朝廷大臣许多人都受刘邦怀疑,甚至对丞相萧何也不放心,唯独对周勃不生疑心。

刘邦看准了周勃质朴敦厚、赤胆忠诚,又屡建战功,值得高度信任,可以委托他担任重大国事,因此,刘邦临终前说了这样一句话:"周勃忠厚老实,缺少文化,然而将来安定刘氏天下的一定是他,可令为太尉。"刘邦对周勃不但活着时信任他,就是死后也信任他、依靠他。周勃取得刘邦这么高的信任,这是非常难得的,可见周勃在忠厚之中蕴藏着内心的精明。

刘邦去世后,惠帝即位,周勃以列侯的尊贵地位辅佐惠帝,以后惠帝封他为太尉。

刘邦的皇后吕雉是一个心狠毒辣、野心勃勃的女子,刘邦死后,惠帝即位才17岁,吕太后临朝称制,握有极大的权势。她为扩大吕氏家族的权势,打算册封吕氏家族成员为诸侯王,但又有些心虚,担心朝中宰相和大臣通不过。为此,她首先听听右丞相王陵的意见,王陵直来直去,便抬出过世皇帝刘邦的话,进行抗争:"高皇帝曾与群臣杀白马饮血盟誓:'今后非刘氏称王者,天下共击之。'现在封吕氏为王,不符合昔日之约。"吕后听了,很不高兴。

紧接,吕后又问左丞相陈平和太尉周勃,他们二人说:"高帝统一天下时,封刘氏子弟为诸侯王;现在太后临朝称制,封吕氏为诸侯王,有何不可?"吕后听了很高兴。

但耿直的王陵对陈平和周勃二人的回答非常生气,指责二人说:"过去你们也参与盟誓,如今竟是这样逢迎太后,背弃盟约,有何脸面去见地下的高帝?"陈平和周勃回答说:"当面与太后谏诤,我们不如你;但是安定国家,保护刘氏子孙的天下,你就不如我们了。"这句话的潜台词是,当今,吕太后权大势大,当面谏止,也阻挡不了她对诸吕扩权的野心。不如暂时顺水推舟,敷衍几句,等待有利时机,再下手解决诸吕问题,安定刘氏天下。这一缓冲之策,正是陈平和周勃精明之处。

吕太后得到陈平和周勃的表面赞许,便封吕禄、吕产等人为王,把持军政大权。

吕太后八年(公元前 180 年)七月,这个老太婆大病不起,知道自己来日不多,瞑目静卧,思前想后,最使她揪心的、最不放心的是,那些朝廷功臣和刘氏宗室一些人,在自己不在时,可能对吕氏一族发难,这就相当危险了。因此她在临终前,决定控制京城防务,令赵王吕禄掌握北军,令吕王吕产掌握南军。很快,这个像皇帝一样、掌握大权的吕太后终于咽气了。

吕太后一死,吕禄、吕产等蠢蠢欲动,计划把朝廷功臣及刘氏宗室一些人杀个干干净净,以绝后患。他们手中虽然掌握军事大权,但又有些胆虚,害怕周勃等功臣的威望太高,又不敢贸然行事。

周勃与陈平认为消灭诸吕的时机已经到了,他们巧妙地利用郦寄与吕禄的密友关系,令郦寄去游说吕禄,劝他将北军交给太尉周勃,自己去封地赵国,无忧无虑地享受方圆千里一国之王的快乐和幸福。吕禄是一个既无政治头脑,也无军事头脑、贪图享乐的家伙,真的听从了密友郦寄的劝说,交出手中的兵权。

周勃取得兵权后,立即号令官兵:"凡是拥护吕氏者袒露右臂,凡是拥护刘氏者袒露左臂。"军中所有人都露出左臂,说明军心在刘氏这一边。周勃又令人监管宫门,不许吕产入宫,以防止他率领的南军趁机叛乱。

被阻挡在宫外的吕产,见形势不对,正在疑虑惊慌之际,周勃立即下令,杀死吕产,一举夺取了南军。随后,周勃一鼓作气,消灭了所有吕氏集团。

你看,周勃这个粗人,为消灭吕氏集团,算计得多么精细,设计得多么巧妙,干得多么干净利落。他为防止叛乱、安定国家作出了杰出的贡献。

刘邦生前的预见,可谓慧眼卓识,竟一语言中,安定刘氏天下者果然是周勃。

汉文帝即位后,因周勃消灭诸吕有大功,被任为右丞相,其地位在左丞相陈平之上。这时的周勃在职责的功能上发生了巨大的转变,过去,杀诸吕,安天下,他演了一出好戏;现在,升为丞相,治国理政,他就玩不转了。有一次文帝问右丞相周勃:"全国一年里审判了多少案件?"周勃谢罪说不知道。文帝又问:"一年内全国的钱谷收入多少?"周勃又谢罪,回答不知道。文帝很不满意。这时的周勃，感到十分紧张和惭愧，全身火烧火燎一样，大汗淋漓，背膀都湿透了。文帝又问左丞相陈平，陈平回答得很得体，文帝非常称赞。这时周勃才知道，自己治国理政的能力远不如陈平。

之后，有人提醒周勃："你已经诛杀诸吕，其名威震天下。现在你又受到厚赏，居丞相尊位。久而久之，大祸可要临头了。"周勃对自己的将来也有自危之感，于是就推说自己有病，请求归还相印。周勃不贪宰相的高位，不图权力上的享受，在自己不熟悉理政的不利情况下，主动退下来，也可谓是精明之举。文帝批准他的请求，免去右丞相，由陈平一人担任丞相。

不久，丞相陈平去世，周勃再次出任丞相。文帝为什么又叫这位不会理政的周勃复出呢？是不是临时补缺？还是有其他用意？但周勃复出一年，文帝又免去周勃丞相，令其回到他的封地，使周勃再一次感到有自危之虞。

周勃回到封国以后，怕文帝派人杀他，始终有很高的警觉性，因此，每当河东郡的郡守、郡尉去会见周勃时，周勃都是身穿铠甲，令家人手持兵器，以防不备。看起来这个粗人，一点也不大大咧咧，十分谨慎小心。就是这样，竟有人向皇帝上书，告发周勃要谋反，文帝令廷尉逮捕周勃下狱。

在狱中的周勃不知如何是好，有时还要忍受狱吏的侮辱。但他知道有钱能使鬼推磨，他不惜千金，贿赂了狱吏，狱吏被重金打动得心发热、脑冒汗，竟发出要营救周勃的善心。于是狱吏在公文的背后偷偷地写上"以公主为证"几个字，暗示周勃抬出公主作证，证明自己没有谋反。

公主是皇帝的女儿，嫁给周勃的儿子为妻。公主显然把周勃的冤案告知了老奶奶薄太后，薄太后是明白人，认为周勃不会谋反，她愤怒地对文帝说："周勃在诛灭诸吕时，手里拿着皇帝的玉玺，一人统领北军将士，不在那时谋反，现在怎么会在一个小县里谋反呢？"文帝向太后谢罪，很快释放了周勃，恢复了他的爵位和封地。

周勃出狱以后，感叹地说："我曾统帅百万雄兵，竟然不知狱吏如此之神通！"

周勃这个粗人，在生死危难中，头脑也很灵活，竟用重金买通了狱吏，使狱吏大显神通，挽救了自己的老命，这也是周勃在晚年危难中的精明吧。

警诫万世八个字

君之所以明者,兼听也;其所以暗者,偏信也。是故人君通必兼听,则圣日广矣;庸说偏信,则愚日甚矣。

——东汉·王符

"兼听则明,偏信则暗",可谓是警诫万世的八个大字。

"兼听则明,偏信则暗"这句话是唐朝著名宰相魏征说的。有一次,唐太宗向魏征提出一个令他深思很久的问题:"什么样的国君是明君,什么样的国君是昏君?"魏征简洁、明确地回答说:"兼听则明,偏信则暗。"这八个字不但成为当时的唐太宗时常警醒的用语,也成为警诫万世的著名格言。从古到今,这一格言不但毫无褪色,而且倍加增辉。

这一格言,不是魏征一拍脑袋说出来的。魏征是一个博学的历史学家,他是从历代统治阶级的成功与失败中总结出来的,是他在思想领域里独有的创造,对唐太宗具有特别的重要的现实意义。

魏征曾举出一些历史例证,说明"兼听则明,偏信则暗"对一个统治者多么重要。他说:"古代尧、舜治理国家,广开四方耳目,周知天下呼声,听取各方意见,了解各地情况,因此,什么事情都知晓。像共工和鲧这类人也不能蒙蔽他,那些花言巧语和奸猾欺

魏征像

诈的伎俩也不能迷惑他。"因此,尧舜成为后世所敬仰的远古统治者。

反之,逆其道而行之,"偏信则暗"的历史人物,可谓数也数不清,就拿皇帝说吧,魏征举秦二世胡亥为例,这个既残暴又糊涂的皇帝,整天深居宫中,尽情地享受,不但隔绝了朝臣,也闭塞了耳目,他只会见一个大臣,就是自己的心腹、权倾朝野的奸相赵高。在赵高的严密封锁和不透风的蒙蔽下,国内爆发的农民大起义几乎闹到要崩溃的地步,这个皇帝还蒙在鼓里,最后连胡亥的小命也在赵高的蒙蔽下成为刀下鬼。可见,偏信之害,既丧国,也亡身。

又比如,残暴、荒淫的皇帝隋炀帝,他最宠爱的、最信任的大臣是虞世基,虞世基为献媚隋炀帝,欺上瞒下,报喜不报忧,在他的蒙蔽下,当时农民起义军汹涌如潮,已危及隋帝江山,但他还不知情。不久隋朝就垮台了。

可见,"兼听则明,偏信则暗"这一名言,是帝王不受蒙蔽、知喜又知忧的金玉良言;是防止主观片面、个人独断的有力武器;是防止帝国垮台、帝王丧生的重要手段。

"兼听"这两个字,说起来容易,做起来并不容易,特别是龙颜独尊的皇帝,那就更难了。当然皇帝也不一样,有的是明君,曹操有一句话:"有德之君,喜听逆耳之言,犯颜之谏,从而亲近忠臣,厚待谏士,斥逐谗匿,远避匿臣,以求全国保身,远避灭亡之祸。"像这样贤明的皇帝的确有,但为数不多。

就拿历史上享有盛誉的明君唐太宗说吧,他是鼓励进谏、喜欢纳谏的典型皇帝,他曾对臣下说:"人欲自照,必须明镜;主欲知过,必藉忠臣。公等每看事有不利于人,必须极言规谏。"因此,逆耳之言、犯颜之谏,唐太宗能以宽容的态度吸收接纳。

比如,贞观六年(公元623年),全国五谷丰登、国泰民安,呈现一片繁荣兴盛的大好形势时,那些善于讨好皇帝的州郡大员、朝廷重臣纷纷请求唐太宗封禅。

封禅,是我国古代帝王去泰山祭天祭地的大典。封是祭天,禅是祭地,以显示功业之繁盛,以报天地之大功。过去,秦始皇、汉武帝、汉光武帝都举行过封禅大典。唐太宗格不住群臣的积极鼓动,最后也同意去泰山封禅,但宰相魏征认为不可,坚决表示反对。

唐太宗很不理解,也不太高兴,向魏征提出一连串的问题,要他说个明白。

"你反对朕去泰山封禅,是因为朕的功业不高吗?"

"不是,陛下的功业够高的了。"

"是因为朕的仁德不厚吗?"

"不是,陛下的仁德够厚的了。"

"是因为周边的民族没有归顺吗?"

"不是,周边的民族够顺服了。"

"是因为五谷没有丰收吗?"

"不是,五谷够丰收的了。"

"是因为祥瑞没有出现吗?"

"不是,祥瑞已经出现了。"

"那么为什么朕不可去泰山封禅?"

魏征头脑清醒,居安思危,从来不像那些大臣,对繁荣景象,歌功颂德,吹喇叭。他敏锐地看到了当前社会存在的一些问题,因此,直率地劝谏唐太宗说:"陛下虽然功高,但百姓还没有完全感受恩泽;陛下仁德虽厚,但恩泽还未普及人间;中国虽已安定,但还难以承受封禅大典的沉重负担;远方异邦虽已顺服,但还不能满足他们的请求;祥瑞虽已出现,但法网仍然严密;粮食虽然丰收,但仓库仍不充实。这是臣所以认为不可封禅的原因。"魏征还做了一个比喻:"一个人因为长期患病,身体十分虚弱,经过精心疗养,病虽然好了,但仍然十分瘦弱,这时叫他背上一石谷,每天走百里路,一定办不到。我们的国家也是这样,经过隋末大乱之后,国家十分衰弱,陛下犹如一个高明的医生,经过精心治理,解除了人民的疾苦,现在国家虽已安定,但还不够稳固,现在就去泰山祭天地,宣告大功伟业,恐怕为时过早。何况一次封禅,对百姓来说,就是免除他们几年的徭役,也补偿不了他们对封禅所付出的劳役,这是图虚而害实,陛下如何能去封禅?"

魏征的劝谏,显然比那些朝廷内外大臣看得远、看得实在、看得深透。

魏征的劝谏,虽是逆耳之言,有悖于太宗去泰山封禅的初衷,但唐太宗究竟是一个精明的皇帝,经过魏征的劝谏,深省地认识到当前去泰山封禅并不合适,因而决定取消了封禅的打算。

有人说,魏征是贞观年代的奇才,奇在他敢于说真话,敢于说别人不敢说或不愿说的真话。据史书记载,魏征向太宗进谏,前后有 200 余事,他的谏言,不但质量高、胆量大、分量重,深受赞赏,唐太宗甚至把他的一次奏疏写在屏风上,以便朝夕阅读。以此可见,唐太宗对进谏之言多么重视,应当说,贞观大治的出现这也是重要原因之一。

"兼听则明",重在"兼听",首先在一个"听"字上,因为有的皇帝连谏言也不愿听。唐德宗就是其中的一个,他以各种理由不想听臣下的进谏,指责这些进谏简直是自我炫耀,委过于皇帝,自取好名声。

因此,宰相陆贽劝德宗对各种进谏要宽宏大量,就是臣下进谏有自我炫耀的成分,也无损于陛下的圣德,如果陛下采纳他的正确意见,反而显示陛下有纳谏的美德;如果陛下拒绝进谏,那拒谏的不好的名声必然传扬出去。陆贽还提醒德宗,臣下进谏和君主纳谏,是君臣两受益的好事。"臣下进谏有封爵进官的好处,君主纳谏有安定天下的巨大利益;臣下进谏有博得诤言规谏的美名,君主纳谏会获得美好的声誉。"作为君主,现在担心的不是臣下进谏有这样那样的毛病,"唯一担心的是正直的论谏还不能畅所欲言,天下的问题还没有听到。"宰相陆贽的苦口婆心,虽然使德宗有所醒悟,但德宗的固执性格、褊狭的心胸,很难有根本的改变。

甚至像唐宪宗这样有作为的皇帝,在他的后期对谏言也厌烦,有一次他对宰相李绛说:"谏官之言大多数是诽谤朝政,没有事实根据,朕想贬谪两个最严重的人,以儆效尤,你看如何?"

宰相李绛不赞成对进谏者问罪,他劝导宪宗:"自古纳谏者昌,拒谏者亡。""奖励开言直谏,尚难以做到,何况要加罪贬谪?这样会使耿直之士缄口不言,对国家实在不利。"宪宗这才放弃这个念头。

不但要听,而且要兼听;不但听赞美的话,还要听逆耳之言,也要听刺耳的话,更要听在群臣面前令君主下不了台的话。这样的兼听对一个龙颜独尊的皇帝来说,实在不容易。甚至像唐太宗这样英明、善于包容的皇帝,有时也不能冷静对待。

有一次,大臣皇甫德参向唐太宗上奏三事,批评修洛阳宫是劳民伤众,收纳地租是厚敛民财,女人流行梳高髻是从宫中传出来的。唐太宗见到这一奏疏非常气愤,怪罪道:"这个人是叫国家不役使一个人,不收一粒租,宫女都要剃光头,他才满意。"魏征见唐太宗如此气愤,便劝说唐太宗,人臣上疏不激烈直率,就不能引起君主的重视,但语言激烈直率,又接近诽谤。为表示陛下肯于兼听各种意见,不妨赏赐他一些绢帛。唐太宗虽然勉强接受魏征的建议,但心里还是不舒服。看起来"兼听"多么不容易,连英明的唐太宗都是这样,其他皇帝更不用说了。

"兼听",需要皇帝的肚量和明断,朝廷内外大臣对某一问题常有诸多意见,听取哪一个?各有各自的利益,各有各自的理由,双方争执不下,则就需要皇帝在兼听的基础上，深思熟虑，择善而从，作出正确的决断。

唐武宗即位之初，我国西北的少数民族回鹘，因天灾人祸，其首领回鹘可汗又在战争中被杀，回鹘可汗的兄弟嗢波斯等人率部落人马抵达天德边塞一带，请求归附唐朝。

是否允许嗢波斯归附，朝廷内外意见纷纷。

天德军使和监军认为，回鹘逃兵进犯边境，引起当地居民十分不安，请求朝廷出兵把他们赶出去。天德军使和监军的用意是以此邀功受赏。朝廷中的文武大臣也都反对回鹘的残兵败将归附朝廷。

这时只有宰相李德裕，主张应对归附朝廷的回鹘采取宽容的态度，送粮安抚他们，以收其心。他说："走投无路的小鸟扑在怀里，尚不能弄死。何况回鹘过去曾援助大唐平定安史之乱立过大功，现在他们穷途末路，远来归附朝廷，为什么趁其危而出兵？"

宰相李夷行反对李德裕的主张，认为这不是秦朝李斯所说的借给敌人兵马，资助盗贼粮食吗？为何这样做，还是出兵把他们赶走好。

李德裕反驳说："现在天德城内只有驻军一千多人，如果出兵战败，天德城一定丢掉。与其这样，不如以恩义抚而安之。"

双方争论激烈，不同观点十分对立。

唐武宗兼听后，一时还拿不定主意，因为对回鹘的请降，是否可信，仍有疑虑。

为此李德裕提出，皇上可诏令河东、振武两军在边疆严加防守，如回鹘进犯城镇，再用武力驱除不迟。同时，李德裕又建议，派使者去慰问，安抚回鹘，赏赐他们三万斛粮食，以救其急。

唐武宗在兼听各种意见后，最终采纳李德裕的意见，作出正确的决策。命令边将不得为立战功，妄自出兵，攻击嗢波斯；对回鹘应采取怀柔政策，使之感恩戴德，归顺朝廷；同时又令河东、振武加强防卫。

由于唐武宗采用了正确的政策，使回鹘的嗢波斯坚定了归降之心，率部下 2200 余人归降朝廷。

可见，"兼听"各种意见，是准确判断的前提，而准确判断又是正确决策的核心。而"偏信"，必然主观片面，并带有浓厚的感情色彩，其判断必然有误，其决策必然出问题。因而，"兼听则明，偏信则暗"这八个全光闪闪的大字，对于大小官员，甚至对于每个人，都有积极作用，万世不衰。

分肉的大智慧

里中社,平为宰,分肉食甚均。父老曰:"善,陈孺子之为宰!"平曰:"嗟乎,使平得宰天下,亦如是肉矣!"

——西汉·司马迁

陈平是西汉初期的著名宰相,惠帝时任左、右丞相,吕后专权时,他伪装一个贪恋酒色、不理政事。整天混日子的丞相。吕后死,与周勃一起合谋,诛杀了诸吕,立文帝,仍是丞相。陈平足智多谋,屡出奇策,成功地解决了很多难以处置的问题,司马迁概括陈平的功绩说:"六奇既用,诸侯宾从于汉。"这里不摆他的功绩,只说他在青年时一个小故事,但很有社会价值。

陈平是阳武(今河南原阳县)户牖乡人,家中虽然有地30亩,但日子过得并不宽绰。他和哥哥生活在一起,哥哥种地,而陈平对"锄禾日当午"不感兴趣,他喜欢读书,从书中吸收很多的知识和智慧。陈平长得仪表堂堂,既不顾家,也不干农活,因此嫂嫂特别嫌弃他。

陈平有时在乡里帮忙,乡里的社庙举行祭祀时,陈平当过"社宰"。所谓"社宰",就是主持分配在祭祀时所用的牲肉,也叫祭肉。这些祭肉,就是祭祀那些社神的,摆在社神跟前,社神既不会吃,也不会拿,因此在祭祀结束后,要把这些祭肉分给大家吃。

分肉,看起来很简单,做起来很不容易,特别是分得均匀、分得公平、分得大家满意,更是非常不容易。而陈平操刀分肉,既均匀,又公平,干得非常出色,受到乡亲一致称赞,说陈平这小子当社宰干得真棒。陈平听了很高兴,又说了一句大话:"要是我陈平有机会治理天下,也会像分祭肉一样,令大家满意。"这大话,反映陈平的抱负不凡,反映陈平的志向高远。老天有眼,有志者事竟成,以后的发展,陈平竟成为西汉卓有成就的贤宰良相。

陈平分肉,令人称赞的是公平。"公平"这两个字具有很高的社会价值。社会公平,从一个统治朝代说,不会掀起社会的狂风巨浪,可以使社会稳定、安定,百姓安居乐业。反之,社会不公平,富者金山银山,穷者无吃无穿。穷困的百姓就会翻江倒海,甚至推翻一个统治朝代。中国历代的农民起义军就是因为社会太不公平而造反的。

秦末,陈胜、吴广率领的农民起义军打出的口号:"王侯将相宁有种乎?"指责骑在他们头上的王侯将相,也就是秦朝的统治者,难道是天生下来的吗?他们提出这一疑问,显然是不相信这个定律。因为当时的农民已被秦朝统治者压榨得"男子疾耕不足于粮馈,女子纺绩不足于盖形"的悲惨地步。他们打破的就是富者永富、穷者永穷的命运,他们要求给予人以公平待遇,当然,这在封建统治的时代是办不到的。但这次的农民起义却给秦王朝以致命的打击,成为秦王朝灭亡的前奏曲。

北宋前期,由于官僚、豪强霸占农民大量土地,农民穷困得无法生活,因而爆发了李小波、李顺农民起义,他们的口号是:"吾疾贫富不均,今为汝均之。"这是中国农民起义军第一次明确地提出均贫富的口号,他们要求的也是公平。他们为此诛官吏,杀豪强,分财物,攻城镇,占要地,起义军还在成都建立了大蜀政权。最后起义军虽然失败了,但给北宋政权打击甚大。

南宋初年,在洞庭湖一带发生一次钟相、杨么农民军起义,他们的口号是:"法分贵贱贫富,非善法也。我行法,当等贵贱,均贫富。"他们要求是社会地位平等,不分贵贱,财富平均,不分贫富。总之他们要求的是公平。这次农民起义声势浩大,前后六年半之久,给南宋政权以沉重打击。

震惊清朝的太平天国起义,他们喊出的口号是:"有田同耕,有饭同食,有衣同穿,有钱同使,无处不均匀,无人不温饱",他们要求的是平均和公平。他们还规定妇女与男子同样分田,在经济上男女平等,还规定在教育上也要男女平等,把人享有的社会公平更具体化了,更提高一大步。太平天国建都天京(今江苏南京),最后虽然失败了,但太平天国的起义,为改变封建社会的不平等、不公平的制度闯出一条新路。

前前后后的农民起义,要求公平的喊声此起彼伏,虽然在封建社会根本不能办到,但要求社会公平的浪潮一浪高一浪。

唐朝著名宰相姚崇写有《五诫》一文，"诫"是一种规劝告诫文体，姚崇以他的政治理念，告诫文武百官，要注意五诫。其中的第一诫就是《执秤诫》，强调"为政要公平"的理念，认为公正之心、公平之举，有如秤那样，"毫厘不差，轻重必得"，才能执法公正；"不令而行，在下无怨"，才能"上有之所仰，人皆共向"；"我之所教，人皆共效"，才能达到"人能大同""心能执一"的目的。这是姚崇治国理政的最高境界。当然，为政公平，像秤一样，毫厘不差，很难办到；但能做到基本公平，百姓也就满意了。

公平，是国家治理所应遵守的永恒主题，任何时候丢弃了公平，国家必然出乱子，君不见美国民众不是也占领华尔街吗？抗议者的口号是："我们是占总人口99%的那部分人。"这句话恰恰点出了问题的核心。现在的美国贫富差距非常严重，一边是占总人口1%的超级富翁，另一边是占总人口99%的那些人。再具体说，目前400个最富的美国人，占有的财富超过1.5亿低层美国人占有的财富总和。这种发展变化极其深刻，极具革命性，以致正在动摇这个世界上最强大的国家的基础。这则材料和这些话是德国《明镜》周刊2011年10月24日一期文章说的（见《参考消息》2011年10月31日10版）。

因此，陈平分肉，坚持公平，看似小事，能做好这件事却要大智慧。

五朝的不倒翁

> 道之为相,历五朝、八姓,若逆旅之视过客,朝为仇敌,暮为君臣,易面变辞,曾无愧怍,大节如此,虽有小善,庸足称乎!

> ——北宋·司马光

五代十国,是唐亡以后出现的 50 多年分裂割据、战乱频仍的局面,不断改朝换代,在这个时期,有个宰相叫冯道,无论怎样改朝换代,无论经过多大的暴风骤雨,无论走过多少逆境穷途,他都能顺顺当当地做稳宰相或三公的高位,是个永做高官的奇才和能手。

不妨具体看一看,冯道是如何一朝接一朝做宰相和高官的。后唐时期,明宗在位,冯道第一次出任宰相。明帝死,闵帝即位,继续做宰相。闵帝被杀,末帝即位,改任三公中的司空。后晋灭后唐,他又任后晋高祖和出帝的宰相。以后契丹(改国号为辽)灭后晋,他又在契丹的辽国做上太傅。后汉灭契丹,他又归后汉,出任后汉高祖和隐帝的太师。当后周取代后汉时,他又成为后周太祖和世宗的太师兼中书令为宰相。如果给冯道前后做高官的情况统计一下,他历任五朝十帝的高官,合计有 31 年之久,其中做宰相 20 多年,可谓是地地道道的善于做高官的不倒翁。

这位不倒翁,有他的人生哲学:第一,安身保命,不做死守一个皇帝的忠臣;第二,随机应变,保住高官厚禄;第三,圆滑处世,左右逢源,小心谨慎;第四,注意个人修养,哪朝哪代都想用他。冯道著有《长乐老叙》一书,书中讲的是"安乐哲学"。

冯道很有心术,善于观察形势,更善于趋强避弱、趋利避害。后唐明宗提拔冯道做宰相,对他是有恩的。但是,当后唐明宗去世后,他的儿子李从厚继位,是为闵帝,即位不久,就受到潞王李从柯的进攻,匆忙逃到魏州(今河北冀县)。这时宰相冯道,预见闵帝必然走向末路,潞王李从柯必然入朝当皇帝,因此他准备率领百官奉迎潞王,并督促中书舍人卢导赶紧写劝进文书,劝潞王入朝当皇帝。卢导认为不妥:"安有天子在外,人臣以皇帝大位草率劝进?"冯道说了一句掏心窝的话:"事当务实。"所谓的务实,就是现在形势变了,闵帝没救了,潞王必然当皇帝,我们应当趋强避弱、趋利避害,只有这样才能保命做高官。

潞王李从柯做皇帝后,是为末帝,封冯道为司空,官很高,待遇很厚,但是三公的司空是闲职。叫他做什么呢?有人提议,做祭祀扫除,这简直是开玩笑,拿他开涮。冯道知道这个消息,对人说:"我当司空,做祭祀的清洁工作,打扫卫生,这个差事,我有什么可害羞的。"可见,这位冯道,只要做高官,至于干什么,他都不在乎,而且乐在其中,这正是他的安乐哲学的真实写照。

冯道说话淡白幽默,又会奉承,很讨皇帝喜欢,因此得官容易也做得牢。后晋高祖石敬瑭,是靠契丹出兵的帮助才灭后唐立后晋的,因此石敬瑭心甘情愿,认契丹主耶律德光为父皇帝,自己矮下半截情愿做儿皇帝,并任命冯道为宰相。

石敬瑭当上皇帝后,契丹主专门派使臣给后晋高祖加徽号。来而不往非礼也,石敬瑭也要为契丹主加徽号,绝对不能忘记这位契丹老爸之大恩大德。什么是徽号?就是一种美好的称号,多是歌功颂德的套话。石敬瑭为给契丹主加徽号,这样一个重要使命选谁去合适呢?石敬瑭的目光集中在冯道的身上,对他说:"这一行程非卿不可。"但是,"卿官高德厚,不可以深入沙漠。"冯道何尝不知去契丹要爬山越岭,路途遥远,还要深入沙漠,是十分艰苦而又担风险的差事,但他认为,这是一件非常荣耀的差事,更是一次讨好皇帝的难得机会,对于自己继续做高官,关系特别重大。于是他媚态十足地说:"陛下受北朝(契丹)恩,臣受陛下恩,有何不可?"这一句肉麻的领命话,当然石敬瑭很高兴。

冯道到契丹后,被契丹扣留了两个多月,契丹主见他对契丹并无二心,还很忠诚,决定遣返他回去。冯道不知契丹主的用心何在,是真遣返,还是试探。因此他又虚情假意地三次上表,请求留在契丹,但契丹主决意遣返他回去,他装作无奈的样子,只得领命。但是,冯道老谋深算,眼睛比别人看得远,他考虑契丹的军力如此强大,将来真要改朝换代,契丹得势,为何不给自己的将来在契丹做高官留一条后路。同时,为减少契丹主对他的猜忌,他又假惺惺地对契丹怀有无限的留恋,在契丹竟多住了一个月才走。就是在回去的路上,他也多一个心眼,走走停停,停停走走,走了两个月才离开契丹的边界。随从问他为何这样行动? 冯道才吐露真言,如果我们急急忙忙地往回走,即使走得再快,他们的筋脚马,一个晚上即可追上。可见冯道对契丹又是多么担心、多么小心,防范得多么精心!

冯道从契丹回来后,石敬瑭更加信任他,加封司徒、兼侍中,晋爵鲁国公。无论大小朝政,尽由冯道说了算。

以后,契丹终于灭了后晋,也就是父皇帝把儿皇帝吃了。此时的冯道又出来侍奉新主子契丹,契丹主耶律德光问他:"你为什么来朝见我?"冯道厚着脸皮说:"无城无兵,安敢不来?"契丹主见这个老头子不一般,又带嘲弄的口气问他:"你是什么样的老头子?"冯道回答得倒也痛快:"我是一个无才无德、又呆又傻的糟老头子。"契丹主见他很有风趣,又能自贱自嘲,很快就喜欢上他了,封他为太傅,从此冯道又在契丹做了高官。

有一次,契丹主对冯道说:"天下百姓,如何才能得救?"冯道的回答不紧不慢,极尽奉承:"这时的百姓,就是佛祖出来也救不了,只有皇帝你能救得。"契丹主一听,十分称意。

冯道就是这样,又在契丹这里做稳了高官。

冯道做高官也有可以称道的官德,他廉洁自律,生活朴实,乐于助人,在这方面他是一贯的,有良好的口碑。早在入相以前,冯道就养成自我刻苦、节约助人的好作风,虽然以后官做大了,升至中书舍人、户部侍郎,但他住的房子仍然是茅草屋,甚至连个睡席也没有,躺在一堆干草中。他的饮食与仆人、小厮没有多大区别,有时甚至和他们一起吃饭,但他心安理得。别人抢来的美女送给冯道,冯道不好推辞,把美女安置在另一个屋里,等找到主人后,把她送回去。

冯道因父亲病故,回老家瀛州景城(今河北交河东北)守丧。当时正赶上年景不好,乡里百姓生活很困难,冯道便把所得俸禄,全部救济灾民。凡是地方官员送给的赠物,即便是一斗米、一匹帛也不受纳。在家乡,他自己种田、砍柴、收获,与农民在一起生活、干活,并不认为自己的身份比别人高贵。

有人说这些都是小善,就是这些小善,冯道却博得大名声,有人夸他是真正的士大夫。后唐明宗也久闻他的声名,认为他是将来的好宰相。甚至他的名声远播北方的契丹,契丹曾预谋要把他抢走,但没有得逞。

正由于他有这样的好名声,再加上冯道能写一手满朝大臣佩服的好文笔,因而频繁更换的各朝各代的皇帝都愿意请他做高官,这也是冯道保身保高官的重要本钱。

冯道做高官时间很长,说他有多大业绩,史书无记载,应该他不会有什么丰功伟业。他向皇帝进谏,也比较少。有一次,他向后唐明宗的进谏,还有些意味深长。那是在天成、长兴年间,当时风调雨顺,庄稼连年丰收,朝廷内外好像无事,天下出现太平景象。这时冯道比较清醒,向皇帝讲起一段自己的往事,说有一次曾经奉命出使中山,当路过井陉险地时,唯恐坐骑失蹄,小心翼翼地不敢放松缰绳,结果平安无事。但是到了平地,就不注意拉住缰绳,结果被马摔下,受了跌伤。冯道特别点出,臣讲这个故事,是以小喻大,陛下不要以为现在海清河宴,是大丰收的好年景,便放纵安逸享乐。对于帝业,应当始终兢兢业业,居安思危,这是臣的最大希望。冯道这一劝说,显然是很明智的。

明宗又问他:"天下虽然丰收,百姓能获益吗?"冯道说:"谷贵饿农,谷贱伤农。"他又引用一首诗:"二月卖新丝,五月粜秋谷,医得眼下疮,挖却心头肉。我愿君王心,化作光明烛,不照绮罗筵,偏照逃亡屋。"冯道在启示明宗,任何时候都要体恤百姓的疾苦。他还说:"仁义者,帝王之宝也。"鼓吹以仁政治国的思想。应当说冯道在后唐明宗时,还说了些开明的话,做了点好事,如选拔人才、引用寒士等。

但到后来,由于冯道明哲保身,即使有关国家的军中大事,皇帝问他,他也怕担责任,推说自己是书生,只知墨守历代成规,关于征伐大事,完全是皇帝独断,把自己摆脱得一干二净。

冯道总结自己的一生,认为只有一件事没有完成,就是帮助国君定四方,统一国家,而且有愧于自己担任的职务。但是,当后周世宗要率兵亲征,平定河东刘崇进犯安定四方时,冯道又阻止世宗出兵。看起来,冯道并不关心统一,安定国家,只是嘴皮子说说而已,他所关心的是自己能够安然地长期地做高官。

冯道自号长乐老,作《长乐老自叙》一篇,罗列他在五朝做高官的具体职衔,显然他是以此为荣、以此为乐。他自称:"在孝于家,在忠于国,口无不道之言,门无不义之货。"说明自己是一个忠孝两全,道德高尚,两袖清风的好官。他还说:"所愿者下不欺于地,中不欺于人,上不欺于天,以三不欺为素。"说明自己还是一个真诚的君子,因而对待亲人、对待君主,自己毫无愧色。虽然自己"累经难而获多福,曾陷番而归中华",这都是老天的保佑。现在自己老了,但是"老而自乐,何乐如之"。这篇自叙,字里行间都散发着自夸自满的味道。说自己对待君主,毫无愧色,更是欺人之谈。

冯道活到 73 岁离开了人间,在他去世后,当时人为他的道德高尚而称赞,为他的去世而叹息。甚至把他与孔子画等号,说他与孔子同寿,可见当时人对他的称誉该有多高了。

北宋宰相范质也把冯道抬得特别高,说他的厚德等同于古圣贤,他的宏才伟量,虽然屡经朝代的变迁,有如一座巨山屹立于人间。这种过高的赞誉,缺乏理性的、客观的分析。

但是在之后,对冯道的评价就没有那样幸运了。撰写《新五代史》的欧阳修有一段论说:"'礼义廉耻,国之四维,四维不张,国乃灭亡。'礼义,治人之大法;廉耻,立人之大节。况为人臣而无廉耻,天下有其不乱,国家其有不亡者乎! 予读冯道《长乐老叙》,见其自述以为荣,其可谓无廉耻者矣。"欧阳修以臣子的大节为尺度,对冯道的简短评论可谓极为严厉,等于说他没有做臣子的人格了。

大史学家司马光在《资治通鉴》卷二九一中,对冯道也有一些论说:"以礼制立法,妇之从夫,终身不改;臣之事君,有死无二;此人道之大伦也。"司马光在这里把"忠"和"节"看得非常重要。因此他进一步说:"如果女子不正派,虽然长得很漂亮,又有纺织的巧手,也不算贤惠;如果为臣不忠,即使才智纵横,政绩卓著,也不算尊贵。为什么? 大节已亏故也。冯道之为相,历经五朝八姓,朝为仇敌,暮为君臣,面孔一变,腔调一改,毫无羞愧之心,他的大节如此,虽然有点小善,也不值得称道!"显然司马光评冯道是一个不忠之臣、有失大节、不知羞耻之徒。

司马光还回答了人们提出的问题,在那个时代,丧失臣节不止冯道一个人,为什么单独怪罪冯道? 司马光认为"那时的冯道,论尊贵和恩宠居三师(太师、太傅、太保)之冠,论权力和责任居诸相之首。可是他,在国存时,整天拱着手、闭着嘴,对是是非非不置可否,只是窃取权位,白吃饱不干事而已;当国亡时,他又极力保全自己,力求免受灾难,因此他去迎新主子,劝进当皇帝。当时的国君一个接一个地变换,可是冯道依然做高官、享富贵,这是最大的奸臣,怎能和他人相比!"

司马光又作进一步的分析,认为当时的皇帝也有责任,为什么?"因为不正派的女子,一般男子羞以为妻;不忠实的臣子,一般君主羞以为臣。冯道在前朝做宰相,说他是忠心吧,可是他却背叛君主去侍奉仇敌;说他有才能吧,却使国家成为废墟。作为君主,对这种人,不但不杀不弃,仍然用他当宰相、做大官,他又怎能肯于进忠心,为我所用呢!"

应当说司马光对冯道的分析比欧阳修更客观、更严厉。冯道所处的时代虽然比较特殊,其居官任职也比较复杂,但他始终坚守的是安乐其身、乐于做高官的人生哲学,以这种人生哲学作为支配自己的行为,其是是非非也就抛到九霄云外去了。

女皇手下的宰相

太后（武则天）虽滥以禄位收天下人心，然不称职责，寻亦黜之，或加刑诛。挟刑赏之柄以驾御天下，政由己出，明察善断，故当时英贤亦竞为之用。

——北宋·司马光

中国有多少皇帝？一位学者认为，从秦始皇到清末溥仪的 2132 年间，共出现 332 个皇帝。但是，其中只有一个女性皇帝，这个女皇帝就是武则天。

女性皇帝武则天，爬上皇帝高位的历程是极为艰难的，经过反反复复的激烈的斗争，经过多次与对手的残酷较量，她始终是胜利者，她既有颠倒乾坤的能力和魄力，也有做皇帝的本事和才干，更有任用和使用宰相的特殊手段和眼光，不妨看看这位女皇帝在任用宰相中又有一些什么独特地方？

武则天临朝称制独揽大权是在高宗去世后，从光宅元年（公元 684 年）算起，共六年。天授元年（公元 690 年）登基做皇帝，到神龙元年（公元 705 年）退位止，一共 15 年，前后统治中国 21 年。在这 21 年期间，她用相 75 人，其中留用唐高宗时旧有宰相 8 人，新擢宰相 67 人，其用相之多，更换宰相之快，有如走马灯，这在

武则天像

唐朝是绝无仅有的,在中国历史上也是少见的。

如果作一个小统计,宰相的任期,在五年或接近五年的只有六人,任期最长的宰相岑长倩也只有七年一个月(光宅元年九月至天授二年十月)。任期最短的宰相李景谌只有十天(光宅元年十月九日至十九日)。任期不到一年的宰相多达 33 人,其他都是两年至四年的任期。仅从这个小统计看,其更换宰相之频率是很高的,这也是武则天任用宰相很独特的一面。

武则天重视科举,科举在武则天朝有很大发展,她从科举进士、明经出身官员中选用的宰相,居大唐前三朝之冠。据笔者统算,进士出身的宰相有 13 人,明经出身的宰相有 11 人,两项科举出身的宰相共 24 人,占武则天朝宰相总数的 32%,这也是武则天任用宰相独特的地方。而且其影响是很大的,开创了以后唐朝皇帝重视从科举出身中选拔宰相的先河。

武则天虽然任用一些良宰名相,但也任用一些不三不四的宰相,可谓鱼龙混杂。她出于斗争的需要,为了巩固其统治,曾推行一阵子残酷的诛杀政策,杀死和流放的宰相,其数量之多,也居大唐各朝之冠。根据史书初步统算,由于武则天在政治上的猜疑或酷吏陷害等原因,宰相被杀的有 13 人,下狱致死或自杀者 4 人,被流放的 10 人。而且株连甚广,冤狱甚多,这也是武则天用相独特的一个方面,但这一点,给她的统治带来不少的负面影响。

武则天用相之独特,与武则天作为中国独一无二的女性皇帝有直接关系,她在夺取和巩固政权中,经过多少次的厮杀,前有宰相长孙无忌、褚遂良、上官仪的反对;后有徐敬业、李贞的起兵;还有宰相裴炎叫她不要亲政,交出权力。她对这些人进行了毫不留情的剪除、镇压和诛杀。就是她亲擢的宰相,只要跳入她怀疑的圈子,杀、流、贬全由她一人独断,任何人都不能向她的权力挑战。因此,武则天任用、统驭宰相,常常伴随她的权力需要临机调整,常常根据当时的政治斗争形势而变换阵容。进退迅速,任罢频繁。无怪宰相韦承庆曾上疏说:"陛下求贤之意急切,取人之路也宽广,只要有些话合乎陛下心意,就让他担负大任,但是执政还不到一年,就说他有罪罢免了。"

女皇任用和罢免宰相的速度虽然很快,但她慧眼金睛,也善于发现人才和重用人才,因而她任用一批有才能、有功绩的贤宰良相,如狄仁杰、李昭德、魏元忠、杜景俭、唐休璟、娄师德、陆元方、王及善、郭元振、姚崇等人,这些人都有各自的特长和贡献,使女皇执掌的天下得以正常地运转并取得不少成就。

但是,其中女皇最信任、最敬重的宰相是狄仁杰,狄仁杰不但才智过人,而且功绩卓著,德高望重,是朝廷中最有声誉、最闪亮的重量级宰相,其他宰相都不能和他相比。因而女皇特别倚重他,把他比作春秋战国时著名政治家、军事家的管仲和乐毅。女皇和他的关系也特别亲密,有什么心事都和他讲。有一次女皇做了一个奇怪的梦,百思不得其解,便和狄仁杰讲了这个梦,说梦见一个大鹦鹉,因两个翅膀受伤,不能翱翔于天空。女皇问狄仁杰这个梦是什么征兆?

狄仁杰像

狄仁杰虽不是圆梦先生,但他机智灵活,说鹦鹉的鹉(武),是陛下的姓,两个翅膀是陛下两个亲生儿子(李显和李旦),翅膀受伤,表明两个儿子尚未扶上正位,有伤他们。如果将两个儿子扶上正位,岂不是两翅腾飞,翱翔于晴空万里吗!狄仁杰对这个梦圆得不但贴切,而且寓意很深,实际在劝说女皇,把帝位传给两个儿子。

女皇平素信佛,但也信梦。至此,女皇强烈地意识到梦境给自己的点拨和指引,因此,在传位问题上远离了武姓的侄儿,属意于自己的两个儿子。

女皇对狄仁杰十分敬重,对其他大臣都是指名道姓,唯独对狄仁杰不直呼其名,称呼为国老。

这位国老在入宫进见女皇时,女皇心疼得不让他行叩拜礼。当时宰相在政事堂都有值班制度,但女皇为照顾国老年高体弱,免去他在政事堂值宿。并且告知朝中大臣,不是军国大事,不要烦扰国老。狄仁杰性格刚直,有时当面与女皇在朝廷中争执,女皇常常曲意地听从他的意见。

有一次,狄仁杰随女皇出游,突然一阵狂风把狄仁杰的头巾吹落,他骑的马也受惊,疯狂地跑起来。女皇担心国老的安全,命令太子迅速控制惊马,保护国老。太子很快抓住马笼头,稳住坐骑,又拾起头巾,等国老戴好头巾,女皇才放心。

女皇去三阳宫，随臣很多，独对狄仁杰特别关照，赐给他宅第一所，尊崇、礼遇之甚，群臣诸相，无人可比。久视元年(公元700年)，狄仁杰已70岁，进入古稀之年，身体又多病，曾多次请求告老，但女皇离不开狄仁杰，就是不准。

但是，就在这年的九月，疾病终于夺去了狄仁杰的生命，女皇悲痛至极，含着热泪说："朝堂空矣!"可见狄仁杰在女皇心目中的地位该有多么重要。甚至在狄仁杰去世以后，朝中每有大事，群臣不能决断时，女皇就想起狄仁杰，慨叹地说："天夺吾国老何太早邪!"对狄仁杰有无限怀念之情。

女皇也动员大臣诤谏，喜欢听取不同意见，常常择善而从之。但臣下的进谏必须有利于她的统治，任何危及她权力的诤谏，她都毫不留情地除掉进谏人。比如，当徐敬业起兵反武则天时，武则天召宰相裴炎，问询如何解决这一反叛，裴炎说："皇帝(指武则天儿子李旦)已年岁大了，但还不能亲政，这就是这些人反叛的理由，如果太后还政于他，就不讨自平矣。"裴炎要求武则天还政交权，这就触犯了武则天的核心利益，犯了大忌，武则天便以谋反的罪名杀了裴炎。杀了裴炎以后，宰相刘齐贤认为裴炎不是谋反，武则天又把刘齐贤关进监狱。同时，提升了认同裴炎谋反的崔詧、骞味道、李景谌为宰相。这次宰相班底的大调整，说明武则天在还政交权的问题上，不许宰相说三道四，顺之者昌，逆之者亡，这已是武则天的惯用手段。

由于复杂的政治形势，徐敬业起兵造反，宰相裴炎叫她交权，唐朝宗室一些大臣又不依附她，使政治警觉很高的武则天对群臣产生许多猜忌，因而她决定采取非常手段，奖励告密，任用酷吏。这样一来，政治气候变得非常紧张，告密之风盛行，诬陷不少好人，其中包括一些宰相。有的宰相为此惨遭杀害，如宰相刘祎之被人诬告，武则天令他在家中自杀。宰相魏玄同被酷吏诬告，也被武则天赐死于家中。宰相裴居道、欧阳通、乐思晦等人均为酷吏诬陷而被杀。

有的宰相虽遭酷吏陷害，但幸免于难。如宰相狄仁杰，被酷吏诬告谋反，只做了四个月宰相，就被罢相入狱。幸亏狄仁杰机智灵巧，有通天之术，武则天明白真相后，才活了一条命，被贬为县令。以后狄仁杰政绩卓著，东山再起，再次入相，被武则天器重。

还有宰相魏元忠，多次被诬告、陷害，几起几落，但他死猪不怕开水烫,捡回一条命。

由于酷吏干的坏事太多,他们最后的下场也是很惨的。

武则天当政,对武氏家族特别照顾,尤其是对侄儿武承嗣、武三思更为看重,不但封王,而且让他们担负宰相之大任,甚至想让他们做太子,成为皇位的继承人。而武承嗣、武三思为谋求太子地位,暗地里频繁活动,鼓动女皇要以武氏家族为重,死乞白赖地向女皇表白,自古以来,天子没有以异姓为皇位继承人的。

但是有的宰相主张,女皇是高宗李治的皇后,儿子姓李,应当以儿子为皇位继承人。这样就在宰相之间展开了皇位继承人的斗争。

在武则天的扶植下,宰相武承嗣权倾朝野,势力很大,他为了做太子,甚至到了迫不及待的地步,利用手中的权势,唆使其手下爪牙,发动一次劝立自己为太子的活动。但他万万没有想到,劝立的序幕刚一拉开,就受到宰相岑长倩和格辅元的强烈反对和痛斥,令他们立即解散。

这次活动的失败,使武承嗣恼羞成怒,为了报复,对岑长倩、格辅元二相狠下毒手,捏造虚有的罪名,将他们关进监狱,最后将两人杀害。武承嗣不但报了一箭之仇,而且又为自己树立威势,警告有敢与武氏为敌者,就是杀头的下场。

偏偏有个李昭德不信这个邪,他不怕武承嗣的淫威,更卑鄙他的所作所为。他打狗从不看主人,在乱棍之下活活地打死了为武承嗣卖命、积极劝立的爪牙头子。而且李昭德还劝说武则天应传位于儿子,以成万代帝业,哪能以亲侄为皇嗣。

不仅如此,李昭德还向武则天提出一个极为关键的问题,说"魏王武承嗣的权力太重"。言外之意,应削去武承嗣的大权。李昭德出口敢于说这句话,是冒很大风险的,他不知女皇作何反应?

武则天感到这句话极不寻常,只是微笑说:"他是我的侄儿,才把他当做心腹。"

李昭德顺势又进一步向武则天表白:"侄儿对于姑母,哪能像父亲那样亲。儿子还因篡夺帝位杀害父亲,何况是侄儿?现在武承嗣既是陛下的侄儿,又是亲王,还是宰相,其权力之大与陛下相差无几,臣恐怕他有野心,使陛下不能长久安于帝位!"李昭德这些话极为要害,一下触动了女皇的敏感神经和警觉性,立即引起女皇在权力上的高度醒悟。是的,过去把武承嗣视为心腹,宠幸他、器重他、提升他,现在该是提防他的时候了。

武则天动作极为迅速,很快免去武承嗣的宰相职位,同时晋升李昭德为宰相。

这一宰相的调换,使武承嗣极为恐慌,更是气急败坏。他像一只疯狗,在武则天面前乱咬李昭德,但武则天对侄儿的谗言,只淡淡地说:"我任李昭德为宰相,替我操劳政事,可以睡安稳觉,你不用再说了。"

这一场宰相之间的火热斗争,李昭德以其卓越的胆识扳倒了权大势强并有最大靠山的武承嗣,取得了完全的胜利。但武承嗣对这次失败,并不死心,还要等待机会。

武则天善于权谋,对待侄儿也是打一巴掌揉三揉,于神功元年(公元697年)六月,又任武承嗣为宰相,武承嗣狂喜不已。但是只一个月,到七月又突然罢去他的宰相,从高位又骤然跌入谷底。武承嗣迷惑、忧郁、沮丧,一病不起,不久就一命呜呼了。

武承嗣咽气后,武则天另一个侄儿武三思立即兴奋起来,认为太子的地位该轮到他了,因此特别活跃。

武则天对武三思的器重不亚于武承嗣,神功元年(公元697年)六月也升为宰相,同年七月与武承嗣一起罢去宰相。但武三思沉稳奸猾,不在乎一时的升降,他懂得能屈能伸的转换道理,现在争取做太子的机会一定抓住不放,因此他更加取悦姑母,不断地向姑母吹风,现在是武氏的天下,太子只能姓武,不能姓李,这是他能讲出的唯一理由。

此时李昭德已被罢相,在朝中最有影响力的宰相就是狄仁杰了。论学识、论智谋,武三思哪是狄仁杰的对手。狄仁杰劝女皇:"太宗皇帝饱经风雨,亲冒战争危险,平定天下,就是要将皇位传于子孙。"这显然是说将天下传于武氏不符合太宗的遗愿。更何况,"高宗皇帝又将二子(李显、李旦)托付于陛下,陛下将皇位移交他人,恐怕有悖于高宗的托付。"

狄仁杰又请女皇想一想,"姑侄之间与母子之间哪个亲?陛下立儿子为太子,千秋万代之后,可永享太庙的祭祀。而立侄为皇嗣,没听说侄儿做皇帝把姑母的牌位放在太庙里。"

狄仁杰的这些话说得理直气壮,讲了传承,说了亲情,摆了利害关系,不能不引起女皇的深思,但女皇藏而不露,淡淡地说了一句:"这是朕的家事,你不要参与了。"

可是狄仁杰认为这是家事与国事搅在一起的事,不能不参与,并说:"帝王以四海为家,四海之内,哪个人不是陛下的臣民,哪件事不是陛下的家事?况且臣居宰相之位,哪能不参与这件事"。并请求召回庐陵王李显回洛阳。

当朝宰相王方庆、王及善也支持狄仁杰的主张。再加上狄仁杰给武则天圆了一场梦,也起了重要作用。

武三思想做太子的美梦也就破灭了。

由此可见,武则天扶植的武氏家族为宰相,不但没做什么好事,而且野心很大,既辜负众望,也不得人心。武则天终于在皇位继承和宰相的安排上作了正确的改变。

武则天虽然善于知人善用,但因一时权谋的安排,也任用一些不三不四的宰相。如充当吹鼓手而入相的傅游艺,巧取豪夺百姓钱财的武攸宁,藏污纳垢发配岭外的秦楚客,善于溜须拍马的杨再思,以武起家、无才又无能的韦待价,以长生不老骗取相位的武什方等。武则天对这些不称职的宰相,轻则罢之,重则发配。

《资治通鉴》对武则天善于用人有积极的评价:武则天"掌刑罚之柄以驾驭天下,政由己出,明察善断,故当时英雄和贤才都争先为之所用"。司马光的这句话,当然也包括武则天任用宰相了。

风流宰相

> 江左风流宰相,惟有谢安。
>
> ——南北朝·王俭
>
> 三川北虏乱如麻,四海南奔似永嘉。但用东山谢安石,为君谈笑静胡沙。
>
> ——唐·李白

"风流"两个字有各种解释,但常见的有这样几种:指人的风度和风采,超脱豪放,风雅潇洒,举止不俗,英俊飘逸;有时,也指杰出人物,英雄俊杰,才华出众的人物,毛泽东诗词《雪》中有一句:"俱往矣,数风流人物,还看今朝。"有时,也指男女之间的情爱。

但在今天的日常用语中,说这个人很风流,是褒词,还是贬词,有些飘忽不定;是恭维,是嘲讽,有些拿不准。在一定环境下,说这个人很有才气,颇有文采,但不拘俗礼,不拘常规,喜欢抛头露面,爱出风头,颇引人注目,是一个风流人物;但经常指这个人在男女情爱上,热情追逐,常有一些风流韵事。

在我国古代魏晋时期,风流,是对当时名士品格的至高评价,常称为"风流名士",其中东晋宰相谢安就是一个代表人物,其举止、其才华、其胆识、其风度、其品格、其功绩、其名气,可谓是一代风流。

谢安,字安石,陈郡阳夏(今河南太康)人,他的家族很显要,祖父谢衡是西晋有名的儒学家,父亲谢裒和家族的其他人都做过大官,是江东的北方高门大族。谢安生长在这样的家庭环境中,在学识上、风度上都受到很好的教养。但谢安有个人的独立性格,沉静而有胆识,机敏而又从容,潇洒而有文采,因此早年就很有名望,甚至当时的宰相王导也很看重他,可是他当时的志趣不在做官,而愿过一种隐逸、游乐的生活。因此,他隐居于幽静的会稽东山,常与大书法家王羲之等人游乐山水,畅谈诗文,在大自然的美丽风光中,精神得到很大的放纵飘逸。朝廷曾多次征召他出来做官,他都拒绝了,但时人对他爱慕不已,他更愿意帮助别人。传说有一乡亲要回家,因为没有路费,出现一时的困难,但他手里存有不少蒲葵扇,谢安为要帮助他,取一把蒲葵扇,在其上挥毫诗文题上字,这把蒲葵扇立即引起京师士人争购,其价陡增数倍,视为珍品。

时光流逝,谢安已进入40岁的中年,当时的客观形势和家庭状况已发生很大变化。苻坚领导的北方前秦,国势逐渐强盛,统一北方的势头如箭在弦,这就使地处东南一隅的东晋受到很大威胁。不仅于此,朝廷内部也是一团糟,权臣桓温一手遮天,野心不小,弄得国家很不安宁。再加上这时的谢氏家族也呈衰败之势。因此,国家和家庭的前程都是很不乐观的。

谢安在多年的隐逸和交游生活后,思想更加成熟。那些士大夫对他的胆识与才能非常敬佩,如今国家正处在如此困难时期,

谢安像

大家对他抱有很高的期望,甚至流传这样一句话:"谢安不出山,叫天下百姓怎么办?"因此谢安便在国家忧患、家庭衰落的极度困难时期,怀着一颗振兴国家和家族的雄心,终于结束了东山的隐逸生活,出来做官了,朝廷拜任他为司马,因此,便有了"东山再起"一句成语,流传至今。

东晋简文帝咸安二年(公元372年)七月,由权臣桓温拥立的简文帝,做皇帝还不到一年就去世了,由太子司马曜即位,是为孝武帝。权臣桓温本来以为简文帝临终时要把帝位禅让给自己,结果完全落空,这还不算,就连替幼主摄政的地位也没捞到,只在遗诏上让他辅政,故而所有大权都没有拿到手,这就引起桓温极大的愤怒。他左思右想,如坐针毡,认定这是吏部尚书谢安和侍中王坦之从中捣的鬼,因而对二人怀恨在心。

宁康元年(公元373年)二月,大司马桓温要晋见孝武帝,即位不久的幼主对大司马这位老爷不敢怠慢,急忙诏令吏部尚书谢安和侍中王坦之前去新亭迎接。这时,京城人纷纷猜测,这次桓温来朝,凶多吉少,不是杀

谢、王二人,就是废掉幼主。形势显然很凶险,王坦之已怕得浑身颤抖,急忙问计于谢安。可是谢安仍然不动神色,只说了一句:"晋朝的存亡,决定于此行。"可见,此时的谢安对当前险恶的政治形势有了足够的估计,在思想上已作好了准备。

桓温大驾到来,阵势十分威严,百官纷纷叩拜于道路两侧,迎接之礼可谓隆重,而又超出常规。桓温到朝廷后,重兵守卫,戒备森严,那些大臣见到这种阵势,战战兢兢,脸色已吓得苍白,王坦之甚至汗流浃背,惊惧得把手版都拿倒了。可是谢安却十分镇定,从容入席,不慌不忙地对桓温说:"我听说诸侯有道,守在四邻,明公何必在壁后安置那么多人!"桓温一惊,勉强一笑说:"这是因为不得不这样做。"于是命令左右撤退,并与谢安笑谈好久。

这一幕,充分显示谢安的沉着冷静、观察敏锐、胆略过人,寥寥几语,戳穿了桓温的幕后阴谋,使不可一世的桓温非常尴尬。可见谢安对桓温这个大人物,既不畏惧,也不卑躬,而且变被动为主动。这就使老谋深算的桓温想要迈过废帝代晋的门槛,有谢安在,他是过不去的。

有谢安在,桓温的政治阴谋完全泡汤了,日日夜夜的沉重心情,折磨得他寝食不安,不久就得了病,而且越来越重,在病重期间,桓温还想利用最后一口气的机会,捞取更大的荣誉和权力,他要求皇帝给他加九锡的大礼。什么是九锡?这是古代帝王赐给大臣的九种器物,以表示最高的礼遇。过去汉献帝曾给权力极大的丞相曹操加九锡,权臣王莽篡汉之前也曾加九锡,魏晋时期,权臣篡权之前常加九锡。以此可见,桓温要求加九锡的居心也就一目了然了。

谢安和王坦之何尝不明白桓温的用心,他们采取的策略只有一个字,就是"拖"。可是桓温知道自己来日不长,着急得不得了,多次打发人催促加九锡这件事,但谢安、王坦之却慢慢腾腾地应付他,先叫袁宏起草加九锡的诏书,袁宏起草的诏书文辞华美,很快就交卷了。谢安接到手,左看右瞧,仔细琢磨,叫他修改。袁宏把修改稿送来一次,谢安又叫他再修改。总之,这样来回折腾多次,时间越拖越长,诏书的草稿仍然定不下来。一直拖到宁康元年(公元373年)七月,桓温一命呜呼,加九锡的事也就一风吹了。

谢安与掌握重兵和握有朝廷大权的大司马桓温的斗争,用今天常用的时髦词语说,靠的是"软实力",靠的是胆气、智力和耐力。桓温这个政治上的庞然大物,完全陷入谢安所设计的泥潭中,再也挣扎不起来。从而保住了东晋的天下,对安邦治国具有极为重要的意义。

桓温死后,孝武帝以谢安为侍中,总理朝政,成为宰相。

谢安为相,有宽大的胸怀,有长远的眼光。他用人唯才,以大局为重。他没有因桓温的野心,而清算桓氏的家族。相反,他看重桓温弟弟桓冲的才能,而重用为中军将军,成为军事中的一名要员。同时谢安为捍卫东晋,积极培植了朝廷的军事实力,加强了国家的防务。

这时的前秦,势强气盛,已占领了北方的全部地区,正准备南下消灭东晋。

太元八年(公元383年),前秦国王苻坚,亲率号称百万(实有八十七万)大军,浩浩荡荡,大举南下,其声势旌旗相望,鼓角相闻,前后千里,水陆并进,运粮船多达万艘,一望无际,他们企图一口气把东晋吃掉,占领全中国。

面对如此严峻的形势,谢安出任征讨大都督,统领八万军队,抗击比自己多十倍的前秦大军,可见这个仗打起来该有多么不容易。

这时,东晋都城的上上下下,都陷入异常的震惊和恐惧的气氛中,独有宰相兼任征讨大都督的谢安,不但一点恐慌都没有,而且还有闲情逸致,约集几位亲朋,出游山野园庄,以下围棋为乐。

在此危难紧要关头,中郎将桓冲对谢安的闲情逸致很不理解,深以为忧,他要派精锐三千去保卫京师,但又受到谢安的阻止和拒绝。谢安以坚定的信心表示,他对如何打败苻坚,早已胸有成竹,不必胆战心惊。但桓冲仍然不放心,认为谢安虽有宰相器量,但不懂得如何用兵打仗,如今大敌当前,他还有工夫游游逛逛,如此看来,天下的结局一定是大不幸,我们将受外族的统治了 。

其实桓冲不懂得在上下惊慌之时,谢安的镇定与闲情的用心;不懂得谢安在战略上如何蔑视敌人,又在战术上如何巧施智谋,战胜敌人。

如潮水般的前秦大军扑向东晋而来,东晋征讨大都督谢安,坐镇建康(今南京),运筹帷幄,调兵遣将。他命令大将谢石和谢玄率领八万大军开赴淮水一线抗击前秦军,策划在其主力未到之前,以迅雷不及掩耳之势,挫其前锋锐气。

按照谢安的安排,初战,打得十分漂亮,一举告捷,不但斩杀了前秦军的前锋大将,而且歼灭前秦军15000余人,极大地振奋了晋军士气,扭转了晋军的劣势。

谢石等各路军队趁胜水陆并进,一鼓作气,直指前秦军的大部队。这时的前秦军,由于初战大败,损失惨重,已成惊弓之鸟,魂飞胆战,恐惧万分。甚至前秦军统帅苻坚登上寿阳城(今安徽寿县),眺望晋兵的部阵,竟是那样的严整威武;又远望城西北的八公山,密密麻麻的草木,他竟神经质地以为都是晋兵,啊!好多呀,谁说晋军兵少势弱,看起来他们很强大,因此更加惧怕晋军了。从而流传的"草木皆兵"的成语,就是从这里来的。

谢石和谢玄率领晋军主力很快挺进淝水的东岸,与前秦军隔河对峙,拉开决战架势。如何才能打败前秦军?《孙子》兵法中说:"兵者,诡道也。"就是说用兵是一种诡诈行为,使用各种计谋欺骗敌人、愚弄敌人,从而战胜敌人。晋军主帅为了欺骗和愚弄敌人,向前秦军提出,为了速战,请你们后退一步,以便晋军渡河到对岸,与你们决战,以定胜负。

前秦军诸将对晋方的提议,均持否定态度,认为我众敌寡,不能后撤,不能让晋军上岸,才是万全之策。但是,秦军主帅苻坚也有自己的如意盘算,不妨后撤一步,引诱晋军渡河,等他们在渡河一半时,我们以骑兵突袭晋军,杀他们一个措手不及,没有不取胜的。

前秦军大将苻融,是苻坚的弟弟,认为主帅的计谋很好,大哥的主意很妙,因此决定后撤。

后撤命令一下,已经吃过败仗的前秦军,仍然魂飞胆战,无意拼杀,其惨败之势,有如狂瀑决堤,一溃千里,简直不可收拾。

晋军乘势迅速抢渡淝水,猛烈追击。前秦军主将苻融在败逃时落马,被晋军杀死。主将阵亡,前秦兵更是溃不成军,互相踩踏而死者,蔽野塞川,惨不忍睹。他们听到旷野中的风声鹤唳,竟以为晋军已追到,惊恐得昼夜奔命,既不敢走大路,也不敢宿人家,更不敢停脚步,连饿、带冻,又累,死亡者有七八。甚至亲率大军的前秦王苻坚,也中箭受伤,单骑而逃。总之,淝水一战,晋军在谢安的遥控指挥下,取得重大的胜利,而前秦军遭到惨重的失败。

淝水大战告捷后,胜利的战报经过驿站的迅速传递,很快送到宰相谢安手里,这时谢安正在与客人下围棋,看了一眼战报,随手放在床上,眉眼之间毫无喜悦的表情,棋子仍不离手,照样对弈。客人问是什么事? 谢安只轻描淡写地、举重若轻地说了一句:"孩辈们已经把敌人打败了。"

下完棋后,谢安为这次重大的胜利,内心激荡着无比的喜悦,回到内屋,过门槛时,兴奋得竟然连自己的屐齿碰断了也没有发觉。

总之,谢安在大敌压境时,沉着冷静,处险不惊;在双方激战时,仍然优哉游哉,胸有成竹,异常镇定,胜券在握。当战胜大敌时,他又在人前,喜不形于色,十分淡定。谢安对重大事件竟如此飘逸潇洒,不愧是一位文韬武略的一代风流人物。

谢安胸有大志,不满足于淝水一战的成功,他请求北伐,统一全中国。出师时,谢玄为前锋,收复了徐、兖等六州。在胜利的前进中,由于受会稽王司马道子的排斥,未能成功,东晋的统一大业也就告吹了,成为这位风流人物的一大憾事。

老鼠的启示

（李斯）见吏舍厕中鼠食不洁,近人犬,数惊恐之。斯入仓,观仓中鼠,食积粟,居大庑之下,不见人犬之忧。于是李斯乃叹曰:"人之贤不肖譬如鼠矣,在所自处耳!"

——西汉·司马迁

秦始皇著名宰相李斯,睿智多谋,声名显赫,是一位有才干的政治家,可谓是秦始皇首屈一指的辅佐重臣。

早在年轻时,李斯做过乡村里一个小官。官虽小,但他善于观察,勤于思考,想立大志。

有一次,他上厕所蹲茅坑,看见一群老鼠在茅坑里窜来窜去,吃一些又脏又臭的粪便,还经常受人来狗往的惊吓,恐慌地东逃西窜。

又一次,他看到粮库里的老鼠,不但可以吃到许多的甜美粮食,还可以住在宽敞的大屋里,既能遮风避雨,也无人犬惊扰之忧。

面对两处老鼠的劣优生活处境,引起李斯的深思,使他感慨万千,浮想联翩,从而他想到人生,受到很大启示:"人的尊卑贵贱,有如粮库和茅坑的老鼠,完全是由于不同的处境决定的。"因此,他想到自己,何必窝在这里当一个不声不响、没有任何地位、叫人看不起的乡间小吏。自己要择地而处,要立大志,要腾飞,要追求功名利禄,做一个有权有势、大富大贵的上等人。

李斯知道,为立大业,出人头地,没有真本事不行,必须拜名师,学高深学识,学辅佐帝王之术。

拜谁为老师呢?他最后选择了融合儒法、兼综百家的荀子。因此,他不远千里从楚国到齐国,投奔一代大儒荀子门下,拜他为师。

由于李斯立志远大,苦读勤学,成为荀子的得意门生。

李斯学成之后,面临的最大问题,到哪个国家图谋自己的发展和抱负,改变自己现在的处境和地位? 楚国,虽然幅员广阔,但楚王成不了大事。而齐、燕、韩、赵、魏,这些国家都比较弱,更成不了大气候,不值得为他们建功立业。只有现在的秦国,力量强大,想要吞并天下,成就帝业,这正是自己驰骋才智、实现远大抱负的好地方。

他和老师荀子告别时说的一番话,道出了他个人的追求:"秦王想吞并六国,统一天下,这正是有志之士施展才能的大好时机,因此,我要到秦国去。一个人最大的耻辱是地位卑贱,一生最悲哀的是生活穷困。久处卑贱、穷困之地,厌恶荣华富贵,这不是读书人的本心。"

李斯背负着个人的强烈追求,风尘仆仆地来到秦国。这时的秦国正赶上秦庄襄王去世,秦王嬴政(即秦始皇)即位,李斯便在丞相吕不韦手下做门客。经过一段时间的观察,吕不韦见李斯办事很有能力,于是就任命他为郎,成为秦王的侍卫。

李斯有了接近秦王的机会,于是大胆地向秦王进言:"以秦国之强大,大王之贤明,就像扫除灶上的灰尘一样,可以轻而易举地灭掉六国,统一天下,建立帝业。这可是千载难逢的好时机,绝不能错过。如果等各国强大起来,联合抗秦,就是有黄帝那样的才能,也吞并不了他们。"

李斯这个统一大计的进言,至少有三个作用:一是,在秦王面前显示他有图谋大业的远见卓识;二是,迎合了秦王想统一天下的心愿;三是,为取得秦王的信任,登上更高的官位。而且这最后一点,正是他的真正动机。

不出李斯所料,秦王对李斯的统一大计非常有兴趣,完全听从了他的进言,并积极地采取了行动,取得了很好的效果。于是秦王升任李斯为长史,后又升任为客卿。李斯爬到这一步,不但很顺利,也很得意,但他远不满足。

天有不测风云,就在此时,却发生一件李斯意想不到的事,涉及是否还能留在秦国做官,涉及他的前途发展,使他陷入惆怅的苦思之中。

事情的原委简单说是这样的,邻近秦国的韩国,见秦国军事力量十分强大,其势异常凶猛,心中非常害怕、恐慌,为了减少秦国对韩国的军事压力,他们想出一个"疲秦计",派一个能说会道的水利工程人员到秦国,游

说秦国投入大量军力、人力、物力大兴水利工程,以削弱其向东进攻的实力。这个韩国间谍三说两说,真把秦国说动了,秦国便投入大量人力、物力兴修浩大的水利工程。但不久,韩国的"疲秦计"被秦国识破了。秦王本来就是一个多疑善惑的人,再加上秦国的宗室纷纷指责来秦做官的人都心怀阴谋,不能信任他们,于是秦王很快下一道《逐客令》,决定把所有来秦做官的外地人赶出去。

李斯对秦王的《逐客令》,虽然感到十分突然,但他处变不惊,十分镇定。经过周密思考,他给秦王递上一篇奏章,这就是有名的《谏逐客书》,文章写得异常巧妙,很有说服力。

这篇上书,妙在他不直接批驳逐客的错误,避免触犯秦王易怒的龙颜,产生不良的后果。于是他一个一个地摆出了在过去秦王借助客卿的辅佐使秦国强盛的历史。昔日秦穆公用客卿百里奚等五人,吞并了 22 个国家,称霸西戎;秦孝公用客卿商鞅,使国家强盛,诸侯亲服;秦惠王用客卿张仪,破解了六国合纵抗秦之策,使他们事秦;秦昭公用客卿范雎,强公室,杜私门,蚕食诸侯,使秦成王业。李斯一口气讲了四代秦王由于重用客卿所取得的重大业绩,事事俱在,件件具体,有不可辩驳的力量,说明客卿对秦国大有用处,绝不可驱除,以此动摇秦王逐客的决心。

这篇上书,还妙在他处处为秦国的利益着想,其实他为秦国的利益着想,实质也是为自己的利益着想。他认为如果四代秦王拒绝别国人才而不用,疏远贤士而不纳,秦国就不会强盛。他认为拒绝别国人才为秦国建功立业,使天下贤才不敢西进秦国,这等于借兵给敌人,送粮给强盗。秦国驱逐别国人才,就等于把人才送给敌国,增强敌人的力量,损害自己的利益。这样做,希望国家不出危险,是办不到的。李斯的每句话都对秦国体现一个"情"字,说明的是一个"理"字,可谓以情动人,以理服人,这正是辩护者的诀窍。

这篇上书,还妙在不仅为秦国利益着想,而且还为秦始皇本人的享乐着想。他说:"陛下得到的昆山之玉、和氏之璧、明月之珠、太阿之剑、千里骏马、翠凤之旗,这些东西都不产于秦国,但陛下很喜欢,收为至宝。如果一定是秦国出产的东西才可以用,那么夜光之璧就不能装饰朝廷,用犀牛角和象牙制作的器物就不能成为陛下喜爱之宝,郑国和卫国的美女也不能盈满后宫,驰骋千里之马也不能养在皇家的马棚里,江南的金和锡也不能为陛下所用,西蜀五颜六色的丹青也不能成为陛下的彩饰。"李斯用生动的语言、稀有的珍宝、诱人的美女,说明拒绝别国来的东西,将使秦始皇个人的享乐生活受到很大限制。其实,李斯在这里也是以物比人,以此进一步撼动秦始皇逐客之心。

不仅如此,李斯还进一步指出,陛下并不喜欢击瓮、叩缶、弹筝的秦国乐声,而喜欢郑、卫、韶、虞的乐曲,这是为什么? 因为欣赏起来很舒畅、很愉快。可是对待人就不一样,凡不是秦国人,不论是非曲直,一概不用;凡是别国贤才,不论各有特长,一概驱逐。这不是占有天下,制服诸侯的办法。

李斯的反正的论述,词彩缤纷,具有很强的辩驳力,不能不引起秦王的深思!

此外,李斯又从一个强大的秦国应具有广阔的包容性论起,"泰山由于不拒纳泥土,所以才高大;海河由于不拒汇细流,所以才渊深;帝王由于不拒绝百姓,所以才仁德。"其实这都是一般的常理,但寓意很深,暗示秦国要想强大,必须具有接纳他国人才的包容性。

秦王是一个独断乾坤、铁石心肠的极权主义者,他的命令如日出日落,很难改变。但李斯这篇巧妙的上书,却打动了秦王,化解了他的疑团,使他终于废除了《逐客令》,恢复了李斯的官职。此后,更加信任、器重李斯,升任为廷尉。

此时正是列国纷争、硝烟四起的战国时期,秦王用李斯的计谋,统一了六国,他为秦王建立了卓越的功勋。

秦国建立后,李斯由廷尉又晋升为丞相。

李斯可谓因祸得福,在被赶出秦国的危机下,一篇出色的《谏逐客书》使他转危为安,牢固地在秦国站住脚,而且取得秦始皇的最大信任,一直升到一人之下、万人之上的丞相,权势和富贵他一手都抓到了,而且权势越来越大。秦始皇多次东巡郡县,也都由李斯随行,秦始皇对李斯的信任和重用已达到无以复加的地步。甚至李斯的儿子都娶秦始皇的公主为妻,他的女儿都嫁给秦公子。正如他自己说的:"目前人臣的地位没有比我再高的了,我的富贵已到了顶点。"的确是李斯的人生追求已达到理想的境界,老鼠对他的启示在这时已发挥到极致的作用,他追求到崇高的地位和权势,获得了别人难以得到的富贵和高级享受。

但老鼠的启示,也使李斯因贪恋崇高的地位,贪恋已经取得的大富大贵,最后送了自己和全家的性命。

秦始皇三十七年(公元前 210 年),秦始皇出巡,随行的人有丞相李斯,秦始皇最喜欢的小儿子胡亥,还有中车府令(车府令,是掌管皇帝车辆的官,因为是宦官,故称中车府令),兼管皇帝玉玺和印信的赵高。当车驾行到沙丘平台(今河北平乡)时,秦始皇突然病重,便命令赵高写一封诏书,并命令在上郡的大儿子扶苏急回咸阳办理丧事。诏书封好,还没有发出,秦始皇就去世了。

这时掌管皇帝玉玺、心怀异图的赵高便另有所谋了,他扣留了秦始皇给扶苏的诏书,准备立幼年的胡亥为皇帝,因为他曾教胡亥学习过法律,和胡亥的关系最密切,另立胡亥为皇帝,今后不但可以控制这个小皇帝,更有利于自己窃取大权。可是改变继承皇位的重大问题,必须经过丞相李斯的同意才能办到。

赵高是编造谎话的能手,也深知李斯贪恋禄位的弱点,但说服他也不容易。于是他软硬兼施,威逼利诱,左右开弓,以动摇李斯的心,特别是他说:"如果扶苏做上皇帝,一定叫蒙恬当丞相,你就靠边站了,扶苏也不会让你带着封爵告老还乡,你什么禄位也没有了;如果听我的劝说,立胡亥为皇帝,就能保住你永远封侯的地位,否则,你就要祸及子孙,我现在真替你担心呀!"李斯虽很不情愿这样做,但因贪恋富贵已极的地位,终于软下来了,支持赵高立胡亥为皇帝。

于是赵高与胡亥、李斯合谋,假称受始皇帝给丞相的命令,立胡亥为皇帝。又假造一封诏书,赐扶苏和蒙恬自杀,扶苏哭哭啼啼地自杀了。蒙恬当时虽不肯自杀,赵高又罗织罪名,也迫使蒙恬服毒自杀。

胡亥即位,是为秦二世,赵高当上郎中令,掌管守卫宫廷门户的要职,是皇帝亲信的官。从此赵高在宫中操纵二世,大开杀戒,弄得群臣人人自危。再加上徭役兵役、赋税重上加重,民众无法生活,于是便发生了陈胜、吴广的农民大起义。

赵高为了掌握更大的权力,他开始谋害丞相李斯了。他对秦二世说李斯有三大罪名:沙丘之变,李斯与之合谋,现在陛下做了皇帝,李斯没有再升,还是丞相,他心甘吗?他是想裂地称王呀。还有,丞相的长子李由身为三川郡守,而陈胜这些强盗都是李斯家乡附近的人,所以才敢大胆横行,这些强盗经过三川时,郡守李由不但不肯出兵攻击,还听说他们之间还有书信往来。再有,丞相在外边,他的权力比陛下还大,真危险呀。

赵高为陷害李斯这一顿胡说,可谓刀刀见血,十分狠毒。可是糊涂的秦二世全信了,便派人调查三川郡守李由与陈胜勾结的所谓的罪状。

李斯知道这一情况后,又气愤、又悔恨,上书秦二世,揭露赵高的重大罪行,并提醒秦二世,如对赵高的奸逆不加警备,他必然作乱。

已被赵高俘虏了的秦二世,哪里听得进李斯的话,不仅不对赵高防备,反而把李斯的话告诉了赵高。赵高像疯狗一样,又狠咬了李斯一口:"丞相最恨的就是我赵高,我一死,他就可以杀君谋反了。"

赵高对李斯火上浇油,秦二世勃然大怒,便把李斯打入大牢,交给赵高审讯,李斯受尽百般痛苦折磨,最后在咸阳街头被腰斩,全家被抄杀。

赵高做上了丞相,逼死了胡亥,立子婴为秦王,秦国很快就灭亡了。

李斯的一生,受老鼠的启示,奋发图强,改变了自己的命运和地位,飞黄腾达,显赫朝野,追求到他的理想王国;但他又受老鼠的启示,贪图上等的禄位,贪图既得的最高利益,听信赵高邪说, 委曲求全,最后搭上了自己和全家的性命。

李斯是聪明的,又是愚蠢的;李斯是坚强的,又是懦弱的;李斯成就了自己,又毁灭了自己。老鼠的启示,摆布了李斯的一生,其兴起也快也高,其身亡也忽也惨!

脸上的命运

故相形不如论心，论心不如择术。形不胜心，心不胜术。术正而心顺之，则形相虽恶而心术善，无害为君子也；形相虽善而心术恶，无善为小人也。君子之谓吉，小人之谓凶。故长短、大小、善恶形相，非吉凶也，古之人无有也，学者不通也。

——战国·荀子

观察一个人的面貌特征，判断其吉凶祸福，谓之相面术。以相面为职业的人古时称为"相士"，现代人称为"相面先生"。

相面这种行当起于何时，有人说起于氏族社会，完善于春秋战国时代，而且各朝各代都有，流传很久，久盛不衰。在这里不妨引用史书中宰相相面的两个记载。

周亚夫像

其一，西汉宰相周亚夫在他做河内郡守尚未封侯的时候，有一个叫许负的著名相士给周亚夫相面，说他三年以后一定封侯，封侯八年以后，担任将军和宰相，掌握国家大权，地位无比尊贵，在人臣之间，没有人与之相比。过了九年，就会被饿死。

周亚夫对相士这种预测，觉得十分可笑，很不以为然，于是对相士说："我的哥哥已经继承我父亲周勃的侯爵，如果我哥哥去世，他的儿子应当继承侯爵，如何说我能成为侯爵呢？即使我的地位尊贵得像你所说的那样，又怎能会饿死呢？请你指教。"

这位相士用手指着周亚夫的嘴说："你的嘴边有一条竖纹直入口中，这就是饿死的面相。"

周亚夫对相士的话听在耳里，没有放在心上。

说也奇怪，过了三年，周亚夫的哥哥绛侯周胜之，因为杀人被处死，汉文帝命令在绛侯周勃的诸子中选择一个贤者继承侯爵，当时大家都推举周亚夫，于是文帝便封周亚夫为条侯，继承父亲的爵位。

这一件事，应验了相士许负的话。

周亚夫在封侯八年以后，汉景帝于景帝三年（公元前 154 年）以周亚夫为太尉，掌握军事大权，紧接周亚夫率领大军平定了吴楚之乱，立了大功。于景帝七年（公元前 150 年）擢升周亚夫为丞相。周亚夫出将入相，颇受景帝器重，位在皇帝一人之下，百官之上，地位极为尊贵。

这一件事，又应验了相士许负的话。

周亚夫做官，一向以大局为重，耿直不阿，对景帝的为政有不当者多次反对，在平定吴楚之乱时虽然取得重大胜利，但周亚夫没有听从景帝的命令，去声援梁王，因此景帝对周亚夫心存不满。周亚夫入相后，又反对景帝废栗太子，反对景帝对来降的匈奴王封侯，景帝越来越感到周亚夫这位宰相和自己很不合拍。而周亚夫虽然出于一片忠心，但越来越觉得自己的宰相很难继续当下去，于是周亚夫以生病为借口，请辞宰相。景帝也就趁着这个机会，于中元三年（公元前 147 年），以周亚夫有病为由，免去周亚夫宰相之职。

不久，景帝在皇宫召见周亚夫，并请他吃饭，盘子里放着一大块肉，既不切成小片，也不给他筷子，周亚夫对此，心中十分不满，他向上席的人要筷子，这时景帝冷笑地对周亚夫说："难道这些你还不满足吗？"周亚夫深感景帝的话有弦外之音，是故意捉弄自己，心中十分不快，于是就脱下帽子向景帝辞谢，匆匆走出门外。景帝目送周亚夫出去后，说了一句对周亚夫很不满的话："这个怏怏不快的人，不适合将来担任少年皇帝（太子刘彻）的大臣。"这就给周亚夫将来的命运埋下伏笔。

过了不久，周亚夫倒霉的事来了。他的儿子为给周亚夫准备殉葬器物，竟异想天开地向专给皇帝制作器物的工官，私买五百件盔甲和矛及盾，找雇工搬运这些东西后，还不给雇工的钱，简直不合情理。雇工一气之下，写了一个状子,告周亚夫的儿子盗买官府的器物,而且还把周亚夫也牵扯进去。

景帝看到上告的状子,联想周亚夫对自己的顶撞和反对,现在他竟敢私自盗买这些器物,简直是谋反,不彻底清除周亚夫这个老东西,还待何时? 于是不分青红皂白,就把这个案子交给一个官吏审讯。在审问中周亚夫一句话也不说,捞不到一点口供。景帝十分气愤,又把这一案子交给廷尉审讯,廷尉是审案的专业老手,而且很会领悟景帝的意图,一开始审讯就逼供周亚夫是谋反,反复问周亚夫,为什么要谋反? 周亚夫说:"我买的器物是为我殉葬用的,怎能说是谋反?"廷尉不但找不到谋反的证据,也找不出谋反的理由,于是就说:"你即使今天不想在地上谋反,也想死后在地下谋反。"这简直是强词夺理,欲加之罪,竟说出这等令人可笑的话来。廷尉决定要给周亚夫安个死罪,因此对他逼供也越来越急迫。

周亚夫最初被捕时,不想使自己的尊严受到损害,曾要自杀,被他夫人劝止。之后在廷尉的不断威逼下,周亚夫气愤得绝食五天,最后口吐鲜血而亡,这位一代名将良相就这样含冤离开了人间。

相士许负说周亚夫最后饿死,这次又应验了。

这位相士许负,凭借周亚夫某一面目的特征,竟推断周亚夫一生的命运,其福祸吉凶的变化竟是那样的准确无误,真可谓神乎其神了。但周亚夫这段相面故事,史书中却有记载,是否真实可信,只得姑妄读之了。

其二,在史书中也记载唐朝宰相裴度相面的故事。

唐朝著名宰相裴度,身体矮小瘦弱,容貌更不怎么样,因此无论从相貌和体型看,他好像不能成为一个贵人,即"相不入贵"。再加上他早年多次到考场应试,榜上从未有名,因此他非常沮丧。他听说洛中有一个相士,被当地士绅吹得神乎其神,裴度决定找这位相士,问一问自己的命运怎么这样背气,何日才能拨开云雾,见到天日。这个相士左看右瞧,说:"你的神形和别人不一样,甚至在相

裴度像

书里也查不到。从面相看,你将来不成为贵人,就要饿死。现在你的贵人位置还看不到,等些日子你再来找我,我给你细看面相。"

隔些时间,裴度又去找这位相士,相士仔细地察看裴度的面部,大声惊呼:"以后,你的前途鹏程万里。"裴度一听,十分高兴,三问其祥,相士只表白,非某所知也,他日腾飞之时,不要忘记我。希望你努力,加倍努力!

以后的裴度,真的腾飞万里,曾任唐代的宪宗、穆宗、敬宗、文宗四朝宰相,是宪宗"元和中兴"的大功臣,其威名远播四方。

裴度做了大官,成为宰相,自己也纳闷,曾自己问自己:"尔身不长,尔貌不扬,为何能领兵打仗,为何能成为宰相?"他的幕僚赞美他说:"明公以内相为优。"说明裴度的才能和品德的内在因素是优秀的,因此才成为宰相。

为裴度相面的相士也说准了,裴度本来无贵人之相,相士却说他将来鹏程万里。史书如此记载是否真实可信,也只得请读者姑妄读之了。

说起相士相面,是否完全是信口开河,可能也不是。相士都有一本或几本相书,作为他们的看家本钱和依据。比如,《太清神鉴》就是一本有名的相书;《神相全编》,辑录百家相法,乃大成之作。相士对相书不但熟读,而且不断揣摩,详记在心。在相面时,观察人的外貌特征,是贵,是贱,是吉,是祸,以便对号入座。

古代相书中的"贵人",是什么样的面貌和外观特征?

"贵人"常是高个、长脸;颅骨隆起,脑门要宽;眼大,眼长,有神;鼻梁高直,鼻翼饱满;眉毛长,不中断,眉毛与上眼睑距离大;下颌不能太短;贵人比较从容,行如出水的龟,等等。总之,"贵人"五官发育良好,健壮丰满,特别有神,气质不凡,其作风大方稳重,从不毛手毛脚,可谓是一个十全十美的高大形象。

这就令人奇怪了,像唐朝宰相裴度这样长相,个子矮小,其貌不扬,怎么也成为宰相的大贵人呢?看起来,相书只是从一般的观察中、长期经验的积累中写出的,具体到千面千相的个人,概率很低,很难准确,好多地方是扯淡。

从一般常识说,一个人所以成为发迹的"贵人",不决定于外貌,而决定于内质因素,唐宰相裴度就是一个明显例证。

相面,只能看其表面,而无法看其内质,因此难以令人相信。

救命的脱衣计

（陈平）渡河，船人见其美丈夫独行，疑其亡将，要中
当有金玉宝器，目之，欲杀平。平恐，乃解衣裸而佐刺
船。船人知其无有，乃止。

——西汉·司马迁

西汉宰相陈平，早年曾投奔西楚霸王项羽，他怕项羽要杀自己，便不
辞而别，悄悄地从项羽那里逃出来，顺着一条小路往北走，当前已别无选
择，只得北渡黄河投奔汉王刘邦。

陈平来到黄河岸边，面对滔滔的黄河水，思绪万千，不知投奔汉王刘
邦将是何等结果，想到这里，心中十分茫然。

陈平正在凝神沉思之际，对面过来一只小船，停桨靠岸，陈平一跃跳
入船中，请船夫摆渡过河。

船夫摇桨开船，离开岸边。两个船夫上下打量一下陈平，见他长得貌
美伟壮，气度不凡。只单身独行，带着一把宝剑，猜想他准是逃亡的将军，
腰中必然携带许多金银财宝。两个船夫互相递个眼色，暗示可以动手了。

陈平机敏过人，察觉船夫已不怀好意，要图财害命，一想到自己马上
要遭受杀身之祸，心中虽然有点紧张，但神态却表现得安然镇定，不露一
点破绽。就在这千钧一发之际，陈平急中生智，计上心来。

他很快地脱光了上身，把上衣随手甩在船边，之后就有说有笑地帮助
船夫撑船了。

船夫见陈平上身脱得精光，腰间空无所有，这才知道他竟是一个穷光
蛋，大失所望，船夫二人相对哑然一笑，谋财害命的念头就打消了。

小船靠在岸边，陈平穿上上衣，交罢船钱，两手一拱，下船了。

陈平躲过船夫图财害命这一劫,靠的是他有过人的应变能力,靠的是他有急中生智的智慧。

对付将要发生的突然的害命事件,可不是容易的事。首先必须有超常的"敏锐",特别是耳目敏锐,任何不正常的目光示意,任何不正常的耳语密谋,任何不正常的响动杂音,都逃不过耳目的监视和搜索,从而进入头脑的敏锐判断。正因为陈平有了敏锐的及时的察觉,才有所防备,才有所应变。不然,就要遭到不测之大祸。

应变,必须镇定自若,因为这是麻痹对方、不露破绽的最好方法。处变不惊不慌,把自己情绪控制在最稳定的状态,流露的是自然,表现的是平静,这是胆气和智慧的结合,陈平这一点做得很好。

一个成功的应变,必须迅速想出一个有效的对策。陈平为了证明自己是个穷小子,把上衣脱个精光,让船夫看个彻底,腰间并无金银财宝,从而打消了船夫图财害命的念头。陈平这个最简单的动作,产生了奇效,救了自己的一条命。

陈平是智多星,投奔刘邦后,很受重用。据说他曾经为刘邦"六出奇计",特别是在项羽切断汉军粮道后,将刘邦围困在荥阳城时,正是陈平的反间计,离间了项羽的老谋深算的军师范增和其他战将,使刘邦解困。当刘邦被匈奴冒顿单于四十万大军围困在平城时,处境十分惊险,形势万分紧急,也是陈平巧施妙计,刘邦才得以脱险得救。由于陈平屡建奇功,被封为曲逆侯,惠帝时升任左丞相,文帝时仍为丞相。

陈平的一生,多谋善计,计计出彩,计计成功,是奇智的化身。

机关算尽，搭上老命

机关算尽太聪明，反算了卿卿性命！
忽喇喇似大厦倾，昏惨惨似灯将尽。

——清·曹雪芹

汉武帝宰相公孙贺，他的夫人卫君儒是汉武帝卫皇后的姐姐，公孙贺由于和皇帝有这层亲戚关系，备受汉武帝宠幸，觉得自己很了不起。

公孙贺家教不严，他的儿子公孙敬声，品德败坏，思想顽劣，而且总想做官，要要耍当官的威风。因有宰相老爸在，很快就做上太仆，太仆是什么官？是九卿之一，掌管皇帝的车马，虽然没有什么实权，但也有个最大的好处，就是贴近皇帝，这就使公孙敬声神气得不得了，从此更加胆大妄为，骄奢横行，目无法纪，甚至他竟敢私自动用北军军费一千九百万钱，这是一笔好大的数字，真是胆大包天。不久，他的罪行被发现，锒铛入狱。

身为宰相的公孙贺，对儿子的不法行为，既不以国法为重，认罪服罪，也不怨恨和谴责这个逆子，反而痛惜儿子的不幸遭遇，为此他绞尽脑汁，想办法搭救儿子。

为搭救儿子，他不顾老脸，想以宰相的身份、皇亲的关系，直接向汉武帝请求，为儿子开恩赦免。可是又一想：这样做十有八九汉武帝不会同意，可能还会惹恼了皇帝。再者说，这样做，也太失掉了宰相的身份，会被朝臣讥笑，说自己护犊子。唉！这个孽种真给我找麻烦。最后没办法，只得剑走偏锋，另辟蹊径，等待时机了。

说来也巧，不久，皇帝下紧急通缉令，捉拿阳陵大侠朱世安。

丞相公孙贺灵机一动，认为搭救儿子的机会到了。于是就毛遂自荐，请求皇帝批准，由他负责追捕大侠朱世安，以赎儿子的罪过。他自以为，以老子的功，补儿子的过，还算心安理得，说得过去。现在只能碰碰运气，看武帝是否同意。

武帝果真同意了他的请求。公孙贺眉飞色舞，庆幸自己有了搭救儿子的好机会。

公孙贺使尽浑身解数，动用宰相的无限权力，终于把大侠朱世安逮捕归案。公孙贺兴高采烈，认为自己的行动成功了，入狱的儿子可以得救了。

但事情的发展，完全走向公孙贺所希望的反面。

大侠朱世安被捕入狱以后，不但未沮丧低头，反而仰天大笑，对公孙贺说："丞相的大祸即将临头，要被诛灭全族。"公孙贺哪能相信这种恐吓的鬼话，这完全是朱世安的疯狂反扑，当今，我这个丞相正如日中天，岂有大祸临头、诛灭全族之理。

公孙贺万万没有想到，朱世安从监狱里竟向朝廷递上一份手书，状告公孙敬声与皇帝的女儿阳石公主私通。这还不算，还控告公孙敬声夫妇得知皇帝将要去甘泉宫，叫巫师暗地里在皇帝专用的驰道上埋下木偶人，并用极恶毒的语言诅咒皇帝。这等于向公孙贺扔出一颗爆炸力极强的炸弹。

汉武帝看到这份上书，气炸了肺，大怒之下，立即把公孙贺和他的儿子公孙敬声关进监狱。经过认真审讯，大侠朱世安所提供的情况完全属实，汉武帝下令把公孙贺和他的儿子公孙敬声在监狱中处死，并诛灭全族。

公孙贺这位丞相可谓是机关算尽太聪明，不但没有救活儿子，反而搭上自己一条老命，又毁灭了全家男女老少的性命。

可见，当高官的不管好、不教导好自己的子女，任他们借老子的权威为非作歹，最后惹出事来，不但搭上自己的老命，也连累全家的性命，这真是引人警醒的一面镜子。

软硬兼施的两封信

> 宣为吏赏罚明,用法平而必行,所居皆有条教可纪,多仁恕爱利。

——东汉·班固

西汉成帝丞相薛宣,虽然没有很高的学识,但他为官执法公平,清浊分明,更不屈服于强势。凡是经他手擢贬进退的官吏,都能公道尽人情,令人心服口服,因此他在当时享有比较高的声望。

薛宣入相之前,曾出任过左冯翊,左冯翊是京畿的地方长官,相当于郡守,但职位又高于郡守。

当时,在他属下有两个县令,一个是高陵县令杨湛,一个是栎阳县令谢游。这两个县太爷在当地作威作福,贪赃受贿,狡猾奸诈,傲慢无礼。在这之前,京畿的高官对他俩进行过多次审查,但始终没有触动他们的毫毛,都不了了之,因此他们的气焰更加嚣张。

这两个县令虽然作威作福,傲慢无礼,但也心虚。在新的顶头上司薛宣到任之后,他们为了拉关系,套近乎,摸底牌,看风向,只得亲自到薛宣府上拜望。薛宣对二人虽然心中有数,但由于初来乍到,还没有掌握两人的具体罪行,也不便于露出不和悦之色,还是以礼相待,设宴应酬。

二人酒足饭饱之后,在返回的路上,觉得这个新官还不错,接待周到,和颜悦色。虽然新官上任三把火,他也不敢烧到咱们身上,更不敢动咱们一根毫毛,过去是这样,现在也会是这样。沟沟坎坎都过去了,现在还怕什么。因此两位县令的心情格外轻松得意。

薛宣在两个县令离开后,立即派人暗察他们的罪行,弄清他们鱼肉百姓的罪证以后,决定摘掉他们的乌纱帽,革职罢官。但为使他们心服口服,自愿交出县令官印,薛宣决定给二人各发一封信。

薛宣首先给高陵县令杨湛写去一封信,信中逐条列出他的罪证,并在信中说:"官吏和百姓揭发你的罪状已经写在我的手书上,依照法律当治以重罪,但我一向敬重县令,不忍对你加以重处,所以才以手书相告,希望你权衡利弊,自图进退。如果你没有这些罪状,你可以给我回信,我替你分辨明白。"

杨湛接到薛宣的信以后,看到自己的罪状已逐条清清楚楚地列出,但信中的语言温和宽厚,有情有理,十分感人,毫无伤害自己的恶意。杨湛在事实面前,在薛宣的感召下,便把县令官印交给送信人带给薛宣,并向薛宣致以深切的谢意。杨湛虽然被革职免官,但心服口服,毫无怨言。

紧接着,薛宣发出第二封信,是给栎阳县令谢游的。谢游也是本地的儒士,自认腹中有点诗书,还有点小名气,根本不把这个上司放在眼里。可谓走路望天,傲气十足。

根据谢游的傲慢神气,薛宣给他的这封信口气有些不一样,但也给足了他面子。信中开头就说:"正告栎阳县令:很多官吏和百姓告发你治理地方,政令繁苛,伤人过多,重处者竟达千人以上,敛取民财数十万,大肆动用土木工程,非法营造,所有买卖你竟听从富豪商家从中巧取豪夺。你的罪证已经查实,本想派使者对你审讯,恐怕对不起曾经推荐你做官的人,而且也有点羞辱你这个儒士,所以才派人持书正告你。孔老夫子不是说过嘛:'自己揣摩一下,还能做官,你就做;不能做官,你就告退。'请你仔细思量一下,如何安置自己。我是决定派一个县令代替你了。"

一向骄傲自大、目空一切的谢游,接到薛宣的信以后,像泄了气的皮球一样,一下软了下来。思量再三,证据确凿,无法抵赖,更难抗拒,只得低头认罪,交出县令官印,沮丧离职而去。

仔细琢磨这两封革职罢官的信,写得可谓软硬兼施,恩威并重,而且还有一些人情味,效果很好。

"软硬兼施"是坚持吏治原则,又使革职官员心服口服的一种手段。首先没有硬邦邦的确凿证据不行,这是使他们认罪屈服的前提。有了证据,没有必要的惩处也不行,这是他们所犯国法应得的结果。这是没有商量的,必须硬性执行。但为了使工作引进得更顺利,使被惩处的官员心服口服,主动交出县令官印,也需要一点软工夫,投以一些柔性语言。比如,第一封信,"我一向敬重县令,不忍对你加以重处,所以才以方法相告。"比如第二封信，"本想派使者对你审讯，恐怕对不起曾经推荐你做官的人，而且也有点羞辱你这个儒士，所以才派人持书正告你。"表现了对儒士的宽待。这些话都会打动人心的。

总之，这两封信写得很有技巧，是一位善于处理问题的好官，然后薛宣成为宰相也就不奇怪了。

日食的警告

夫朝廷者,天下之桢干也。朝有变色之言,则下有争斗之患;上有自专之士,则下有不让之人;上有克胜之佐,则下有伤害之心;上有好利之臣,则下有盗窃之民;此其本也。

——西汉·匡衡

我国古代,遇到日食、月食或地震等自然异常现象,常常认为是上天对最高统治者的严重警告。天子为了避灾免祸,更素衣、吃淡饭,作一番自我反省、悔过自新的表示,以报答上天的警告。

西汉元帝永光二年(公元前42年)三月里的一天,光亮圆红的太阳缺了一块,发生了日食,这显然是上天发出了严重的警告,汉元帝急忙深省己过,布恩天下,大赦天下罪犯,以报答天诫。

元帝还是不明白这时发生日食是什么缘故,自己有什么过失?为此向匡衡询问。

匡衡是一位精通经学、善于讲解《诗经》的博士,这时官居给事中,尚未做丞相。但其政治经验、观察问题的能力已日渐成熟,可是他对日食的见解,由于时代的局限,不可能有现代的科学认识,还是认为这是上天的警告,应从统治者的本身考虑,为此他提出一个在当时耳目一新、很有意义的见解。

匡衡在回答元帝询问的上疏中,首先说:"陛下身体力行,推行仁德教化,打开一条天下太平的大道。"其实这几句都是官话、套话。下边接着说,陛下"为怜悯那些触犯刑律的官吏和平民,进行天下大赦,给他们一个改过自新的机会,这真是天下的幸事。但是,臣观察过去大赦之后,那些罪犯不但没有改过,反而今日大赦,明天又犯法,再关进监狱。这说明国家对他们的引导还没有抓住根本"。

什么是问题的根本?匡衡认为,在于社会风气。"现在天下的风气,多贪图财物,而轻视仁义道德,追求五光十色的个人享受,崇尚奢靡豪华。如果不从根本上改变这些不良的社会风气,就是每年都有大赦,也不能使刑法搁置不用。"因此匡衡提出,必须大刀阔斧地改变社会风气。

如何改变社会风气?匡衡又提出,必须抓住根本,根本在哪里?在朝廷。"朝廷对于国家,犹如筑墙时所用的模板,起有规范的作用。朝廷里的官员,如果个个怒目相视,像仇人一样,则下边官吏就互相争斗,彼此相残;朝廷官员如果专权独断,则下边官吏就争权夺利;朝廷官员如果彼此暗藏杀机,则下边官吏你我之间必有伤害之心;朝廷官员如果贪图财物,则下边官民必有盗窃之风。因此,朝廷是社会不良风气的根源。"

匡衡还提出,仁义道德的推行,要由内到外,从近处的朝廷开始,然后推及各地。"现今的京都长安,社会风气和外地没什么区别,各郡来京的官员不知在京都能效法什么,有的还学习了京都的奢靡之风。可见京都是教化全国的根本之地,是培养全国风气的枢纽,因此首先应当把京都的风气变好。"

"陛下敬畏上天的警告,怜悯百姓,应当省去奢靡华丽,改变腐败制度,接近忠良正直的人,疏远奸佞圆滑的小人,崇尚仁义道德,革除不良风气,使良好的社会风气首先在京都弘扬起来,然后才能扬善于疆外。"

匡衡这一番从日食引发出来的政治警告,可谓切中时弊,抓住根本,得到元帝的赞赏,为此升任匡衡为光禄大夫,于汉元帝建昭三年(公元前36年)又擢升匡衡为丞相。

元帝对日食的警告,报以大赦罪犯,只是作应时的表面文章而已。而匡衡对日食的出现,作一篇如何从朝廷高官做起,改变社会不良风气的大文章,元帝虽然对匡衡赞赏有加,可是在行动上却不愿意改变,甚至说他也改变不了这种不良的社会风气,自己仍然在后宫整天淫乐。匡衡劝他近忠直,远小人。他却反其道而行之,听信宦官等小人的话,打击辅佐他的忠直老臣,其中包括元帝的老师萧望之、周堪二人。元帝毫无悔过自新之意。

元帝的后宫不知有多少美女,供他游玩享乐,整天淫声秽气,花天酒地。像王嫱（王昭君）这样的绝代美女，在后宫也轮不上元帝的召幸。后来王昭君出嫁匈奴，盛装告别元帝时，元帝才大吃一惊，这样绝色的美女，自己竟未能来得及享受，实在懊悔。

元帝时，汉朝国力已开始衰落，社会风气越来越坏，匡衡虽然当上丞相，有识见，头脑清醒，但也无回天之力。甚至他本人对奸臣石显的恶劣行为，也明哲保身，不抵制、不斗争，使朝廷乌七八糟的风气，已无可挽救，西汉的王朝已日薄西山。

王昭君像

倒数第一做宰相

> 汉兴以来,股肱在位,身行俭约,轻财重义,未有若公孙弘者也。
>
> ——西汉·汉武帝刘彻
>
> 擅生杀之柄,通壅塞之涂,权轻重之数,论得失之道,使远近情伪必见于上,谓之术。
>
> ——西汉·公孙弘

汉武帝刘彻像

雄才大略的汉武帝于元光五年(公元前 130 年)在全国选拔人才,主要选拔那些对当时政事有高见的人,对圣贤治国之道熟悉的人。当时参加对策考试的有 100 多人,由朝廷派专人策问,策问成绩出来后,按优劣顺序排列。

当时有一个参试人叫公孙弘,论对策成绩倒数第一。主考官太常,将对策答卷送呈汉武帝亲览,武帝审阅后,决定将公孙弘的答卷成绩提升为第一位,拜任为博士,随时等候皇帝的咨询。

奇怪了,汉武帝为什么把成绩倒数第一的公孙弘提升为正数第一? 是皇帝糊涂了,还是弄错了? 其实,都不是。是因为公孙弘在对策的答卷中,善于歌功颂德,博得武帝的喜欢,因此武帝才如此改变,皇帝的决定是任何人都不能反对的。

不妨看看公孙弘在答卷中的一段是怎样歌功颂德的,译成白话的大意是:"臣听说,气相同则顺应,声相同则响应。现在,君主在上广施仁德,百姓在下万众一心,心和必然气和,气和必然体和,体和必然声和,声和则与天地之和相呼应。这种阴阳的相互和谐,必然风调雨顺,甘露普降,五谷丰登,六畜兴旺。田里的庄稼苗壮成长,花草树木漫山遍野,山岭无光秃,湖泊不干涸,这真是到了天与人之间互相和谐的最高境界。"这段不长的文字,虽然没有把武帝的丰功伟绩吹嘘得很肉麻,但也算公孙弘把自己的文学才能使出吃奶的劲儿发挥得淋漓尽致,吹捧到家了。令武帝感到浑身舒畅,心喜神往,因而把公孙弘从最末一个成绩拔成头筹也就不奇怪了。

公孙弘当然很机灵,对武帝如此超常规的选拔、如此恩待,非常感动,而又非常感激。更重要的是他悟出一个道理,自己歌功颂德这步棋走得非常妙,皇帝喜欢这一套,今后在皇帝面前必须说好听的,顺着皇帝心意走,这样就会一顺百顺,官路亨通,想到这里,公孙弘有些眉飞色舞了。

从此,公孙弘每次在朝廷讨论问题时,总是把问题的原委说得清清楚楚,点滴不漏,甚至分析论证,也是头头是道。但是,就是不肯自己拿主意,怕说错了,皇帝不满意,专等皇帝亲自定夺、拍板。

就是对某些问题,皇帝的主意,自己认为不合适的,也不与皇帝当面论争,百依百顺圣意。因此武帝更认为公孙弘言行谨慎、厚道;分析、论证问题从容不迫;又熟悉规章法令和吏事公务,还善于运用儒学之术,颇有学识。因此,武帝更加欣赏他,在一年中提拔他为左内史,成为京畿的地方长官。

公孙弘又一次尝到讨好皇帝的甜头,为博取武帝更加信任,更是煞费心机。他曾与朝臣汲黯私下商议,上朝奏事,请汲黯先开口,表面是谦恭礼让,实际是不存好意。汲黯性格耿直,又好直谏廷争,他哪里知道公孙弘肚子里的花花肠子。每当汲黯首先奏事时,公孙弘就细心地观察武帝的神态,揣摩皇帝的意图,当大体摸清武帝的心意时,他就开始奏事了,可谓百发百中,武帝非常满意,更觉得公孙弘可信、可大用。

有一次,公孙弘与汲黯等几个大臣共同议定一个政事方案,当汲黯向武帝上奏这个方案时,公孙弘特别注意武帝的态度,他发现武帝稍有不满,就立即改变主意,推翻原来共同议定的方案,顺着武帝的意图,自己提出一个新主张,取得武帝的赞同和欢心,因此武帝更认为公孙弘的议政能力高人一等。但是这样一来,直率敢言的汲黯气坏了,当着武帝的面揭穿了公孙弘的狡猾,他说:"公孙弘非常狡诈,很不老实。他与臣等共同议好的方案,居然在朝廷上变卦了,这种背叛大家的行为,实在不忠实。"

汲黯抨击公孙弘的阴阳两面,可谓毫不留情、一针见血,从而引起武帝的注意,于是武帝问公孙弘,是不是这样?

公孙弘的确很狡猾,他对武帝说:"夫知臣者,以臣为忠;不知臣者,以臣为不忠。"这一辩解,显然是说汲黯对他不了解,因此才产生如此误解,来个反戈一击!

武帝认为公孙弘的话很有道理,以后有人再诋毁公孙弘,武帝不但不相信,反而更加器重、厚待公孙弘。

在汲黯的眼里,公孙弘不但狡猾,还善于伪装。公孙弘虽然官居御史大夫之高位,但他盖的被子还是布做的,饮食从不吃美味,更很少吃肉,生活好像极为简朴。但汲黯联想公孙弘经常弄虚作假、极不老实的人格,对他的生活如此寒酸,颇有看法和异议。有一次汲黯对武帝说,公孙弘"位居三公(汉武帝时,丞相、御史大夫、太尉为三公)之显贵,薪俸很多,现在还盖布被子,这是卖弄简朴的好名声,以此骗哄别人"。

武帝于是就问公孙弘。

公孙弘是一个对付向他挑战者的老手,城府很深,简直摸不透他的阴险所在,他对武帝的查问,装作谢罪的样子回答说:"是这样的,在九卿朝臣中,与臣关系最好的莫过于汲黯了,今天他在朝廷上指责我,真是切中我的毛病。我身居三公之高位,现在还盖布被子,与那些小官吏简直没什么区别,这确是伪装自己,欺骗别人,想以此沽名钓誉,汲黯说得完全对。如果没有汲黯这样的忠臣,陛下如何能听到这种话!"

你看,公孙弘这一席话,说得多么忠厚老实。面对汲黯冷嘲热讽的尖锐抨击,他不但逆来顺受,而且坦然承认自己是伪装,甚至夸奖汲黯是一个难得的忠臣。公孙弘这一番精彩的表演,深得武帝的好评,认为公孙弘谦虚而宽容,忍让而忠诚,从而更加尊重他了。

其实,英明一世的汉武帝因喜听歌功颂德而被蒙蔽了眼睛,看不透狡猾的公孙弘在性格上的内在本质。公孙弘生性猜忌,从表面看是一位简朴而宽厚的谦谦君子,但内心深处十分刻毒,凡是与公孙弘闹过矛盾的人,不论远近,不论时间长短,他必寻找机会加以报复,更善于假公济私,设圈套,不是把对手置于死地,就是把对方踹出朝廷。但他在表面上还是跟对手嘻嘻哈哈,甚至伪装以善待之、以友交之。

公孙弘与中大夫主父偃,二人同朝为官,因为是否建立朔方郡的问题,二人发生争执,武帝采纳主父偃的意见,公孙弘由此怀恨主父偃,再加上主父偃有时当面顶撞公孙弘,公孙弘更是仇恨在心。可是,在表面上公孙弘与主父偃有说有笑,毫无嫌隙之感,可是暗地里公孙弘在打主父偃的主意。也该主父偃倒霉,元朔二年(公元前127年),武帝任主父偃为齐王相,有人告发,主父偃在任齐相时,接受诸侯贿金。不仅于此,武帝还怀疑主父偃与齐王的自杀有关联,因此,武帝一怒之下,把主父偃关进狱中审讯,但主父偃只承认接受诸侯贿金,不承认与齐王自杀有关。武帝本来不想杀主父偃,但是就在主父偃生死攸关的关键时刻,公孙弘为报复主父偃,向武帝说话了:"齐王的自杀,主父偃为首恶,陛下不杀主父偃,没办法谢罪于天下。"武帝听从公孙弘谗言,杀了主父偃。就这样公孙弘以一己之私,抽出杀手锏,灭了一个对手主父偃。

董仲舒乃西汉大儒,不但学问渊博,品格廉直,而且看不惯公孙弘对皇帝那种察言观色、投机取巧、媚态十足的卑鄙样子,认为他和儒士的品德相距甚远,因此十分嫌弃他。公孙弘何尝不知董仲舒对自己的冷眼,但是,他仍然笑在面上,恨在心里,找个机会要收拾他。

公孙弘知道胶西王刘端(汉景帝之子)在当地横行霸道,不顾国家王法,随意杀害了很多重要官员,显然胶西是一个很不安全的危险地区。但公孙弘出于对董仲舒的报复,向武帝推荐董仲舒出任胶西相,想借胶西王的血腥之手杀害董仲舒。董仲舒何尝不知公孙弘的险恶用心,知道去胶西必死无疑,于是推脱自己有病而辞职。就这样,公孙弘虽然没有借胶西王之手杀了董仲舒,但也把董仲舒踢出朝廷,算是出了一口气,又少了一个对手。

至于对待汲黯,公孙弘更是咬牙切齿,恨之入骨了。公孙弘总想给汲黯找一个致他于死命的地方,于是想到,京畿一地,地方官非常复杂,斗争很激烈,是最难以治理、最有风险的地方,于是他向武帝上言:"长安的京畿地区,居住很多高官贵臣、皇家宗室,非常难治,不用素有重望的大臣去那里整治是不能胜任的,因此,臣请求任命汲黯为右内史(京畿地方行政长官)最合适。"乍一看,公孙弘的请求好像在保举汲黯,委以重任,其实,公孙弘在给汲黯布下一个可怕的陷阱。一向器重公孙弘的武帝,同意他的请求,公孙弘窃喜这一圈套又成功了。

公孙弘的歪门邪道,之所以屡屡得逞,以邪压正,没有武帝的力挺,是办不到的。武帝最后升任公孙弘为丞相,使他更加有恃无恐、得意忘形。

汉武帝虽然雄才大略,但又好大喜功,更喜听歌功颂德,这是他偏听偏信公孙弘的一个重要原因。

大恩无言

> 近观汉相,高祖开基,萧、曹为冠,孝宣中兴,丙、魏有声。是时,黜陟有序,众职修理,公卿多称其位,海内兴于礼让。
>
> ——《史记》
>
> 吉为人深厚,不伐善。自曾孙遭遇,吉绝口不道前恩,故朝臣莫能明其功也。
>
> ——东汉·班固

　　丙吉是汉宣帝时期有声望的宰相,品德高尚,有很好的个人修养,他为官一世,宽宏大量,从不与人计较,做好事也不声张,有恩于人也不言恩。

　　丙吉对汉宣帝刘询是有大恩大德的,事情的原委简要是这样的。

　　早在汉武帝最后几年,丙吉曾做过廷尉右监。

　　武帝征和二年(公元前91年),宫廷里发生一件很不幸的事,武帝的儿子卫太子刘据,因为造反犯罪,他和妻妾子女都被杀,甚至刘据的小孙子刘询,刚生下来几个月,也被送进监狱。

　　丙吉认为婴儿刘询无罪,不应当受监狱之苦,于是找来两个厚道可靠的奶妈,在监狱里喂奶,照顾这个可怜的婴儿,从而让刘询得以活下来。这是丙吉对刘询有救命之大恩。

　　后元二年(公元前87年),武帝得了病,一位看天象的人上奏武帝,说长安监狱里有一股天子气。武帝哪能容得这种现象存在,立即派使者带领一些人,不分青红皂白要把长安监狱里的大小囚犯全部杀掉,婴儿刘询当然也在被杀之列。

　　在夜里,杀人的使者来到监狱前,丙吉紧急关上监狱大门,拒绝来人入内。

　　来人无奈,只得回去向武帝告了丙吉一状,说他拒绝圣命。说也奇怪,武帝不但没有发怒,更没有加罪于丙吉,反而深有省悟地说:"这是天意呀!"从而撤掉诛杀狱中囚犯的命令。

丙吉又有保护刘询免于被杀的大恩。

但是,很小的刘询,经不起在狱中恶劣环境的折磨,得了疾病,于是丙吉便把刘询安置在狱外的史姓家中,命乳母小心照看抚养,积极治病,所有的费用和衣食都由丙吉支付和供给,照顾得非常精心。

丙吉对刘询又有治病抚养之大恩。

长话短说,到汉昭帝元平元年(公元前 74 年),刘询已经成长为一个 18 岁的壮实青年,学经书,习儒术,而且品德端正、举止庄重。就在这一年的四月,汉昭帝去世,因无太子,由武帝之孙刘贺即位,但他荒淫无度,很快被废。这时,丙吉推荐刘询为皇帝,是为汉宣帝。

丙吉又有拥立刘询为皇帝的大恩。

但是,宣帝刘询始终不知丙吉对自己的大恩大德,而丙吉也绝口不言对宣帝之大恩。

有人怀疑,丙吉之所以救命和抚养皇家后代的刘询,是奇货可居,想赌一把,刘询将来当上皇帝,自己可以居大功,高官厚禄,一步登天。因为在中国历史上的确有这种事和这种人。

但丙吉品德高尚,不是这种人,完全是两码事。

到了宣帝地节三年(公元前 67 年),一个宫女上书,说自己对宣帝有抚养之恩,并说此事丙吉最清楚。从而引出对这一事情的原委作了一次详细的调查,宣帝从此才知道丙吉对自己有大恩大德,十分感动。

但是丙吉由始至终从未吐露这些事,更使宣帝非常敬佩,为此宣帝下诏称赞他:"其德完美无瑕。"宣帝为报答这个大恩人、大贤人,封丙吉为博阳侯,食邑一千三百户。但丙吉认为自己所做的这些事都是臣下应当承担的,因而上书自陈,不想以空名接受如此重赏,坚辞不受。宣帝如何肯于接受丙吉的推辞,对他说:"朕之封君,非空名也,而君上书固辞封侯,这不是彰显朕是一个不能以德报恩的君主吗?"皇帝这么一说,丙吉也就没办法不接受了。

到神爵三年(公元前 59 年),宣帝晋升丙吉为丞相。

丙吉做宰相后,不以官大而自傲,对人仍然宽厚大度。

有一次,丙吉坐车外出,驾车的驭吏因嗜酒成性,喝得醉醺醺,迷迷糊糊,竟哇地一声呕吐在丞相的车上,丞相府的管事官员西曹主吏,劝丙吉对这个驭吏痛加斥责,把他赶出去。

但丙吉却说:"因醉酒的过失,而抛弃这个人,使他将何以自容? 要容忍他,他的呕吐不过脏了车的垫子罢了。"仍坚持把这个驭吏留在自己身边,不忍抛弃他。这个驭吏对丙吉的恩德铭记在心。

这个驭吏生长在北方的边疆一带,对边疆发出的紧急信号很熟悉。有一次他外出,正好碰见驿骑(驿站骑马送信的人)举着赤白袋奔驰而来,驭吏知道这一定是边疆有机要大事,便偷偷地尾随驿骑到官署刺探消息,得知匈奴军队已进入云中(今内蒙古托克托地区)和代郡(今河北蔚县境内)。驭吏知道这是军情大事,立即跑到丞相府报告丙吉,并请早作准备。

丙吉认为驭吏报告的军情非常重要,并作了精心的安排和军事准备。当宣帝召丞相、御史询问匈奴进入哪些地方时,丙吉由于事先有准备,因而对答如流。而那位御史大人目瞪口呆,一句话也说不出,颇为尴尬,受到宣帝的严厉指责。宣帝面对丙吉,面带微笑,夸奖他关心边防,忠于职守,是一个好丞相。

丙吉回到家中,前思后想,认为对待人没有什么不可容忍的,人都是各有所长。我虽是丞相,如果没有驭吏的事先报告,又怎能得到皇帝的夸奖。

可是,根据史书记载,丙吉对下属官吏,犯有罪过,或不称职者,从不严肃处理,只是给他一个长假,令其暂时离开职位而已。对此有人很不理解,对丙吉说,你作为丞相,下属官吏犯有罪过,为什么不惩办他们。丙吉倒也坦然:"我虽然是丞相,有惩办官吏的权力,但我认为这不是好办法,不愿这样做。"史书对此评论说,上属对下属不法官吏放任自流,就是从丙吉开的头,已成为惯例。显然对丙吉做法的后续影响有所批评了。

可见,做任何事都应有个"度",对下属官吏过于宽大,便留下吏治腐败的温床;对下属官吏过于严厉冷酷,便留下吏治的伤痕。宰相负有吏治的重大责任,这项工作做得好,便激发各级官吏活起来;做得不好,就会离心离德,后患无穷。孔子也说:"举直错诸枉,则民服;举枉错诸直,则民不服。"译成白话的大意是:举用正直的人,废弃邪恶的人,则老百姓服从;举用邪恶的人,废弃正直的人,则老百姓不服从。可见吏治是否得当,直接关系百姓的安危。

一个人,施大恩于人,从不声张,也不打算别人图报,可谓贤人;而受恩者,是否报答,如何报答,那就取决于个人的良心和品德了。不妨看看下面一个离奇的故事。

唐德宗宰相李勉,早年在任开封尉时,是一个擒奸除恶的能手,在当地很有名声。有一次,他在审问一个囚犯时,观察这个囚犯具有一般人少有的气质,因而打动了李勉。同时,这个囚犯又苦苦哀求李勉,给他一条活路。李勉动了怜悯之心,竟把这个囚犯私自放了。按法理说,李勉私放囚犯是触犯刑律的,但是对这个囚犯本人说,李勉实有救命之大恩,囚犯当时非常感动。

说也真巧,以后李勉被罢官,到河北一带去游历,正巧碰上被李勉放跑的那个囚犯,这个囚犯看见救命的大恩人,十分高兴,便热情地把李勉接到家中,殷勤侍候,隆重款待。

用什么办法报答这位救命的大恩人呢?囚犯便和妻子商量起来,妻子说:"报答他一千匹丝绢可以吧。"囚犯摇摇头,"太少了,不够呀。"妻子又提出:"报答两千匹丝绢怎么样"?囚犯还是说:"不够呀。"妻子最后说:"如果这样,不如把他杀了。"

囚犯听妻子如此一说,勾起他的奸心,贼胆陡生,认为此意绝妙!于是下定决心要杀了这个大恩人。

他们没有想到窗外有耳,囚犯家中的小男仆偷听到主人要杀他们的恩人,非常气愤,出于同情心,便很快把这个消息偷偷地告知李勉。

李勉这才悔恨自己放错了人,竟遭如此报应。当时已经来不及穿好衣服,立刻骑上马,急速逃出囚犯家。

夜半天黑,李勉策马加鞭,急奔一百多里,料无后追之忧,这才松了一口气,缓缓地往前走,见前面渡口处有一客店,便下马进去投宿。

店里一位老人,见李勉如此匆匆忙忙,深夜独行,便对他说:"这一带地方在夜里常有野兽出没,你怎敢一个人走路?"

李勉便将与那个囚犯的来龙去脉和在囚犯家要发生的险情告诉了老人。没有想到这一谈话,竟被房梁上一个大汉听到,他突然从上面跳下来说:"我差一点错杀了一个有恩德的好人。"说完飘然离去。

不到天亮,这个大汉就提着那个囚犯和他妻子的两颗血淋淋的人头来见李勉,李勉大吃一惊。

李勉万万没有料到自己放跑的这个囚犯,竟然以砍下自己脑袋报答自己,可谓贼心不死,恩将仇报。但苍天有眼,李勉躲过这一劫,而囚犯和他的妻子没有逃过这一劫。要砍恩人脑袋的人,竟被别人砍掉脑袋。这真是善有善报,恶有恶报。

一本难念的经

女有家，男有室，无相渎也，谓之礼。易此，必败。

——《左传》桓公十八年

曹操像

俗语说，每家都有一本难念的经，无论达官贵人，还是草根百姓，几乎毫无例外。甚至尊为宰相的顶级大官，家里的矛盾也不少，特别是和夫人的矛盾更是绕不过，这本经的确不好念。

东汉末年，丞相曹操的威力十分强大，官渡大捷，统一北方，轰轰烈烈，可谓惊天动地；但赤壁一战，风起云涌，折戟沉沙，败得也是大江翻腾，十分惨烈，曹操可谓是抖动乾坤的一代英雄。可是他在京剧里总是一副奸诈的大白脸，这可能反映他的性格的另一方面。但在郭沫若的《蔡文姬》话剧中，曹操却是一个净面英武、光彩夺人、重感情、讲理性的机智丞相，这也反映了对曹操的不同评价。但无论如何，曹操的权力在当时无人可比，甚至皇帝都被攥在他的手心里。

但是，曹操在他夫人面前，八面威风的权力就打折扣了，和夫人的矛盾使他软下身段，甚至碰得灰头灰脸。

曹操早年有好几个夫人，其中丁夫人是最早的，但没有生孩子，这在当时的封建社会，作为妻子不能生育是最大的遗憾。

"不孝有三，无后为大"，但曹操不会断后的。刘夫人为他生下一男，名曹昂;又生一女,名清河。不幸,刘夫人过早去世,临终前,使他牵肠挂肚的就是这两个年幼的孩子,以姐妹之情,请求丁夫人代为抚养成人。

丁夫人何尝没有自己的盘算,这两个孩子虽不是自己亲生,但将来抚养成人,一旦成龙成凤,自己的地位就会陡然上升,因此,这两个孩子在丁夫人的精心抚养下,母子之间建立了深厚的感情。

但是,苍天对丁夫人太不公平,既没有让她亲生子女,又使她亲自抚养的儿子曹昂在长大成人后,随父亲曹操讨伐张绣时战死。丁夫人得到这个不幸的消息时,简直精神崩溃了。

曹昂的死,与曹操贪图女色有直接关系。建安二年(公元197年)正月,曹操出兵讨伐张绣,张绣哪里是曹操的对手,率全军投降曹操。曹操看见张绣的遗孀婶母是个娇艳的美人,于是便动了心,想把这个美人霸占为己有,成为他枕边的临时夫人。

张绣哪能受得起这样的奇耻大辱,对曹操咬牙切齿。这还不算,曹操竟看中了张绣的猛将胡车儿,并以重金赏赐,想把他拉过来,更引起张绣的极度恐惧。张绣为报复曹操欺人太甚,决意采取秘密行动,突然向曹操军营发起猛烈进攻,打得曹军措手不及,曹操长子曹昂被乱军杀死,曹操身中流箭,狼狈逃走。校尉典韦,是保护曹操的一员大将,与张绣左右冲杀,勇猛异常,但寡不敌众,身受多处重伤,最后怒目大骂而死。曹操收集残兵败将,灰溜溜地退回舞阴(今河南泌阳)。

曹操在讨伐张绣中演的这出风流戏,可谓损失惨重,儿子被杀,大将战亡,差一点没丢了自己的一条命。更令他想不到的是回家后与丁夫人发生了尖锐矛盾。

丁夫人对养子曹昂之死,可谓撕心裂肺。在过去,曹操的风流事,丁夫人可谓习以为常,也不在乎。但曹昂一死,她所有的希望都破灭了,因此对曹操的怨恨也就达到顶峰,指着曹操说:"因为你的风流事,我的儿子被杀了,你现在一点悔恨和思念的心也没用。"说后,丁夫人大哭大叫,已难以控制。

曹操一手抓大权,一手抓美人,两手全不误。因为抓美人,死了儿子,自知理亏,但又不肯低头认错。丁夫人对他没完没了地哭闹指责,也使他难以自容,曹操的怒火终于爆发了,一气之下,把丁夫人送回娘家,等她消消气再说。

隔一些日子,曹操估计丁夫人的怒气可能消得差不多了,他怀着夫妻可能修好的心情来到丁夫人的娘家。

这时丁夫人正在织布,有人告知,曹公已经来了。丁夫人既未出来迎接,也不为所动,仍然照常织布。

曹操虽然觉得不太正常,但还是三步并作两步地来到丁夫人的跟前。丁夫人头也没抬,旁若无人地仍然织布。曹操虽然感到冷冰冰的,但仍然抬起一只手,温情地搭在丁夫人的肩背上,满面微笑地对丁夫人说:"我请求你,和我一起回去吧。"曹操以大宰相的高贵身份送来了温情,又加上诚恳的请求。但是,丁夫人听在耳里,死在心上,一点回应也没有。

曹操虽然碰了软钉子,但仍然没有灰心,在室内徘徊良久,默默沉思,最后,走出室外,回过头立于门前,又向丁夫人说了一句:"难道夫妻不能修好吗?"

丁夫人回答曹操的仍然是不吭一声。曹操这时已感到他和丁夫人的夫妻关系已经没有希望了,真正断绝了。

曹操回府后,心情低落,失去丁夫人,对于他虽然不会感到枕边的寂寞,但心里总是内疚和不安,如何补偿?他派人告知丁夫人家中,丁夫人可以另嫁他人。

但其家人不肯这样做,一是,"好女不嫁二夫";二是,也不敢这样做,怕官大势威的曹操以后找麻烦。

曹操和丁夫人是结发夫妻,丁夫人是正室。丁夫人对曹操的枭雄性格早有领会,对曹操的拈花惹草、藏娇纳妾也都不以为然,依旧和曹操保持着正常的夫妻关系。但曹操与张绣一战,她的养子曹昂因曹操贪恋女色而无故死于异地,她痛心疾首,从此她所有的希望死了,她跟曹操的心也死了。丁夫人是一个坚定的女子,无论曹操以后如何软下身段,丁夫人义无反顾,与曹操决裂到底。

之后,丁夫人远离了曹府的荣华富贵,远离了那个令她痛心的丈夫,她一个人怀着内心的巨大悲痛,孤苦地、寂寞地生活着,伴随她的只有笨重的织布机和所发出的单调声音。

几年后,当曹操得知丁夫人去世的消息,曹操又动了感情,把她葬于许城之南。曹操对丁夫人难以抹去内疚之痛,自言自语叹道:"假如死而有魂,儿子曹昂问我,母亲何在?我将何辞回答!"曹操有了良心的谴责。

一代名相,一世枭雄的曹操,家中这本难念的经,始终困扰着他的灵魂。

一杯毒酒

帝乃令谓之曰:"若宁不妒而生,宁妒而死?"乃遣酌卮酒,与之曰:"若然可饮此酖。"一举便尽,无所留难。帝曰:"我尚畏见,何况于龄!"

——明·陶宗仪

唐朝著名宰相房玄龄,家中也有一个老婆,天不怕,地不怕,更是难对付。

房玄龄这个人文质彬彬,辅佐唐太宗不但忠诚多谋,而且君臣情深义重,是唐太宗手下第一功臣,在唐太宗时期整整做了 22 年宰相,时间之长,几乎和贞观年代相始终。在以后,房玄龄年龄虽然大了些,但唐太宗对他更加敬重、更加关爱。

房玄龄为相的作风,公正宽厚,谦虚谨慎,虽然位高权重,但他有功不言功,对自己的贡献始终保持低调,因此更受朝野上下的敬重。

房玄龄在外是这样,在家更是一个好丈夫,他从不摆宰相的老爷架子,更不要大男子的八面威风。对妻子始终笑脸相迎,从来没有红过脸,翻过白眼,简直敬之如宾,应当说夫妻很和谐吧,但并不是这样。

房玄龄唯一的夫人卢氏,容貌端庄,品格忠正,对待丈夫始终如一,忠贞不二,特别是贞节观念极强。因此

房玄龄像

她要求丈夫也极严格,绝不允许房玄龄娶二房,绝不容纳在自己身边还有丈夫的小老婆,其嫉妒之心是超强的,其性格也极为刚烈。

房玄龄对这样一位忠贞不二的夫人当然十分放心,绝不担心她会和小白脸飞媚眼,拉关系。但是,房玄龄对夫人的如此嫉妒、如此刚烈,心情也是很复杂的,虽然敬爱其忠贞不二,但又担心她对自己捆得太死,也惧怕她过于刚烈而不能控制。

房玄龄还有一件事,心里早已想的、但又不敢说出口的,那就是要娶一两个年轻貌美的小妾,作为二房和三房,调剂一下现在死板而又担惊受怕的生活。再者说,当朝宰相哪个没有三房四妾,屋里藏娇,这都是家中常态。只我一个人死守着这个独一无二的黄脸婆,的确有些不甘心。房玄龄心里也明白,这种想法只要吐露一点点,夫人就会闹得天翻地覆,活来死去,今后的日子就永远得不到安宁。想到这里,房玄龄一筹莫展,只得独自唉声叹气,自认没有艳福。

有一次,房玄龄突染重病,卢夫人终日守候,侍候得非常周到。房玄龄感到自己的病很严重,自己很难活下去,于是便把夫人叫到跟前,嘱咐她:"我的病已难以救治,你还年轻,不可在我离开人世之后守寡,找一个好人家再嫁吧。"

卢氏听到丈夫这几句诀别的话,痛心不已,大哭不止。她抽身回到帐中,拿起利器,狠心地刺伤了自己的一只眼睛,鲜红的血立即流满半颊,毁了自己的容颜,表示永誓不再嫁。其刚烈、其忠贞,其吓人的举动,令人惊心可怕!

房玄龄见夫人如此意外地伤害自己,惊吓得面色惨白,魂飞胆裂,她对自己的忠贞,令这位宰相大人感动得万分涕零。房玄龄带着挥之不去的惊魂,更加认识了这位夫人。

也是吉人自有天相,房玄龄的病逐渐转好,恢复了健康。此后,房玄龄对夫人又敬重、又惧怕,又独自唉声叹气,只得死守终身。

唐太宗和房玄龄的君臣关系虽然特别密切,远胜于其他宰相和朝廷大臣,但并不知晓房玄龄家中的具体事情,更不了解房玄龄夫人的独特性格,只听说房玄龄耳朵有点软。唐太宗出于对房玄龄的特别关爱,要赐给他一个年轻貌美的姑娘作为小妾。

房玄龄见太宗皇帝如此关爱自己,真是喜出望外,但也给自己出了一个最大的难题。接受皇帝的美女赏赐吧,有了二房,是自己多年的期盼,也是享受艳福的好机会。但又打一个冷战，夫人那里如何交代？想到她忠于自己而刺伤的一只眼睛，更难以让她再受一次心灵上的创伤。而且娶了二房，今后的日子怎么过？房玄龄陷入左右为难的境地，盘算来，盘算去，只得两难取其轻，狠下一条心，还是牺牲自己的二房吧，皇帝那里只能婉言谢绝了。

唐太宗知道房玄龄拒绝接纳赏赐的美人以后，心里就琢磨了，是他不愿纳妾吗？可能不是。不愿享受艳福吗？可能也未必。最有可能的解释，是怕他的夫人不答应，房玄龄怕老婆，唐太宗是有耳闻的。

皇帝一言，驷马难追。唐太宗仍然不放弃赐给房玄龄美女做妾的念头，只是要做好房玄龄夫人的工作，以解除房玄龄后顾之忧。因此，唐太宗令长孙皇后召见房玄龄夫人。皇后出马，给房夫人的面子够大的了，何况女人对女人，这种事谈起了比较方便，也容易谈得好。

长孙皇后声望很高，而且贤惠仁德，聪慧开明，更具有女性那种特有的柔韧，有时太宗发怒时，她三言两语就使太宗破怒为喜。这次衔命与房夫人对话她抱有很大的希望。

长孙皇后与房夫人面对面地坐在一起，几句客套话之后，长孙皇后便开门见山："男人填房娶妾已是常制，是官场上男人的普遍现象，何况司空（房玄龄这时已升任司空的高位，但仍居宰相之位）年岁已经大了，皇帝想要特别照顾他，赐一美女作为妾室，分劳你的家务，想你不会拒绝吧。"长孙皇后的话，既委婉温柔，又简单明白，十分亲切，希望对房夫人有所打动，同意太宗的美意。

房夫人对长孙皇后温言细语的劝告，听在耳里，气在心里，脸上不但一丝笑容也没有，而且是阴沉沉的，她毫不迟疑地一口拒绝了皇帝的美意，一点没有给长孙皇后面子。

可是唐太宗做好事，决定要做到底，他不在乎皇后的劝说没有成功，也不在乎房夫人的一口拒绝，他不肯就此罢休，于是派人告诉房夫人："你宁可不嫉妒而生，还是为嫉妒而死？"唐太宗的口气开始强硬了，叫房夫人在二者之中作出明确的选择。而房夫人寸步不让，斩钉截铁地说："我愿为嫉妒而死。"简直和皇帝顶起牛来了，丝毫也不怕皇帝的威严。

唐太宗头一次碰到这样一个烈性夫人，他既奇怪，又不肯到此罢休，他要考验一下这个刚烈女子到底有多么坚强。于是令人赐给房夫人一杯酒，明确地告诉房夫人："你这样不听劝告，皇帝赐给你一杯毒酒，你喝下

去吧。"房夫人认为"君无戏言",她面不改色,毫不迟疑地接过这杯毒酒,一口饮尽。

在场的一些人对其结果非常担心,对房夫人那种决然表现,更是惊呆了,他们要准备后事了。

其实,唐太宗哪能赐给她一杯毒酒,更不能因此事叫房夫人一命呜呼,皇帝不过是用这种办法继续考验一下房夫人的刚烈是否坚持到底,两相激烈较量,这位善于调教群相群臣的高明皇帝,在房夫人面前彻底栽跟头了。

唐太宗到这时才真正领教了房夫人的厉害,其性格之刚烈,连皇帝也不怕,连毒酒也不在乎,可敬可叹,又实在可怕! 难怪房玄龄这位著名宰相在家里始终怕老婆,也就不奇怪了。

挨嘴巴的一堂课

> 若以其身事两朝,概为削而不书,则其过迹,转而藉以掩盖,又岂所以示传信乎?! 朕思此等大节有亏之人,不能念其建有勋绩,谅于生前,亦不因其尚有后人,原于既死。

——清·乾隆帝

在清朝顺治年间,官居大学士的洪承畴,已是宰相的高位。

早年时期,洪承畴在明朝做官,还是一位能征善战的大将,出任过蓟辽总督。崇祯十四年(公元 1641 年),清军围困山海关外的东北要地锦州,洪承畴亲率 13 万大军驰援,结果明军大败,洪承畴被清军俘虏。

洪承畴被俘以后,解送到盛京,即今之沈阳,皇太极派出他所信任的汉人,也是重量级人物,叫范文程,劝说洪承畴降清。洪承畴认为自己战败被俘,是奇耻大辱,因此对范文程的劝降异常愤怒,甚至破口大骂。

范文程对一时冲动的洪承畴,不恼不怒,十分冷静,耐心对待,他细心地观察洪承畴的细微表情,忽然屋顶掉下一些尘土,落在洪承畴的衣服上,洪承畴经心地拂来拂去。这一拂尘的细节,引起细心的范文程十分的注意,立即意识到洪承畴的个性和当时的心理状态。范文程回去对皇太极说:"洪承畴一定不想死,连衣服都那样爱惜,何况是生命!"

皇太极摸到洪承畴的底细之后,决定亲自会见洪承畴试一试,一见面,皇太极不想一开口就劝他降清,决定以情感打动他的心。因此见到洪承畴首先的一句话:"将军难道不冷吗?"说着就把自己身上穿的貂皮大衣脱下,披在洪承畴的身上。皇太极这一简单而温馨的举动,很快融化了洪承畴不想降清的冰冷的心,他面对这位清初皇帝,沉默了片刻,静思一会儿,便深有感叹地说:"真是一位有治世之才的君主啊!"说完,就请求降清。皇太极非常重视降清的汉人名将,因此,对洪承畴格外礼遇,特殊重用。而洪承畴也就死心塌地为皇太极这位新主子卖命了。

洪承畴降清以后，可是明朝的首都北京，却传说洪承畴已兵败战死，崇祯皇帝为洪承畴的牺牲而痛哭惋惜，要为这位为国赴难的将军举行盛大的哀悼仪式，决定设立16个祭坛，崇祯皇帝亲自临祭，当皇帝登到第九祭坛时，突然传来洪承畴已降清的惊人消息，这一爆炸性的噩耗，使崇祯皇帝精神崩溃了，从九坛下来后，昏昏沉沉，已意识到明朝的日子不会长了，可见洪承畴这个人物在当时是多么重要了。

说起洪承畴，其原籍是福建南安（今福建南安东）人，家境不怎么好，在他十二三岁时，穷困潦倒，难以为生，当地富翁沈百五见他可怜，便把他接到家中收养，沈翁见他头脑有灵性，便加倍培养，并亲自为他讲授经史和诸子学说，使洪承畴的才识有很大增长。而洪承畴对沈百五的培育和教养之大恩，也深感在心，尊称他为伯父。

沈翁把洪承畴培养成人以后，洪承畴的确没有辜负这位伯父大人的期望，竟成长为明朝的一位重臣。

洪承畴为报答沈百五的大德大恩，在朝廷中大力举荐沈百五，因而崇祯皇帝下诏，令沈百五在朝廷中做官。

清兵进入山海关，正挺进北京，沈百五听说洪承畴已经降清了，他既不相信自己的耳朵，也不相信这个消息的真实性，认为自己亲手培养的后生，如何会叛明降清。当他弄清楚洪承畴降清的消息是千真万确时，他竟伤心地落泪了。

沈百五虽然是一个家财万贯的富翁，但他不随风飘摇，对于明朝异常忠贞。洪承畴的降清，他虽然很痛心，但又不为所动，他仍然积极联络各地的抗清力量，从事抗清的斗争，可惜他最后也被清军俘虏了。

上天的安排竟是这样的奇巧，洪承畴又与沈百五见面了，两人同是清军被俘人，但这时的洪承畴已是清军的宠儿，而沈百五却是被清军看管的抗清分子，成为阶下囚。此时的洪承畴居高临下，面对这位对他有大恩的伯父，他开始劝降，不要抗清。

沈百五对洪承畴的劝降，听在耳里，气恨在心里。他故意装作不认识洪承畴，说："我的眼睛已经瞎了，你是谁？"洪承畴回答说："我是洪承畴，受伯父养育成人，难道忘记了吗？"沈百五立即沉下脸来，大叫："胡说，洪承畴深受大明国恩，他已在辽西阵亡殉职了。你是什么人？竟敢冒充洪承畴，想叫我降清，去做一个不忠不义的人。"说完，怒气冲天，揪着洪承畴的衣领，狠狠地打了几个大嘴巴，打得洪承畴的眼睛直冒火星，但他只得默默地领受着这位大恩人的愤怒谴责和痛打，备感羞愧难当。最后说了一句："人各有志，不可强求。"惭愧而又谦卑地退下了。

沈百五的硬骨头，死不降清。清君见他难以回心转意，便把沈百五杀害了。

洪承畴和沈百五同是明朝大臣，一个已降清做高官，一个宁死不屈，壮烈而被杀害，真是各有其志呀！沈百五最后扇了洪承畴几个大嘴巴，这是沈百五给洪承畴上的最后一课：如何做人臣！

历史翻开了下一页，明朝灭亡，清朝兴起。洪承畴作为明朝的人臣，已失忠节。败降后，作为清朝的人臣，据历史记载，洪承畴劝清施仁政，安邦济民，维护民族团结，对稳定政局作出了一定贡献。

林子一大，什么鸟都有

风搅长空浪搅风，鱼龙混杂一川中。

——唐·张志和

从秦到清，中国宰相有多少？一直到现在也没有准确的数字，仅以唐朝为例，就有372人宰相，这是宰相最多的朝代，其他朝代有的较多，有的较少，但总括起来，宰相是一个比较大的群体。群体一大，也就五花八门了，什么样的宰相都有，俗语说，"林子一大，什么鸟都有。"

1. 不如老婆的宰相

宰相本来是高能高智的，有胆略的。但有的宰相却低能低智，胆小如鼠，还不如自己的老婆。汉昭帝宰相杨敞，就是这样的一个人物。

元平元年（公元前74年），昭帝去世，独揽朝廷大权的大将军霍光迎立昌邑王刘贺为皇位继承人，但是这个刘贺是个花花公子，只知游乐淫乱，不顾正事，劝他也不听。于是大将军霍光与车骑将军张世安秘密策划，要废掉昌邑王刘贺，另立皇位继承人。二人计议已定，就叫大司农田延年把这个秘密告知丞相杨敞。

杨敞一听这个消息，吓得六神无主，目瞪口呆，惊慌不已，竟不知如何是好，甚至不知要说什么，急得汗流浃背，只是张嘴啊啊地应了几声，也不知是什么意思，毫无宰相那种处变不惊、敢于决断的气质。

杨敞的老婆在内室看在眼里，听在耳里，痛惜老公是个窝囊废。趁大司农田延年不在屋时，就从内室急速走出来，对杨敞说："废立皇帝，这是国家大事，现在大将军霍光已经议定，他派使者秘密告知你，你还不赶紧答应，与大将军取得一致，如再犹豫不定，不敢下决断，就要杀你头的。"

这位夫人很识时务，深知大将军霍光独揽朝政的威力，她比身居丞相的老公机灵得多。

杨敞这才心神安定下来，按照老婆的吩咐，向使者田延年明确表示，愿意听从大将军的决定。于是废了昌邑王刘贺，另立刘询为皇帝，是为宣帝。

2. 与皇帝同性恋的宰相

严肃而威仪的宰相，竟偷偷摸摸地搞私恋，而且搞同性恋，甚至与皇帝搞同性恋。

汉朝的董贤，论贤不贤，论才无才，论能无能，只是依仗他父亲董恭做御史大官，才混上太子舍人一职。

汉哀帝在位时，董贤很年轻，长得姿色独秀，面如桃花，俊美动人，像个帅哥吧，又有些娇滴滴的，还有点女气，似如宫中粉黛。总之，男风女气都有，讨人喜欢。

有一次，哀帝偶然在殿下看到董贤，立即引起哀帝的特别喜爱，于是把他召入殿中，笑眯眯地问道："你就是舍人董贤吗?"董贤低声细语地回答："是。"哀帝叫他到跟前，左看右瞧，越看越顺眼，立即封他为黄门郎(管宫中杂事)，开始和他近乎起来。

一来二去，哀帝简直一天也离不开董贤，于是又升任他为驸马都御侍中(陪伴皇帝的近臣)，从此董贤朝夕与哀帝相伴，哀帝外出时，董贤就陪同乘车;在宫中，那更是左右不离。由于董贤的殷勤侍奉，更讨哀帝宠爱，因而赏赐的金银，数量之大，常以万计，其宠爱之深，朝野上下无不震惊!

哀帝虽有六宫粉黛相伴，但又与美貌俊俏的董贤同榻而眠，相亲相爱。有一天，哀帝与董贤同榻睡午觉，哀帝一觉醒来，见董贤仍酣睡在自己身边，死死地压住自己的一只衣袖，哀帝不忍惊动这位心爱的男宠，于是便拿起佩刀，割断自己的衣袖，悄悄离去。哀帝对男宠董贤这一深情的举动，为后世留下一个很不光彩的故事，称爱宠男色，为"断袖之癖"。

睡得舒舒服服的董贤一觉醒来，见自己的身体正压住哀帝割断的一只袖子，这一动人的情景，使董贤又惭愧、又感激、又荣幸，哀帝竟如此关爱自己，简直已到了无以复加的地步。因此，董贤更加取媚哀帝，不但朝夕形影不离，就是例行的休假日，董贤也不肯离开哀帝回家看老婆，把老婆完全甩在一边，皇帝与董贤的恩爱恋、同性恋日益热烈，黏糊极了。

可是哀帝见董贤总也不回家看老婆,有点过意不去。曾多次督促他回家与老婆相聚,但董贤执意不肯。哀帝没办法,只得让他老婆可以直接出入皇宫,与董贤相见。

哀帝又见董贤的妹妹长得像董贤那样的好看,便起了占有之心,册封这个少女为昭仪,其地位仅次于皇后。从此,昭仪和董贤轮流侍候哀帝,哀帝得到了更大的情欲满足。

不仅如此,哀帝为使董贤的家族和亲属的地位显贵,对董贤的父亲、妻弟都封了官,甚至董贤的仆人也得到不少赏赐,真是"一人得道,鸡犬升天"。

这还不算,哀帝为使董贤一家有一个显赫的宅第,特别在北宫门外为他修建一座规模宏大的豪宅,有前后殿,层层叠叠,装饰极为精巧、豪华。豪宅建成后,哀帝又赏给董贤不少精锐的武器和珍奇的宝物。

这个昏庸皇帝,甚至对董贤死后也作了精心安排。哀帝把皇家极为珍贵的丧葬棺木赐给他,又赐给他用明亮的珍珠连缀的寿衣和用洁白的玉璧制成的寿裤,其葬品可谓极其珍贵。

哀帝还命令在自己的墓地义陵旁边,为董贤修建一座墓园,使董贤在死后仍相伴相恋,视若嫔妃。

生死诸事安排好之后,哀帝认为还有一件憾事,就是对董贤封侯加官没有解决,于是哀帝封董贤为高安侯。于元寿元年(公元前2年),任董贤为丞相,一步窜上百官之长的高位,成为政治上的暴发户。

哀帝和宰相董贤搞同性恋竟到了如此惊人的地步,宰相已成为皇帝的男性嫔妃,简直侮辱了宰相的尊贵官称,可见西汉末年的腐朽是多么严重了!

3. 几句话当上宰相

要登上万人仰慕的宰相高位是很不容易的事,有的熬几年、十几年或几十年才爬上宰相的高位,不知有多少高官大员争过这个独木桥,但只有少数幸运者才成为宰相,可是西汉车千秋只说了几句话就当上丞相,实属少见。

其实,车千秋并没有什么了不起的本事,最初,在汉武帝时,他只不过是一个高寝郎,就是守卫高庙的一般官吏。当时皇太子刘据被人诬陷而致死,车千秋为皇太子鸣不平,因此,他向汉武帝递上一封紧急上书,书中说:"做太子的擅自动用皇帝的军队,按罪应受笞刑(用竹板痛打),但太子并没有谋反，如何乱定罪？请陛下明察！"就是这么几句话，就牵动了武帝的心，武帝才有所感悟，知道太子用兵动武，是要杀陷害他的人，并没有谋反。

武帝召见车千秋，见他身高八尺，身体强壮，相貌丰美，对他颇有好感，于是对他说："父子间的事，是人们最难说清楚的，独有你才说明了太子不是谋反，这真是祖宗神灵使你教导我的，你应当成为我的辅佐。"于是武帝越九级提拔车千秋为大鸿胪，负责接待少数民族君长和诸侯的官员。几个月之后，武帝念车千秋有一言之功，便于征和四年（公元前89年），擢升他为丞相，封富民侯。

车千秋既无特殊的才能，又无炫耀的家世，也没有高深的资历，更没有显赫的战功，《汉书》说，车千秋只凭几句话，感悟皇帝，很快做上丞相，晋封侯爵，世未尝有也。

对车千秋这样容易做上宰相，不但朝中大臣不服气，就是北方匈奴也有轻视之意。

有一次，汉朝使者到匈奴那里，匈奴单于问汉使："听说汉朝新近任用一个丞相，他是怎样当上的？"

汉使回答说："因为向皇帝上书。"

单于说："原来是这样，可见汉朝任用丞相并非贤才，只凭一次上书的几句话，就做上丞相，这也太容易了。"

汉使回到朝廷后，把匈奴单于的话上奏武帝，武帝十分生气，认为汉使有辱圣命，下令审讯，过了好长时间，才放了这位汉使。

汉武帝虽英明一世，但他任用宰相也太草率了，因而引起朝廷内外不服，损坏了朝廷的威信。

4. 左右逢源的"模棱宰相"

武则天朝宰相苏味道，是一位有点名气的文学家，他的《观灯》诗曰："火树银花合，星桥铁锁开。暗尘随马去，明月逐人来。"元宵节之夜，写灯、写景、写月，浑然一体，颇有韵味。苏味道为相四年多，熟悉官场那一套故习，因此他为官之道，老谋深算，左右逢源，阴持两端，毫无主见。既不得罪人，也无是非感。平平安安过日子，稀里糊涂做宰相，可谓非常圆滑。他常对人表白，处理政事，不要决断得明明白白，清清楚楚。如果不这样做，一旦发生错误，必然受到罪责。最好的办法，对不同意见的争论，采取模模糊糊的态度，模棱两可最好。因此，有人给他送一个外号，"苏模

棱",也叫"模棱宰相"。

其实,宰相中保身保位、毫无主见、模模糊糊做官的,何止苏味道一人。不妨看看唐德宗时的某些宰相:宰相关播,畏奸臣卢杞脸色,明哲保身,一句话也不敢说;宰相刘从一,终日保身保命,远离罪责,无所作为;宰相刘滋,在位无所启奏,谨小慎微,怕落下的树叶砸自己的脑袋;宰相齐映,像是谦和温厚,在是非面前从不表态,有人说他"非宰相器";宰相崔损,龌龊谨慎,议论政事,一言不发,等等。这些尸位宰相,不是与苏味道有异曲同工之妙吗?

5. 无能理政的"伴食宰相"

唐玄宗时,卢怀慎与姚崇同时为宰相,但二人的能力差别很大。姚崇是一个治国理政的高手,而卢怀慎只是一个无能无才的摆设。

有一次,姚崇因儿子不幸去世,请假回家十多天,因而等待处理的文件堆积如山。但宰相卢怀慎对这些文件束手无策,既不敢决断,也不能提出任何主见,感到十分为难和惶恐,为此向玄宗谢罪。

当姚崇回到朝廷后,对积压的大量文件,很快处理得干干净净,井井有条,效果极佳。姚崇的精明强干,与卢怀慎的迟钝呆滞,形成鲜明的对比。

宰相经常在政事堂议事,议事之后,朝廷供给一顿午餐,卢怀慎和姚崇相伴,坐在一起吃饭,从不觉得有什么愧色。因此有人称卢怀慎为"伴食宰相"。

那么精明的唐玄宗为什么把一个陪吃陪喝的卢怀慎任用为宰相呢?其实卢怀慎也不是一点优点也没有,他清廉节俭,不营资产,屋室器用,皆极简陋,为朝廷和社会树立了良好的新风。再者,有卢怀慎作陪,避免姚崇一人独相,而卢怀慎又不会阻碍姚崇独立地发挥治国理政的积极作用,更不会与姚崇争权夺势,凡事都依着姚崇的意见办,因此二人团结得很好。可见,玄宗这样安排宰相班子也是有用心的。

6. 迷惑女皇的骗子宰相

女皇武则天,到延载元年(公元694年),已经是70岁高龄了,她为了长生不老,长久做皇帝,因而特别迷信方士,希望求得长生不老之术。

这时有一个人,姓韦名什方,和一个老尼姑串通在一起,以散布荒诞妖言,迷惑群众为业。老尼姑自称是"净光如来佛",能知未来世界。而韦什方则说自己是吴国赤乌元年（公元238年）所生。按此推算，到延载元年（公元694年），他已是456岁了，是一个地地道道的长生不老翁，其谎言也太离谱了。

但女皇相信，认为长生不老翁，自有长生不老之道。女皇为了急于求长生不老之术，很自然地就被这个韦什方迷惑住了，立即召见他，而且高规格地赐他姓武，从而韦什方摇身一变成为与皇帝同姓的武什方了，这着实令这个新宠惊喜若狂。

但是，更令人不可思议的是，女皇对这个武什方没有作任何考察，是不是真有特殊本事和才能，就于延载元年（公元694年）七月任命武什方为宰相，并下制书曰："迈轩代之广成，逾汉代之河上。"这两句话的意思是说，武什方胜过黄帝时代的广成子，超过汉朝时代的河上公。按《庄子》记载，广成子曾说他修炼了1200年，而形体未衰。按《抱朴子》记载，河上公注解《老子》这部书已有1700年。总之，这两句话都是吹嘘武什方是一个长生不老的奇人。

女皇给予武什方如此过重的荣誉，过高的职位，对他的期望很大，希望很快地得到长生不老的秘诀。

武什方给予女皇什么长寿秘诀呢？时间很快就过了一个月，可是武什方什么长寿秘诀也拿不出来。武什方胆战了，即于同年八月向女皇请求，要求回归他的老窝嵩山。

为什么武什方连宰相的宝座还没有坐热乎就要离开呢？他不愿享受如此高的职位和待遇吗？当然不是，唯一的解释，他自知无长生不老之术，再对女皇这样骗下去，是要掉脑袋的，不如急流勇退，保个安全。可能女皇也看到这个迷惑自己的人也没有什么长生不老的本事，也就放他一马，不再留他，遣送回山了。

这个骗子宰相就这样来也匆匆，去也匆匆，抱着脑袋鼠窜了。

7. 包治天下的吹牛宰相

唐朝到了昭宗年代，已是病入膏肓的末世时期，宦官嚣张，藩镇跋扈，政局一片混乱，昭宗如饥似渴地想得到一个力挽狂澜的治国宰相。

有人向昭宗推荐国子监《毛诗》博士朱朴，吹捧他有东晋名相谢安之大才，有治国救世之高策。

昭宗喜逢大贤，求才若渴，急急忙忙地召见朱朴对话。朱朴口若悬河,滔滔不绝地说了一大套,昭宗听得很兴奋,真有点晕头转向,最后竟对他说:"朕虽非太宗,得卿如魏征矣!"真是莫名其妙,就是求贤若渴,饥不择食,也不会到这种地步,仅听其夸夸其谈,不知是否有救世的真本事,就以名相魏征相比,何等荒唐!

不仅如此,朱朴还向昭宗夸下海口:"得为宰相,月余可致太平。"这个吹牛大话太离谱了,可是竟得到急于求治、头脑简单的昭宗完全的相信,急急忙忙地就于乾宁二年(公元896年)八月任命朱朴为宰相。任命制书一出,朝廷内外,一片哗然。

不妨看看这个任命制书是怎么吹嘘朱朴的,把朱朴比作商王武丁得到傅说,使商朝中兴;又比作周文王得到姜尚,使周朝大治。还吹他"学业优深,识用精敏",对国家战乱,论说得极其精彩,真可谓闻所未闻;对富国强兵之术,讲述得头头是道,真是知所未知。如此大才,必须委以大任,才可改变朝廷衰运,重振国威。糊里糊涂的昭宗简直把朱朴看成是挽救国家危亡的救世主了。

吹得越高,期望值越大。昭宗几乎每天眼巴巴地盯着这位新上任的宰相的惊人举动和国家的变化。一个月到了,政局未见起色;两个月过去了,政局仍然混乱;三个月到了,形势更加不好;耐着性子等到半年,国家的局面更加糟糕。这时的昭宗才认识到朱朴原来是一个只会吹牛、不会治国的政治骗子,一气之下,于乾宁四年(公元897年)二月罢免了朱朴的宰相职位。

在罢免朱朴宰相的制书中,指责朱朴"吹嘘自己有消除战乱之奇术,有治国理政之大才。但身居相位半年,竟无一日辅政之功,可谓玷辱了宰相的尊贵名声,引起朝廷内外的愤怒"。前后制书进行对照,可见昭宗任用朱朴为宰相是何等的轻率和荒唐。

不仅如此,也引起后人的非议和讥笑,如南宋洪迈在《容斋随笔》中讥笑昭宗没有知人之明,竟将朱朴提升为宰相,留下千古笑柄。清代学者王夫之说朱朴乃是蝇营狗苟之徒,怎能叫他立于宰相之位!

可见到了末世,乱象丛生,皇帝昏庸,像朱朴这样的骗子,靠吹牛竟钻进宰相这个神圣高位,真是滑天下之大稽。

8. 当传递员的"三旨宰相"

北宋宰相王珪,在神宗熙宁三年(公元1070年)出任参知政事,是为副相。熙宁九年(公元 1076 年)升任宰相,一直到元丰八年(公元 1085年)去世止,在相位 15 年。王珪在相位最大的特点是,只会上传下达。所谓上传,即把其他官员向朝廷的奏章呈送给皇帝,跪请"取圣旨"。作为理政治国的宰相,王珪对下边的奏章不作任何判断也不提任何意见,就把奏章恭恭敬敬地呈给皇帝批阅,这个宰相只起个向皇帝传递的作用。

所谓下达,在皇帝批阅奏章后,王珪又跪接"领圣旨",立即将领取的圣旨,传达给下官,"已得圣旨矣"。你们照圣旨执行好了。

由于宰相王珪只会上传下达,因此有"三旨宰相"之别称,这个别称,明显地含有讥笑和讽刺的味道。

做"三旨宰相",既不费心,也不费力;既不得罪皇帝,也不担负任何责任;既无争权贪功之嫌,又无惹是生非之险;既能保住崇高的相位,也能守住优裕的利禄。可谓优哉游哉!

但王珪把宰相下降为一个传递员,也太丢失宰相的品格和职责了。这样的宰相既没有灵魂,也没有尊严,实在可悲! 可能神宗皇帝也喜欢这样的宰相,这样的宰相既不和皇帝顶嘴,又不会触怒龙颜,更不会君相之间发生权力上的矛盾。因此,叫王珪干了 15 年宰相一直到死,也就可以理解了。

9. 痴迷斗蟋蟀的宰相

各种专家都有,也有研究小动物蟋蟀的专家,这个专家出自我国古代的南宋,其人就是贾似道。这个专家可不是一般的人物,他是南宋理宗、度宗朝有头有脸、甚至权倾朝野的宰相,在相位长达 16 年(公元 1259—1275 年),其声名极为显赫。

贾似道对蟋蟀特别有兴趣,简直着了迷,已经成为一种癖好。

蟋蟀后腿粗大,善于跳跃,特别是雄性,极其好斗。两只蟋蟀互相厮杀,其激烈犹如两将对阵,不拼个你死我活,誓不罢休。蟋蟀的振翅鸣叫,也使你感到具有独特的音乐魅力。贾似道和他的一群妻妾,经常趴在一起,以斗蟋蟀为趣,以玩蟋蟀为乐。他们不但斗出经验,也玩出情趣。不能说贾似道没有才华,由于他对蟋蟀精心研究,竟写出一本举世无双的专著《促织经》,可惜这本独树一帜的专著,在今天见不到了,但他专著《促织经》一事已载入《宋史》的《贾似道传》中,有了这一专著,说贾似道是一位研究蟋蟀的专家,也就名副其实了。送他一个"蟋蟀宰相"的别号,也是恰如其分了。

当时的南宋,偏安临安(今杭州)。蒙古军以其强大的兵力大举南侵,南宋形势十分危急。而贾似道身负宰相之重任,置国家命运于不顾,怠忽朝政,纵情玩乐,既误国又失政。有一客人见他正与一群妻妾痴迷于蟋蟀的厮杀恶斗,于是连讽刺带挖苦地说:"此军国重事耶?!"但贾似道照玩不误。

由于贾似道醉迷于玩乐,完全放弃了保卫国家之重责,他隐瞒军情,致使国土大片沦丧,是一个丧权辱国的败家子,为此恭帝德祐元年(公元1275年)罢去他的宰相。

以后他虽被迫率军迎敌,但又大败而归,加速了南宋的土崩瓦解。这时群臣气愤至极,纷纷请求诛杀贾似道,当时虽没有杀他,只是被贬官,但最后,他在去贬地的途中被人所杀,这也是罪有应得。

10. 进房中术的得宠宰相

明朝宪宗皇帝,是一个好色之徒,尤其喜欢房中秘术,上有所好,下必有奉献。

明朝虽然取消了宰相名称,但内阁大学士也相当于宰相,大学士万安,作为一国之相,既不知如何理政治国,更没有辅政的本事。遇事只知口呼万岁,什么主意也拿不出来,因此人称"万岁阁老",可是这位"万岁阁老",很受皇帝宠爱,因为万安精通房中术,经常以奏折的方式,向宪宗皇帝进献房中术,使宪宗尽得其欢,尽享其乐,尽情地过着荒淫的生活。

由于宪宗纵欲过度,精气神被掏空,因而一命呜呼了,其子朱祐樘即位,是为明孝宗。孝宗从父亲的内宫中惊奇地发现有一个秘密的小匣子,里边藏的都是万安进献的不堪入目的房中术,在秘密的奏折之上,都有"臣万安进"的署名。在《明宫词》中也有这样两句诗:"宫中谁进房中术?纸尾臣名署万安。"可见万安向皇帝尽忠心别有独到之处,其所有奏折竟然都是房中术,这就引起朝中许多大臣瞧不起万安,骂他"负国无耻"。

孝宗看到这些淫乱的东西,深深地叹了一口气,朝政竟败坏到这种程度! 当时也不便说什么,令宦官把原物退还给万安,并带给他一句话:"这是宰相应当干的事吗?"

这位一时受宠的宰相万安,大概也没有脸面在朝廷混下去了,不久就请辞了。

11. 弹不烂的"棉花宰相"

明朝的宦官,可谓十分嚣张。明宪宗对宦官汪直,不但百般宠信,而且给予重任。身为宰相的大学士刘吉,便是宦官汪直系统中最为重要的一员,因此相互勾结,狼狈为奸。

刘吉为相不但善于营私舞弊,贪赃受贿,而且精于奉迎皇帝,更善于掩盖、粉饰自己的罪行。虽然,他屡被朝中大臣弹劾,但每次弹劾都被他使用不光彩的手段打击下去。比如,孝宗时,朝臣姜洪曾上书弹劾他,不但未扳倒他,反而遭到他的报复,被贬为知县。刘吉就这样有惊无险的,左一次,右一次,屡被弹劾,屡次化险为夷,稳如泰山,做宰相竟达 18 年之久。刘吉就像棉花一样,凭你怎么弹,也弹不烂,也弹不断。因此,有人称他为"棉花宰相"。

但"棉花宰相"不可能总是弹不烂,终有一天要倒台的,那就是他的后台大宦官汪直倒台,刘吉也就完蛋了。

12. 玩世不恭的浪子宰相

北宋末年,徽宗和钦宗两朝宰相李邦彦,老早就养成一种放荡不羁、无拘无束、游手好闲的劣质性格,特别喜欢探听乡里街坊那些臭事、烂事、见不得人的事,他像苍蝇一样专往脏的地方钻,还蛮得意地自号为"李浪子"。他常常大言不惭地说:"我要赏尽天下的花,我要踢尽天下的球,我要做尽天下的官。"像这样口出狂言、不着边际、胡说八道的人竟在北宋乱世之时做上宰相,因此京都人皆呼之为"浪子宰相"。

像李邦彦这等玩世不恭的人物,当上宰相后,如何能干出好事? 在宋与金的关系上,他主张宋对金割地求和,禁止宋出兵攻金。可见,他是一个地地道道的屈膝宰相,是一个软骨头宰相,是个投降派,因而遭到百姓的一顿臭骂而罢相。

最高的一级跳

> 赠君一法决狐疑,不用钻龟与祝蓍。试玉要烧三日满,辨材须待七年期。
>
> 周公恐惧流言日,王莽谦恭未篡时。向使当初身便死,一生真伪复谁知?

——唐·白居易

　　王莽是汉成帝、汉平帝时期握有极大权势的宰相,也是一个在政治舞台上善于使用权术、有政治抱负、最后做上皇帝的宰相。做皇帝后,面对社会问题,敢于大改大革,大开大阖,弃旧维新,举创非凡,但又问题重重,为时代所不容,成为一个短命皇帝,因此,王莽是一个颇具争议的重量级人物。

　　论家世,王莽是幸运者,又不是幸运者。王莽的姑母王政君是汉元帝皇后,有这样一个皇亲姑母,当然很幸运。可是他父亲王曼早年去世,未能得到封侯,家境并不好,因而早年孤贫的王莽,又很不幸运。王莽家境虽然十分艰苦,但他奋发图强,苦读圣贤书,胸怀大志,勤俭好礼,平日又特别孝顺老母和孤嫂,因此,当时就赢得好名声,特别得到姑母王政君的欢心。

　　王莽一心向上,特别敬重官居大司马、享有崇高地位的大伯父王凤,在大伯父面前,王莽特别殷勤,王凤生病时,王莽侍候得无微不至,数月不解衣带,终日不离病榻前后,亲尝苦药,不畏辛劳,弄得蓬首垢面。王凤对王莽如此孝顺,甚是感动,在临终前,特别向王政君和成帝赞扬和推荐王莽,王莽从此步步高升,拜任黄门郎,不久,又封为新都侯,进而官至光禄大夫和侍中。

　　王莽的地位虽然高了,但他更加谦卑好礼,广交天下名士,拉拢公卿大夫,又好施舍家财,救济贫困亲朋好友,更勇于揭发那些外戚中的奸恶分子,因而他又获得忠直、谦和、好善的好名声。于绥和元年(公元前8年)一跃而成为大司马。此时成帝已把大司马、大司空置于丞相的同等地位,是为三公,故"三公具为宰相"。这时王莽正好38岁。

王莽的官虽然升到三公的宰相高位,但他的作风从不骄奢,摆阔气,反而更加克制自己,约束自己,刻苦修养,自励不倦。在生活上更是极其节俭,他夫人的穿戴,毫无贵夫人的珠光宝气,极其简单朴素。有一次王莽母亲患病,公卿列侯都派夫人去问候,王莽夫人出来迎见客人时,衣裙长不曳地,布衣仅可蔽膝。那些前来的贵夫人以为是个婢女,一问才知竟是王莽夫人,无不目目相顾,惊讶不已。王莽这种立家修身,是出于本性的自然,还是当演员给人看,论者不一。

成帝死,哀帝即位,由于外戚丁、傅两家得势,王莽被罢相回家,这是王莽最不称心的日子,他闭门蛰居六年之久,静静地在等待时机。

王莽的时运终于来了,哀帝一死,年仅九岁的平帝即位,这样一个小皇帝懂什么?由太皇太后王政君临朝称制,同时又起用侄儿王莽为大司马辅政。因而朝廷的大权完全操纵在王莽手中,他一方面清除异己,树立自己的权威;一方面他窥见汉朝的天下,气数已尽,这个一小一老的孤儿寡妇还有什么作为,因而取替汉朝由自己做皇帝的私心油然而生。但他又觉得这样重大的政治变化又不是那么简单的事,需要一步一步来,水到渠成。

元始元年(公元元年),他的威望和权力进一步提高和集中,被封为太傅,紧接着一些大臣又赞扬王莽有定国家、安汉室之大功,请求赐号"安汉公",朝廷只得照准。这就好像是他已具有早年周公辅佐成王的资格和权力了。

王莽为进一步控制平帝,巩固权势。他决定将自己的女儿嫁给平帝为皇后,为此他上书奏请,请求皇帝娶妻立后。但又不好说要选自己的女儿为皇后,因此他提出,"应博选众女",表面好像公平无私,可是他又在底下唆使一些人请愿,请求安汉公的女儿作为天下母,太皇太后只得答应,并以厚重的金钱下了聘礼。就这样王莽的女儿成为平帝的皇后,王莽的地位更加巩固。

王莽的权力越大,爵位越高,为他抬轿子、吹喇叭的人也越多。有人请求朝廷,按古制,皇后的父亲应有百里之封,安汉公既为皇后之父,也应当扩大安汉公的封地,请增加新野田25600顷。朝廷虽然答应了,但王莽坚持不受。因此,更提高了他的形象,增加了他的品德高度,声誉也就越来越大。据说前后竟有近50万人上书,坚决请求加赏安汉公,其声势之大,吹捧之肉麻,无以复加。可见,王莽坚辞新野之田,产生了很大的影响。

王莽既然有如此高尚的品德,有如古之伊尹和周公,因而又有一些人请愿,加封安汉公为宰衡,"伊尹为阿衡,周公为太宰",安汉公兼有二人之德,宜封为"宰衡",朝廷照准,其地位升至王公之上。

王莽为深得民心,又不断地施惠于民。由他带头,兴起义举,他首先出钱100万,献田30顷。在他的带动下,那些高官富豪230人也纷纷献田献钱,王莽把这些献田献钱,交给大司农分配给贫苦农民。他又规定,凡是全国无灾地区财产不满二万钱者,或受灾地区财产不满一万钱者,都可以免纳租税。他还在长安城里,建住宅二百区,分给贫民居住。这些惠民措施,受到平民百姓的热烈欢迎和拥护。

王莽的儿子王获,杀死一个奴仆。这在封建时代,权贵杀死奴仆,如同捏死一只臭虫,而王莽断然要儿子为奴仆偿命,颇有大义灭亲、法律面前人人平等的味道,当即引起很多民众对他伸出大拇指,赞不绝口。这样一来,王莽的声誉更高了,民众也更佩服他了。

同时,王莽又善于笼络士人,为学者建屋舍万区,当然这些士人也就甘心为王莽所利用,为他歌功颂德。

王莽为登大位,步步为营,稳扎稳打,积极争取民心,得到士民的广泛支持,可谓离皇帝的宝座越来越近了。

这时年仅14岁的平帝也就成为王莽的障碍,不得不夭亡了。于是王莽又扶两岁的孺子婴为皇帝,太后封王莽为"摄皇帝",后又晋为"假皇帝"。于初始一年(公元9年),王莽便踢开小皇帝,由"假皇帝"变成真皇帝,篡夺了西汉皇位,改国号为新。

王莽做上皇帝以后,针对西汉存在的尖锐社会矛盾,进行了大胆而有魄力的改革,史家称为"王莽改制"。其主要有:

没收地主和商人土地归国有,是为"王田"。然后再把王田分配给没有土地的农民。凡一家男口不满八人,而拥有土地超过九百亩(即一井)者,退出多余部分,王田不准买卖。并冻结奴隶制度,禁止婢女买卖。这些大胆的改革,为解决土地高度集中、赋役剥削严重、奴婢悲惨命运的社会现实是有积极作用的。

推行六管政策。即官卖盐、酒和铁,名山大川由国家管理,铜钱由官铸,平衡粮食、布等生活必需品价格。其目的是打击商人专利,减少严重盘剥。

此外,还在币制、官职、税制、刑罚等方面都进行了改革。

但所有的这些重大改革,最后都失败了。

他建立的新朝政权,只存在 15 年便灭亡了。

王莽篡汉,在封建传统的眼里,当然是大逆不道,因此他受到长时间的谴责。

以现在的观点,王莽篡汉,并没有什么罪过和错误,封建皇帝,并非刘家可做,姓王的也可以做,其他姓氏也可以做,那就要看个人的才能和所遇到的时机了。至于王莽在篡汉过程中所采取的一些手段,也无可厚非,因为在封建时代,为夺取皇位,又有哪一个不要弄一些手段,不搞一些阴谋和阳谋。

至于王莽的改制,近代一些史家评论,可就各说各话了。有的认为王莽是中国第一位社会主义者,因为王莽的改革,实行土地国有、均产、废奴三大政策。他的手腕和魄力远在王安石之上,早应给他平反。

也有的认为,王莽的改制,都是仿照周朝的制度,比如井田制等,古代的制度,未必适合汉末的时宜,因此,王莽新政违反了历史规律,必然失败。

还有人认为,不能以汉朝为出发点评价王莽,把王莽的一些优点全用一个"伪"字掩盖,他的礼贤下士、孝敬、谦虚、节俭,前后是一贯的。他的改制,是中国的重大变革。

还有人认为,王莽有超人的智力、辩才和威严,他在舞台上表现的一切,虽然最后都归于幻灭,但实在是不平凡的。

又有人认为,王莽是儒家学派的巨子,以一个学者建立一个庞大的帝国,中国历史上仅此一次。他夺取政权的目的与刘邦不同,刘邦为了当帝当王,王莽则有他的政治抱负,缔造一个理想的快乐世界。

更有的史家认为,王莽不失为中国历史上最有胆识的政治家。王莽是一个改良主义者,是比较进步的。

诸多史家的论述,都有个人的史识和角度。

单凭王莽对西汉末年所存在的社会问题的认识:"兼并起,贪鄙生,强者规田以千数,弱者曾无立锥之居。又置奴婢之市,与牛马同兰(栏)。"的确看到了当时社会矛盾的根本症结,是很有政治眼光的。

但他给这个病态社会开的药方,虽然有魄力、有智慧、有理想、有创意,但完全脱离了西汉时期土地私有制已经十分巩固的社会现实,在推行过程中阻力很大,折腾了老百姓,最后遭到失败,这也是很自然的,但王莽仍不失为有创见、有魄力的改革家和政治家。

王莽由一个权威宰相,奋然最高一级跳,而成为天下独尊的皇帝,虽然是个短命皇帝,但他的理想和作为,在封建时代的中国是空前绝后的。

多磕头，少说话

> 孝子不谀其亲，忠臣不谄其君，臣子之盛也。

——战国·庄子

清朝显贵曹振镛，居官50多年。乾隆四十六年（公元1781年）中进士，任翰林院编修，后擢升侍读学士，嘉庆年又升任协办大学士、体仁阁大学士，兼任军机大臣。道光时对他更加重视，除任武英殿大学士，又做上军机大臣，兼上书房总师傅。先后做宰相15年，一直到81岁，老死在岗位上。可谓久荣不衰，是官场上红极一时的老手。有一次他的门生向他问询做官之道，曹振镛回答得非常简洁："无他，但多磕头，少说话耳。"

"多磕头，少说话"，是曹振镛为官多年的切身体验，长期做官的总结。

身为臣下，面见皇帝，磕头是常事，每一个朝臣都有这个基本功。但曹振镛不同，他动不动地就趴在地上向皇帝连连磕头，这种频繁的肢体动作，含有多方面的语言，而且这种语言是藏在内心的，是说不出声的，深得皇帝领会的。比如，多磕头，向皇帝表达的是敬畏之心、服服帖帖之意、诚惶诚恐之态、竭尽衷心之情、唯上是从之诚，等等。而说出声的语言那是很少很少，即使很少，也要说皇帝爱听的、感兴趣的、适合上意的、帮皇帝解困的，等等。只有这样，才使龙颜大悦，自己得到高升。

当然，光磕头，一句话不说也不行，那样就做不成宰相。但多磕头，少说话，既可以做稳宰相，得到器重，而且减少上上下下、左左右右的是非风险，曹振镛深深懂得其中的奥妙。

曹振镛进士出身，熟读经史，是个有学识的人，他对历史上那些宰相，话说得太多，话说得太直，话说得过于激烈，因而得罪了皇帝，遭到皇帝罢相、流放、入狱，甚至杀头者，可谓触目惊心。因而，曹振镛以此为教训，他的"多磕头，少说话"的六字官诀，是有历史的认识和借鉴的。

一个宰相既然以"多磕头，少说话"为官诀，以此为做官的哲学，以此指导自己的思想和行为，那么对事对人。特别是对皇帝必然十分小心谨慎。曹振镛谨小慎微是出了名的，他尤其注重细节，常常事必躬亲，不论承书圣旨，还是撰写奏折，或是批阅上书，无不反复琢磨，来回思考，恐怕发生一点失漏和错误，引起皇帝的不悦，说来这也是他的一个优点。

仁宗（嘉庆皇帝）去世时，枢臣（宰相一类的重臣）撰写遗诏，说高宗（乾隆皇帝）诞生于热河避暑山庄。编修刘凤诰知其有误，告知曹振镛，曹认为此事非同小可，立即禀告宣宗（道光皇帝），宣宗大怒，便罢免了撰写遗诏的枢臣，随之升任曹振镛为军机大臣，以后又兼上书房总师傅，又晋升太子太师、太子太傅，位列朝臣之首。

曹振镛虽居高位，但从不摆官架子，对人和和气气，更不盛气凌人，因此他的人缘很好。他怕自己行为不端，弄得身败名裂，因此，洁身自好，清廉守节，贪污受贿的事找不上他，这更是他的一大优点。

但作为首辅军机大臣，重量级的宰相，仅仅处理公务谨小慎微，个人坚持节操，那是远远不够的。如果用治国理政的尺度衡量他，他没有任何令人值得称道的政绩，可谓平平庸庸。但他在道光朝，却如日中天，恩遇益隆，名位显赫，久盛不衰，靠的是他的做官诀窍"多磕头，少说话。"更值得一提的，他不仅自己这样做了，而且还把这一做官诀窍传给后辈，特别是门生中有做御史者，他就告诫他们："不要多说话，不要逞能好胜。"这些御史听相爷如此教导，心领神会，都封住自己的嘴巴，遇到任何案件，能不说，就不说，能躲过，就躲过，保住自己的官职为上策。可见，曹振镛虽无任何骄人的政绩传给后世，但他的这一官诀却流传下来，在官场上长期奉行不衰。

曹振镛这种做官之道，渲染的是圆滑逢迎，对国事毫无责任感，对政事毫无是非感，是极为颓废没落、极端腐败的恶劣官风。但道光皇帝宠幸他，把他视为心腹重臣，因而仕途一马平川。在曹振镛去世时，竟赐谥号"文正"。"文正"谥号，是对功勋卓著，品节端方的官员极高的赞誉，据说清朝只有八人得此殊荣。而曹振镛得此殊荣，真是牛头不对马嘴。

清代有人作《一剪梅》两首，用于讽刺曹振镛：

仕途钻刺要精工，京信常通，炭敬常丰。莫谈时事逞英雄，一味圆通，一味谦恭。

大臣经济在从容，莫显奇功，莫说精忠，万般人事要朦胧，驳也无庸，议也无庸。

八方无事岁岁丰，国运方隆，官运方通，大家襄赞要和衷，好也弥缝，歹也弥缝。

无灾无难到三公，妻受荣封，子荫郎中，流芳后世更无穷，不谥文忠，便谥文恭。

《一剪梅》一词，给曹振镛的灵魂画了一个惟妙惟肖的图像，其讽刺，其挖苦，可谓入骨三分。

宰相的一顿饭

朱门酒肉臭,路有冻死骨。

——唐·杜甫

锄禾日当午,汗滴禾下土。谁知盘中餐,粒粒皆辛苦。

——唐·李绅

宰相的一顿饭,与平民百姓不一样,因为宰相是权贵,既可以一掷千金,又可以出奇享受,还可以别出心裁地体现个人的饮食风格,可谓各有所好,千奇百样,这里不妨选几个镜头。

宋朝宰相吕蒙正,早年家中极为穷困。当他做宰相后,大富大贵,吃喝可就讲究了,他特别喜欢喝鸡舌汤,几乎每顿饭必有。

有一天,吕蒙正吃完晚饭到花园散步,远远看见一边的墙角,有一个土山,他很奇怪,问左右:"是谁堆成的?"随从说:"这是相公喝鸡舌汤所杀的鸡的羽毛培上一些土堆成的。"吕蒙正闻此大吃一惊,问:"我吃多少鸡舌?竟到如此地步。"随从说:"一只鸡只有一个舌头,相公一碗汤要用多少鸡舌?而且相公喝鸡舌汤有多长时间了?"吕蒙正这才一语不发,对自己的饮食过于奢侈,深有醒悟、忏悔,从此再也不喝鸡舌汤了。

宰相吕蒙正对喝鸡舌汤有所醒悟,可圈可点。比起有些宰相、高官,一味追求生活豪华,饮食讲高档、摆阔气,而且至死毫无悔改之意,甚至

吕蒙正像

变本加厉者,可谓好得多了。

论饮食奢侈无度,宋徽宗宰相蔡京,可谓当之无愧。有一次他召集僚属开会,会后请大家吃饭,他命令用蟹黄做馒头,仅此一项,就花钱1300多贯。

蔡京日常最喜欢吃的一道菜,是鹌鹑羹,要杀很多鹌鹑精制而成,家中特为他养殖成群鹌鹑,天长日久,为了他的嘴,不知杀了多少鹌鹑。

有一次夜里,他梦见数千只鹌鹑向他游行示威,并对他控告哭诉,其中有一只鹌鹑走在最前,向蔡京宣读了抗议书:

食君廪间粟,作君羹内肉。一羹数百命,下箸犹未足。羹肉何足论,生死犹转毂(车轮中间的圆木)。劝君宜勿食,祸福相倚伏。

这一抗议辞,虽然简短,却写得很凄惨,愤愤不平。鹌鹑在抗议书中警告蔡京,生活奢华,吃美味鹌鹑羹,看是福气,可能也是祸事,因为福祸是互相依存和互相转换的。

奢侈成性的蔡京哪肯把梦境当回事,照吃不误。正因为蔡京过度奢侈豪华,倒行逆施,误国害民,被称为“六贼”之首,当金兵进攻北宋时,蔡京狼狈地率全家南逃,又被罢官免职,贬去遥远的岭南,一落千丈的老命,陷入极度的忧伤和苦难中,走到中途,在风尘仆仆的颠簸中断了气。

鹌鹑在梦中对蔡京的警告,竟然成为现实,杀害鹌鹑生命的蔡京,果然由福转祸,一命呜呼了。

说起蔡京的吃,又想起一则记载,宋人周密所著《鹤林玉露》丙编卷之六的镂葱丝一文,讲述蔡京相府中的厨房,规模之宏大,分工之精细,可谓无以复加。比如做米饭、煮饺子、蒸包子、烙饼、炒菜等,都有专用的厨房。就拿蒸包子说吧,专门有剥葱、切葱丝的佣人,这个佣人别的活儿都不会干,只会干这种活儿。当这个女佣人离开蔡府嫁人时,说她只会剥葱、切葱丝,其他的家务不要靠着她。从这个侧面,可以看到蔡京在吃的方面是如何的讲究、铺张和摆阔气了。

宰相在饮食上也有不摆阔气的,宋朝著名宰相王安石,在饮食上从不奢华,更不讲究,他有自己的饮食风格。王安石每顿饭喜欢吃什么菜,谁也说不清,甚至他的夫人也摸不透。

有一次,一个朋友来王安石家喝茶,随便谈起饮食问题,顺便说一句,王安石最喜欢吃鹿肉。

王夫人听了十分怀疑,相公平日吃什么菜从来不选择,怎么说最喜欢吃鹿肉?因此便问:"何以知公最喜欢吃鹿肉?"这位朋友说:"那天一起吃饭时,对桌上那么多菜,他看也不看,唯独那盘鹿肉他吃得干干净净,这不是他最喜欢吃鹿肉吗?"王夫人又问:"这盘鹿肉摆在桌子的什么地方?"朋友回答说:"他用筷子夹菜最近的地方。"王夫人说:"明天你们一起再吃一顿饭,把另外一盘菜摆在他跟前,把鹿肉放得远一些。"结果,王安石把摆在他眼前那盘菜吃得精光,而摆在远点的那盘鹿肉一丝未动。原来王安石的每顿饭只在眼前拾菜,不及他处。

有人认为,王安石如此吃菜,是在装样子,是在作秀,故出别致,引起众议。此论未必符合王安石的真实情况,王安石酷爱读书,虽寝食,也手不释卷,当然吃什么菜他毫不在意,桌上摆的菜虽然有几样,但他注意力全不在菜上,他一边咀嚼着精神大餐,或思考什么问题,一边在近处最方便的地方拾菜,也就成为生活的习惯了。王安石在饮食上的确很随便,有时还引起一些笑话。

有一次,宋仁宗在皇家宫苑里设下"赏花钓鱼宴",邀请一些大臣一边赏花,一边钓鱼,而且要把钓的鱼让御厨做成美味可口的鱼宴,供大家享用,这是一次非常有风趣的活动,既有娱乐性,又可大快朵颐。

内侍把特制的鱼饵盛在金盘内,放在桌子上,方便大家垂钓。很多人兴高采烈地钓起鱼来,独有王安石一人坐在桌旁正聚精会神地苦思什么,可能有点饥饿感,他竟下意识地伸手把桌上的一盘鱼饵全吃光了。没有鱼饵钓鱼,当然这次大家垂涎的鱼宴也就告吹了。

仁宗很生气,第二天对其他宰相说:"王安石骗人,误食鱼饵一粒,是可能的,但也不会再吃了,把鱼饵吃得精光,则就不近情理了。"俗语说,知臣者莫如君。看起来这句话,并不适用宋仁宗,仁宗并不了解王安石的性格、作风、生活习惯和不守常规的灵魂深处的东西。

论在饮食上的节俭朴素,唐太宗、唐高宗的两朝宰相李勣是很突出的。李勣,那可是唐朝能征善战的著名大将,立下不少战功,是一位出将入相、文武双全的显赫人物。

李勣本是曹州离狐(今山东鄄城西南)人,后移居滑州卫南(今河南浚县),家境十分富有,积粮甚多,但他富有怜悯心,经常周济贫民。他虽贵为宰相和大将,可是生活极为简朴,深知盘中餐来之不易,特别珍惜每一粒粮食,毫无大官挥霍、浪费之恶习。

有一次,从家乡来了几个青年人,到他家做客。李勣招待他们吃饭,这顿饭也很朴素平常,有新烙的大饼,还有几盘普通的菜。这几个青年人吃大饼时,十分狂气,竟将大饼的周边撕下,扔掉了。

李勣见他们如此浪费,十分不满,便对他们说:"你们这几个青年人,知道这饼是怎么来的吗?此饼经过下种、锄草,又经过犁地两遍才麦熟,麦熟后还要经过收割、打晒、扬场,又经过磨成粉、筛成面,再经过做饼蒸熟,才成为你们现在吃的大饼,你们撕去大饼的四边,不吃扔去,是何道理?"

李勣像

这几个青年人万万没有想到,在宰相府吃顿饭竟受到如此严厉的责斥。在他们的脑袋里,宰相府的饮食,一定很阔绰,想吃就吃,想扔就扔,宰相大人还在乎这些。这几个青年人可能是地方的阔少,也可能是不懂事的毛孩子。

李勣把这顿招待饭变成一堂教育课。其实这一课对这些青年人的一生都非常重要,教育他们要珍惜农民用汗水浇育成的每一粒粮食,教育他们要养成艰苦朴素的良好作风,养成以铺张浪费为可耻的好思想,更教育他们要成为一个有礼貌、有道德的好青年。

这几个青年人可能没有吃好这顿饭,但他们在思想上却获得了巨大的丰收。

如果讲吃饭,武则天朝的宰相娄师德,特别有风趣,而且很幽默。

武则天笃信佛事,不愿杀生,曾下令禁止屠杀牲畜和下水捕鱼。

这时的娄师德还没有做宰相,正任御史大夫。有一次,他到陕州(今河南陕县)出差,办完事,已是中午,肚子有些饿了,他决定饱食一顿美餐。

在用餐时,厨子端上一盘香喷喷的烧羊肉,勾引起娄师德的旺盛食欲,刚伸筷子,又缩回去了,不敢违犯女皇的禁令,不能吃屠杀的牲畜。于是就责问厨子:"皇帝已下诏禁止屠杀牲畜,你为何还端来烧羊肉?"

厨子回答说:"羊是狼咬死的,不是杀死的。"娄师德一听,非常高兴,立即拿起筷子,大口吃起来,可谓大快朵颐。由于好久没有吃肉,这次有如此满意的难得的享受,实在感谢这只懂事的狼。

不大工夫,厨子又端来一盘清蒸鲶鱼,鲜嫩绝佳,香味扑鼻,又引起娄师德味觉神经的高度兴奋,于是忙问:"皇帝不是禁止捕鱼吗,为什么又上来鱼?"娄师德在等待厨子的巧妙回答,以便下筷吃鱼,但是这个厨子脑袋不会转弯,回答说这鱼也是狼咬死的。

娄师德一听,驴唇不对马嘴,斥责他说:"你真是大笨蛋,为什么不说这鱼是水獭咬死的。"娄师德为了把鱼吃到嘴,他的机智和幽默可见一斑了。

厨子赶忙改口说:"这鱼是水獭咬死的。"

娄师德这才急忙下筷吃鱼,又吃得满口香。

娄师德这顿大餐,不但大饱口福,而且吃得巧妙,吃得机智,又不违反皇帝禁令,更不担任何风险。

娄师德以后做宰相,更善于处世,度量很大,忍别人所不能忍者,而且善于绕着走,吃的这顿饭也表现了他的风趣性格。

如果再看看唐德宗、唐宪宗两朝宰相郑余庆请客吃的一顿饭,那更是别有特色和个人风格。郑余庆是一位有儒者之风的资深宰相,名望很高,俸禄所得、皇帝所赐,大多周济贫困亲友,自己过着清廉俭朴的生活。

有一次,郑余庆邀请在官场上几位好友来家会餐叙谈,这些好友都感到非常荣幸,一是因为宰相声望高,二是因为郑余庆极少请客吃饭,机会实在难得。因此,每个人从清晨便梳洗整装,衣着左看右瞧,务求得体,以免失礼。出于对宰相大人邀请的特别尊重,很早便到宰相府恭候了。

等了好长时间,宰相郑余庆在日出三竿之时才与大家见面,就是这样,大家也非常兴奋,像众星拱月一样,急忙向宰相大人施礼问候。郑余庆与大家寒暄几句,便吩咐左右,告诉厨房,要去净皮毛,蒸烂熟透,不要扭断脖子。

在座好友,听此吩咐,都面带微笑,欣赏宰相大人的吩咐竟是这样具体而细致,猜测这必然是清蒸鸡鹅鸭之类的美味佳肴,一定是一顿丰盛的美餐。

不大工夫，桌上摆好盘子和酱醋，干净明亮，香味扑鼻。这些好友为了吃宰相的这顿美餐，从清晨等到中午，早已饥肠辘辘，难以忍耐了。

随后，又在每人面前盛上一碗米饭，端上一大碗蒸得熟烂的葫芦，其他菜再也没有了。

这位声望出众的宰相，招待好友的这顿午餐，竟是这样的简单、寒酸，这些好友面面相觑，大吃一惊。这碗蒸葫芦，伸筷拾之入口，虽烂软如泥，一吞而下，但毫无美味之感。吃吧，一点兴致也没有；不吃吧，又有失宾朋之礼，只得勉强应付一下，筷子一摆，饱了，还说吃得很好。然后有礼貌地向宰相言谢、告别，饿着肚子离开了。

这顿别有特色的招待食谱，是宰相郑余庆亲自安排的。与其他宰相在会客时，摆下的豪华的、满桌珍品的家宴，差别太大了。郑余庆不考虑客人吃完这顿饭的感觉如何，却与他一贯的清俭朴素的家风相适应，与他的人格特色相一致。

稀奇的百岁

> 仁人之所以多寿者,外无贪而内清静,心平和而不失中正,取天地之美以养其身。

——西汉·董仲舒

在中国历代的宰相中,能活到百岁的,恐怕只有西汉文帝朝的宰相张苍了。张苍生于战国末年(公元前 256 年),死于汉景帝五年(公元前 152 年),寿命高达 104 岁。

百岁的老寿星,就是在现代的社会也不多见,何况在公元前,那时"人活七十古来稀",说明古代社会由于各种条件的限制,人的生命年限普遍很低,而张苍竟然活到 100 多岁,在汉文帝朝做宰相 15 年,这真是古代极为稀有的高寿,这位宰相大人如此高寿,有什么秘诀呢?

从《史记》的《张丞相列传》中可以简要地看到张苍的曲折经历和日常生活,及其做官和为人之道,其中有的是客观形成的,更重要的是主观的修养。

首先,张苍有一个非常健壮、魁梧的身体,这是从娘胎里带来的,以后成长为身高体强的汉子,史书是这样记载的:

张苍,阳武(今河南原阳东南)人(至今在原阳还有张苍之墓)。在秦朝时,官居御史,这时的御史,只是主管四方来的文书。因为犯罪,便偷偷地跑回老家,投奔反秦起义军的刘邦部下,跟随刘邦进攻南阳。

也是时运不好,张苍又在军事上犯了法,按律当斩。在行刑时,命令张苍脱下上衣,这时张苍亮出健壮的臂膀和肌肉,伏在杀头的砧板上,在场的王陵(以后成为宰相)看到张苍如此强壮的身材,十分惊叹,认为这是一个大有用处的彪形大汉,于是报告沛公刘邦,赦免了张苍死罪,跟随刘邦起义。

这一段的记载,说明张苍的身体非常健壮、肌肉非常发达,这也是张苍所以长寿的自然基础,是先天的。

这一段的记载,还可以看到,早年张苍的经历是很不幸的,先是犯罪逃跑,后是犯法处斩,就要进鬼门关时,又从死神那里拉回来,这一幕惊心动魄的经历,可能极大地锻炼了张苍的心理承受能力,今后任凭风吹浪打,他都有一颗平常心,这对于一个人的长寿也是很重要的。

张苍喜欢读书,兴趣广泛。史书说"苍本好书,无所不观,无所不通",可见张苍读很多书,涉猎十分广泛。有人说,读经是最好的养生方法,因为在经典中可以开导人生的真正意义,可以升华人的品格,可以正人之心,心正则气顺,气顺则体安,体安则寿长。此外,读书也必然伴随着思考,思考可以增强大脑的运动,增强大脑的生命力,大脑是人的生命司令部,大脑是健康的,永远是清醒的,寿命自然长。读书当然增加许多知识,其中也会增加养生的知识,有人说"智者寿"也就是这个道理。

张苍不仅喜欢读经史书籍,而且对数学、历法、音乐都有兴趣。著名的《九章算术》,是经过他增补删改流传至今的。他对历法深有研究,汉代研究历法的学者,莫不祖承张苍。张苍对音乐也特别喜爱,是吹奏的能手。张苍兴趣如此广泛,不仅可以调剂生活的单调、疲劳和节奏,又可以使他的生活进入更加轻松、更加丰富、更加愉快的境界,无疑对养生是非常有益的。

张苍品德高尚,善于待人,始终如一。王陵救他一命,他一直感念王陵对他的恩德,当张苍的地位显贵时,他仍然像父亲一样去侍奉王陵。王陵去世后,张苍这位丞相,也经常到王陵夫人那里问候,并献上美食。善待他人,报答恩人,是仁德的行为。先贤教导我们,养德者长寿。孔子说:"仁者寿","大德必保其寿",这是有科学道理的。因为仁德者,有慈善之心,有友爱之情,有利他之意,有助人之乐,个人和社会的关系是和谐的,人与人的关系是融洽的。在生活中少矛盾、少烦恼、少劳累、少口舌,心情是清静的、舒畅的,精神始终处在自然、平和、愉快的状态,在心理方面是干净的,甚至进入无欲无我的境地,这既是为人处世的正确途径,更是养生长寿之大道。

张苍不做宰相后,由于年岁太大,口中的牙齿全掉光了,那时又没有镶牙技术,因此已无咀嚼能力,靠吃女人的乳奶为生,乳奶是原生态的,毫无污染,是营养价值极高的食品,张苍所以长寿,和吃乳奶也有一定关系。

张苍高寿的秘密是常人可以做到的,又是不容易做到的。其长寿之道,对于今天的我们仍有借鉴意义。

在朝为相，在家为奴

舞怯铢衣重，笑疑桃脸开。

雪面蟾娥天上女，凤箫鸾翅欲飞去。玉钗碧翠步无尘，楚腰如柳不胜春。

——唐·杨炎

论者以元载丧令德而崇贪名，自一妇人而致也。

——唐·苏鹗

唐朝有一个穷小子元载，但人穷志不穷，再加上头脑灵活聪敏，终日埋头博览群书，尤其喜欢读一些道家书籍，说他有多少学问那也不是，只不过是一个小知识分子罢了。

也活该他走运，很快做上官，从此他就整天迷心于权欲和利益，拼命地往上爬，官越做越大，但他仍不满足，还一心想当宰相。

宝应元年（公元762年），唐肃宗病重，这时大宦官李辅国权倾朝野，在他的推举下，与之气味相投的好朋友元载，竟成为宰相。正在元载欢天喜地上任时，肃宗重病，撒手人寰。于是代宗即位，元载继续做宰相，一直做了15年（公元762—777年）。

元载做宰相，手段非常奸巧，善于逢迎代宗，代宗也很看重他。

不久，曾推举元载为宰相的大宦官李辅国死了，可是又一个大宦官鱼朝恩也在朝廷中专权用事，这就和宰相元载发生了矛盾，甚至元载还怕他几分。但是元载比鱼朝恩有政治头脑，有心术，他探知代宗对鱼朝恩的骄横专权，已心怀不满。于是元载便于大历四年（公元769年）冬，向代宗上一密奏，控诉鱼朝恩专权不轨，请求除掉他。这一密奏正合代宗心意，于是便于次年三月把鱼朝恩杀了。

杀了鱼朝恩，元载自认有除恶之大功，非常了不起，于是趾高气扬，口出狂言，说自己的大功已超过前贤，文武才略，从古到今已无人可比。从此他就不知天高地厚，嚣张起来，霸道起来，不但横行不法，贿赂公行，而且奢侈无度，骄纵朝野。对那些江淮富庶地区或是京畿地区的要职官员，凡是忠良者，一概排挤出去。他所任用的都是一些贪腐之官。他甚至嚣张到这种程度：他的奏拟，有如铁板钉钉，有关部门既不能过问，更不能驳正，简直是皇帝的圣旨了。

有一个叫李少良的官员，密奏元载的各种罪行。元载得知后，在代宗面前反咬一口，竟将李少良和相关几个人全都打死。从此以后，无人敢于议论元载的恶行，甚至路上熟人相见，只能以目示意，不敢交谈，其政治恐怖气氛竟到如此地步。

元载在朝为相，其骄横，简直不把代宗放在眼里；其霸道，朝臣上下都在他的掌控之中；其威风，横扫天下。但元载在家中的小妾薛瑶英面前，那种威风却荡然无存，温顺得像个奴才，体贴得像个儿孙，把小妾供奉得像个神仙，效忠得像个皇上。瑶英之所求，他百依百顺；瑶英之所要，他无所不应。

元载这位霸道的宰相为什么在小妾薛瑶英面前如此卑微下贱呢？

小妾薛瑶英，生得仙姿玉质，肌香体轻，貌美绝伦，其妩媚艳丽之最，就是倾倒汉成帝的美女赵飞燕也比不上，可谓倾国倾城。而且薛瑶英识文知书，能歌善舞，聪明有才气，是一个很难见到的才貌双全的天仙美女，这就使元载这个老色鬼对她狂热迷恋，神魂颠倒，甘心拜倒在这位女菩萨的脚下，诚心为她当奴才。

为博得薛瑶英高兴，满足她的要求，元载不惜异国远域寻购稀奇物品，一掷千金。因此金丝之帐，却尘之褥，无不奉献。就拿却尘之褥说吧，此物出自高丽国，是用却尘的兽毛精制而成，色彩红黑，十分鲜艳瑰丽，而且质地无比光柔，其价连城。元载因薛瑶英体轻不胜重衣，从异国高价购买又轻又软的龙绡衣，重只有一二两，用手一攥，不盈一握。

更令元载兴奋和骄傲的是，好友杨炎和贾至，得知元载小妾薛瑶英貌美善舞，求得一见，并请求一舞。果然令二位好友魂不附体，如入仙境。一次看不够，以后又常来这里看薛瑶英的歌舞表演，兴奋之情难以抑制，于是大发诗兴，当场咏诗赞叹："舞怯铢衣重，笑疑桃脸开。""雪面蟾娥天上女，凤箫鸾翅欲飞去。玉钗碧翠步无尘，楚腰如柳不胜春。"对薛瑶英的绝美相貌、销魂的舞姿、贵重的服饰、轻柔的体态、流动的脚步，甚至如柳

139

的细腰,都作了极度的夸耀。

好友如此盛赞小妾,元载更感到薛瑶英娇美无双,尊贵如女神了。甘心永远做她的奴才,把精力完全放在这个妩媚的小妾身上,从此怠于公务,惰于朝政,想尽办法捞钱供养她,最终成为一个大贪官。

在抄元载家时,其财货器物不可胜数,仅抄出胡椒就有八百石,可见这个大贪官什么东西都搂,无所不用其极。有人评论元载,其所以丧德,而成为大贪官,就是因为这个女人!

谀相的马屁术

拍马屁跟恋爱一样,不容许有第三者冷眼旁观。

——钱锺书

在中国的历代王朝中,有贤相、良相、权相、庸相和奸相,其实还有谀相。何谓谀相?即善于奉承、谄媚之宰相也。说白了,就是喜欢向皇帝拍马屁的宰相。其实向皇帝拍马屁也不是一件容易的事,必须拍得准,拍到点子上,恰到好处,才能使皇帝顺心、称心、开心、舒心和欢心,龙颜大悦,方能受到皇帝的喜欢和重用。如果胡拍一气,不但肉麻,有失身份,更会引起皇帝的反感。因此,马屁术便成为取得献媚效果的关键问题。

马屁术也需要智慧和钻营、灵活及技巧,还需要随机应变的能力,还需要见风使舵的本事,更需要不知羞耻的厚脸皮。

谀相的马屁术,各有特长,不一而足。这些谀相把谄媚皇帝视为保位荣升、争宠夺权的重要手段,而且取得意想不到的效果。

首先看一看唐朝有一个拍马屁的宰相,他的本事善于随机应变,而且拍得像唐太宗这样英明的皇帝都很舒服。

有一次,唐太宗在忙完一天的紧张的国事以后,出来散步。宰相宇文士及等人随从其后。

提起宇文士及,也算是一位元老宰相了,唐高祖武德八年(公元617年)做上宰相,唐太宗即位后,仍然为宰相,此人在政事上没有多大作为,但巧于应变,就这一手,他在大唐开国两朝做宰相的时间虽然不长,但也是位极人臣了。

唐太宗信步走在一棵大树下,驻足停下,仰望这棵大树,枝干粗壮,绿叶繁茂,遮天蔽日,十分壮观。具有豪迈气质的唐太宗深为叹赏,对这棵雄姿的大树赞不绝口。

紧跟后边的宇文士及赶忙凑上去,附和唐太宗,讨好唐太宗,对这棵大树也大加赞美,而且滔滔不绝,说个没完没了。这就引起唐太宗的厌烦,于是脸一沉,对他说:"魏征常劝我远离阿谀谄媚的小人,当时不知这个人是谁,曾怀疑是你,但还拿不准,今天看你这个样子,才认定果然是你。"

宇文士及始料不及,自己趁机讨好皇帝,竟受到皇帝如此严厉的谴责,恐慌得赶忙趴在地上,连连叩头谢罪。但宇文士及不愧是一个能言善谀、巧于应变的宰相,随即镇定自若,赔着笑脸说:"宰相和一些大臣,常常在朝廷当着陛下的面指摘过失,而且还和陛下争辩不休,使陛下心情很不舒畅,经常不顺心。现在臣有幸在身边侍候陛下,如果再不顺从一点,陛下贵为天子,还有什么意思?"

瞧,宇文士及随机应变的能力多么强,刚才的恐慌,一眨眼工夫,面带微笑,又向唐太宗献上一媚!而且这一媚,又是多么体贴、圆滑和动情!

唐太宗面浮微笑,马上消了气。

无独有偶,大唐还有一位宰相也颇有临机应变的谄媚功夫,这位宰相就是李忠臣,此人本是一员武将,因镇压安禄山叛乱有功,在唐肃宗时就出任御史大夫等职。唐代宗时晋升为宰相,唐德宗时继续为相。此人在战场上和官场上混了好多年,又居宰相之高位,因此,头脑灵活,随机应变的能力很强,而且谄媚皇帝的本事也见长。

建中初年,有一次李忠臣在朝廷进奏时,唐德宗目不转睛地看着他,发现他的耳朵特别大,便对他说:"卿耳甚大,真贵人也。"

其实,德宗说李忠臣是贵人也不过分,因为身居宰相高位算得起是贵人了。但李忠臣怎敢在皇帝面前居贵人,只能是贵为天子,不能贵为臣下,因此对皇帝的称赞,使李忠臣实在有些惶恐不安,但他灵机一动,随势应变,趁机给皇帝拍上一马,献上一媚:"臣闻驴耳甚大,龙耳甚小;臣耳虽大,乃驴耳也。"

李忠臣的回答可谓十分机智,也很幽默,拍得德宗龙颜大悦,笑得前仰后合。

论拍马屁的技巧，唐玄宗宰相李林甫可称得上高手。史书对李林甫拍马屁的技巧有一个画龙点睛的说法："巧伺上意。"就是用巧妙的手段暗中窥察皇帝的心意。如果再细说，就是对皇帝之所喜、之所忧、之所爱、之所好、之所欲、之所求、之所想、之欲为等等，千方百计地摸得清清楚楚，尽量做到心中有数，万无一失。

李林甫如何摸清皇帝的思想脉搏呢？一是通过宦官，因为这些人每天在皇帝身边，对皇帝的言行了解比较多。李林甫给宦官一些小恩小惠，宦官就向李林甫打小报告。二是通过嫔妃，因为这些女流是皇帝生活的伴侣，在枕边会知道很多有关皇帝的情报，甚至最机密的情报。李林甫就是通过这些途径把皇帝的思想摸得一清二楚，因此，每次奏对，都得到玄宗的会心微笑。

此外，李林甫也是一个聪明机敏的实干家，他善于观察和揣摩玄宗的思想动向、内心意图、蒙生意念，而且十拿九准。顺着皇帝的意向走，常常取得非常理想的效果。

开元二十四年(公元 736 年)十月，在东都洛阳居住的唐玄宗，原来打算在第二年的二月返回西京长安，出人意料的是，洛阳宫里在一天夜里闹鬼，玄宗认为很不吉利，不愿在洛阳再住下去，于是立即召来三位宰相，商量很快回长安的事。

张九龄和裴耀卿两位宰相考虑，如此时返回西京，正值秋收农忙季节，恐误农时，因此建议农忙过后，冬季再走。

对张、裴二相的建议，玄宗未表态，可能不太高兴。而李林甫也不吭声，因为他善于玩阴的，等张、裴二相离开后，李林甫对玄宗说："长安、洛阳，都是陛下的东西宫，可以随便来往，何必选择日期。如果因西行影响农收，陛下减免沿途州县的租税就可以了。请让我下命令，马上回长安。"玄宗一听，十分高兴，决定动身西行。

李林甫耍的这一招，可谓一石二鸟。他既迎合了玄宗急于返回西京的愿望，以免在洛阳再受闹鬼的惊吓，同时也使玄宗更感到只有李林甫才是最贴心的人。

另一方面，他也暗中伤害了张、裴二相。李林甫的迎合，使玄宗感到张、裴二相只关心农事、民事，而不关心皇帝的心事，可谓对君主不忠也不敬。从而离间了玄宗与二相的关系，李林甫暗中射出的这一箭是无形的，

张九龄像

但却是有意的。

唐玄宗回到长安不久,得知朔方节度使牛仙客,做事勤劳,节俭用费,因而仓库充实,器械精良,很欣赏他的功绩,想要提拔他做尚书。

宰相张九龄认为不可:"尚书一职,自唐以来,应由担任过朝廷内外的重要职务的人出任,或者由德高望重的人出任。牛仙客本是河湟地区的小吏,现在骤然提升为朝廷要职,恐怕不利于朝廷。"

玄宗退一步说,那么,加赏牛仙客实封可以吗?

张九龄还是认为不可以:"封爵是赏功臣的,牛仙客作为边将,充实仓库,修缮器械,都是他应该做的事,算不上什么功劳。陛下认为他很勤劳,赐他一些金帛也就可以了。至于裂土分封,恐怕不合适。"唐玄宗左一个、右一个,张九龄都认为不可,玄宗当时虽未表态,但心里不是滋味,挺别扭。

张九龄和玄宗之间对这一问题的尖锐矛盾,又给李林甫提供一个迎合上意的绝好机会,李林甫立刻抓住这个机会,背着张九龄对玄宗说:"牛仙客有宰相的才能,何况出任尚书! 张九龄是个书呆子,不识大体。"玄宗听了这句话,十分高兴。

第二天,玄宗又要赐牛仙客实封。张九龄仍然坚决反对,这时玄宗脸色一变,发火了:"难道事情都由着你吗?"但张九龄面对龙颜大怒,并未畏惧,"陛下叫臣位居宰相,凡事有不妥,臣不敢不尽言。"玄宗严厉质问张九龄:"你嫌牛仙客出身寒微,你出身什么门第?"张九龄承认自己出身于岭南的贫寒家庭,但是,"臣出入朝廷,负责起草皇帝诏令已经好多年了。而牛仙客,认不了几个字,若担任朝廷大官,恐怕要负众望。"玄宗可能也觉得有些道理,既未责问,也未反驳。

但李林甫抓住这个机会死死不放,为迎合上意,私下对玄宗说:"如果有才识,何必有学问! 天子用人,有何不可!"

李林甫这一拍，玄宗很开心，于是在开元二十四年（公元 736 年）十一月赐牛仙客爵陇西县公，食实封三百户。

于同年末，玄宗免去张九龄、裴耀卿宰相，任用牛仙客为宰相。此时李林甫与牛仙客同朝为相，牛仙客唯唯诺诺，已成为李林甫的应声虫。

在中国历史上可以看到，很多皇帝都爱听顺耳话，喜欢臣下迎合自己，这可能是皇权的需要、皇帝尊严的需要、皇帝利益的需要。

不过英明的皇帝对顺耳话有一定的鉴别力、分析力，而糊涂皇帝不管臣下的逢迎，对帝业是好是坏，对国家是否有利，只要顺着自己，就是好主意。由于唐玄宗在后期的怠政和昏庸，李林甫就是在这样的政治土壤上大显身手的。皇帝既然喜欢迎合自己，因此，拍马屁的宰相也就不是少数了。

北宋宰相蔡京，也是献媚的能手，向宋徽宗曾演出一出诌媚的拿手好戏。

宋徽宗是中国历史上出了名的昏君，是一个不合格的君主，也是一个败国皇帝。但他却是一个多才多艺的造诣极深的绘画家和书法家，他工于画花鸟，他画的《芙蓉锦鸡》《池塘秋晚》，极具功夫。他的书法，遒劲挺拔，笔势飘逸，别具特色。而且他还是一个历代书画的收藏家。不仅如此，他还喜欢吟诗咏赋，爱好奇花异石，甚至还喜欢踢球。可见，他的爱好，玩乐兴趣，十分广泛。因此，凡是投其所好者，不论大臣，还是宦官，或者街头壮汉、市井游民，都得到重用。

蔡京是一个熟读经书的进士，而且写得一手好字，是一位有名气的书法家，他的书法，笔势豪健，挥洒自然，可谓冠绝一时。他也善于作画，也善于写诗词。总之，在艺术领域中，蔡京均有卓越的表现。在宋神宗时，他青云直上，官居龙图阁待制，知开封府。在宋哲宗时，运气不佳，有人说他心术不正，贬任瀛洲知州。蔡京为诌媚哲宗和皇后，亲笔献诗四首，还送上两个自画的扇面，得到哲宗的夸奖，说："蔡爱卿书法，天下第一。"因此蔡京做上户部尚书。

当宋徽宗即位后，蔡京倒霉了，被人弹劾而革职，丢掉了乌纱帽，闲居在杭州。杭州虽然风景优美，但因失官落魄，心情不畅，常常闷在屋子里，以写字、绘画为慰。

宋徽宗为收集各地书画奇巧，派他的得意宦官童贯去杭州寻访，蔡京知道这个信息后，很快就和童贯勾结上了，蔡京为投徽宗之所好，便挑选自己最得意的书画作品,托童贯呈上皇帝,希望得到徽宗的欣赏,当然这其中还有一个说不出口的目的,希望得到重新起用。

童贯回京后,立即向徽宗呈上蔡京的书画作品,徽宗展开一看,眉开眼笑,龙颜大悦,决定重新起用蔡京。蔡京很快被召回朝廷,加以重用,于崇宁元年(公元1102年)一跃而成为宰相。

蔡京做宰相后,有权有势,就千方百计地投徽宗之所好。

蔡京知道徽宗特别喜爱奇花异石,就命苏州人朱冲,去浙中精挑细选许多奇异山石、珍贵花木进献给徽宗,徽宗龙颜大悦,极为赞赏。以后,进献的花石越来越多,用船源源不断地经过淮河和汴水送到开封,每十船结成一纲,故称"花石纲"。

运送来的花石如何布置? 蔡京为投徽宗之所好,迎合徽宗之享乐,建议兴建一个延福宫,工程由宦官童贯等人负责,这些宦官,各逞其能,争相奢丽,因而各式各样的亭台楼阁,辉煌相望;不同品种的名花异木,布局得精美奇巧;堆砌奇石的假山,其造型更是巧夺天工。总之,不计浩大的用费,只求皇帝的欢心和享乐。

在宋徽宗统治的20多年中,最受重用的莫过于蔡京,他任相达17年之久。由于蔡京投宋徽宗之所好,徽宗一天也离不开蔡京,蔡京更离不开徽宗。

宋徽宗是一个败国皇帝,但在艺术上是才子;蔡京是一个坑国宰相,在艺术上也是能手,这真是天生的、古怪的一对,他们竟是这样的在同一时空的北宋末年,凑在一起,真是巧合。这种巧合,使其统治极为腐朽,坏了人间世界,坏了国家命脉。北方金兵一来,他们只有逃亡,北宋的命运也就可知了。

论拍马术,武则天朝的宰相杨再思可谓独出心裁,很有创造性。他吹捧的是武则天心爱的男宠张易之和张昌宗兄弟,而实际谄媚的却是女皇武则天。

张氏兄弟的地位不但极其特殊,也极为显赫。一些朝臣,也包括宰相,为了拍女皇武则天马屁,肉麻地媚呼张易之为五郎,张昌宗为六郎。郎是什么意思呢? 不是现在的理解,什么郎君呀、情郎呀。在古代,郎是青年男子的美称,如吴地称呼周瑜为周郎。但古代的奴仆也称主人为郎,因此,一些朝臣低三下四地也称张氏兄弟为郎,显然把自己降为奴仆的地位,他们甚至为张氏兄弟争执鞭辔,可谓奴性十足。

女皇的男宠张昌宗的确是天下的美男子,眉目清秀,英俊潇洒,面白细嫩,再加上每日涂脂抹粉,精心化妆,更显得艳丽夺目,光彩诱人。因此,有人称赞张昌宗之美,面似莲花。莲花常用来形容人的形象之美。唐诗人皮日休在一首《咏白莲》诗中说"腻于琼粉白如脂,遥似西施未素妆。"说明白莲之净白,有如粉脂,像美女西施没有任何修饰的那样天然艳丽。把张昌宗之美比作莲花已是吹捧到家了。但杨再思还是认为不够极致,应当再提高档次,因此他认为用莲花形容张昌宗之美并不妥当。

张昌宗在一旁吃了一惊,忙问为什么?

杨再思面带微笑,自鸣得意地、媚态十足地对张昌宗说:"乃莲花似六郎耳。"立即引起满堂大笑,而张昌宗也更加得意忘形了。

杨再思不愧是宰相,也不愧是拍马屁的高手,更不愧是语言学的专家。他把莲花之美与张昌宗之美两个用语一颠倒,所创造出来的语境就不同了。用客体的莲花形容主体的张昌宗,这样就把张昌宗置于莲花的次要地位。经他一颠倒,用主体的张昌宗比作客体的莲花,这样就突出了张昌宗的主体地位,莲花就是陪衬了。这真是用心独到,别出心裁,媚上加媚了。足见杨再思的献媚技巧该有多么娴熟和独特了。

张氏兄弟的面貌虽然很美,但他们的心极黑。他们依仗权势,横行不法。有人告发张昌宗强买农田,欺压百姓。为此,有人奏请女皇,张昌宗应当免官罢职。

张昌宗吓了一跳,向女皇哭诉:"臣有功于国家,所犯过错,不至于免官。"

女皇哪肯舍得在枕边陪伴的这位宝贝免官罢职,于是不问张昌宗之罪,反而问诸位宰相:"昌宗有功吗?"在场的宰相低头不语,谁也不愿回答有功。但宰相杨再思为取媚女皇,打破沉默,开口说话了:"张昌宗调制的神丹,陛下服用后确实有很好的效果,这就是莫大的功劳。"杨再思这一拍,拍得女皇极其高兴,同时也救了张昌宗。于是女皇赦张昌宗无罪,不予免官。

左补阙戴令言对杨再思的无耻谄媚极其反感,写了一篇《两脚狐赋》,讽刺杨再思的妖媚像狐狸那样狡猾。杨再思大怒,利用宰相权力,把戴令言赶出朝廷。

可见,杨再思献媚之术,不但具有独创性,而且善于见缝插针,可谓是一只狡猾的狐狸。

卓越的政论家

伏见唐宰相陆贽,才本王佐,学为帝师。论深切于事情,言不离道德。智如子房而文则过,辩如贾谊而术不疏,上以格君心之非,下以通天下之志。

——北宋·苏轼

唐德宗时期,外部有吐蕃和南昭的边疆骚扰,内部有藩镇割据势力的不断反叛,弄得德宗实在难以应付,东奔西逃,忧心忡忡,慨叹自己碰到这些厄运,这都是天命所致。并认为自古以来,国家的兴衰,都取决于天命,个人是无能为力的。

当朝宰相陆贽不这样认为,对德宗进行了有力的说服和开导。他说

陆贽像

凡事在人,不在天命。只要帝王把国家治理好,天降大乱的事不会发生;如果帝王把国家搞乱了,天降大治的事也不会有。古书云:"皆为祸福由人,不言盛衰有命。"

陆贽还认为,治和乱在一定条件下是可以转换的,治或生乱,乱或生治。因此,国家多难并不一定是坏事,多难而兴邦,关键在人的作为。帝王得道则兴,从前周文王也受到一些危难,因其治国有道,最后王业兴盛。因此,陆贽希望德宗,"舍一己而从众,违私欲以遵道。"不要自疑厄

运,听天由命,要发挥帝王的重要作用,要发挥人的能动作用,天下是可以转危为安的。

陆贽总结历史经验,认为拯救危机,治理天下,必须抓住根本。什么是根本?"人者是邦之本也。"这里所说的"人",是指"民"(因唐避唐太宗世民讳,故改"民"为"人"),民既然是国家的根本,因此治理天下,必须得民心,不得民心,天下一定不能治理。但得民心也不是很容易的事。不勤于接近百姓,不知百姓疾苦,民心是不能得的;不按民心办事,民心也不能得。凡民心所望者,应首先办;凡民心所厌者,应坚决去掉。作为帝王,应以天下之欲为欲,以百姓之心为心,使天下百姓家家安宁,人人如愿,这样国家就巩固了。特别是当前国家正处在危难动乱之际,人心动摇不定,得人心更显得重要。如人心归顺,国家就巩固;如失去民心,国家必然危亡。因此,陆贽劝德宗要体察民情,与民同欲,使百姓向心朝廷,这样国家就安定了。

贞元八年(公元 792 年),河南、河北、江淮、荆襄等四十余州发生严重水灾,溺死二万余人,人民财产遭受重大损失。陆贽请求德宗派遣使者赈济灾民。而德宗却认为百姓损失还小,如行抚恤,恐生奸诈,实际不想拿出钱粮救灾。陆贽又劝说德宗:"所费者财用,所收者人心,苟不失人,何忧乏用。"陆贽视人心重于钱财,如人心归附,可创造更多财富;人心背离,兴兵作乱,不但不能创造财富,反而破坏财富,损失财富。

陆贽劝德宗振奋精神,节制私欲,以百姓之心为心,使民心归向朝廷。

应当说,陆贽这些政论,是扭转当前危机、振兴国家的唯一途径。但德宗并不完全入耳,有的只是勉强接受,比如,同意了派使者到受灾各州宣抚救济。

德宗是一个刚愎自用、不喜纳谏的君主。陆贽告诫德宗,"好胜人、耻闻过、骋辩给、眩聪明、厉严威、恣疆愎",是阻碍纳谏的六大弊病。陆贽以历史为鉴,说夏朝大夫龙逢,因劝阻夏桀王荒淫无道而被杀,最后导致夏亡;商朝比干,因谏阻纣王淫虐无度而剖腹身亡,以致商灭。陆贽又说,人皆有过,帝王也是这样,"唯以改过为能,不以无过为贵"。唐太宗是为人所称颂的皇帝,但他以从谏改过为首要。因此,知谏而能从,过而能改,帝王之美,莫大于斯。

德宗经常不能容忍臣下直陈自己的过失,甚至动怒把进谏的大臣贬官罢职。兴元元年（公元784年），宰相姜公辅进谏德宗，不要为唐安公主造塔厚葬，把省下来的钱用来填补军费。这本来是有益军国的好事，但引起德宗大怒，指责姜公辅，此小事非宰相所宜论，完全是为了自取名声，要对姜公辅加以处置。

陆贽为此进谏德宗，姜公辅居宰相之位，遇事进谏，不应加罪于他。宰相所谏之事，陛下应问理之是非，不能论事之大小。如果宰相进谏是为了自取名声，又有何妨。陛下能闻善改过，见谏不逆，足以彰善资美，所获甚多。如果陛下因臣下指出过失，愤怒而不改，则必招来厌恶直谏之讥讽，遭受拒谏之指责。其结果，掩已过而过益彰，这样损失可就大了。

但德宗仍然怒气未消，为此罢去姜公辅宰相。就是这样，德宗还不认为自己有拒谏的过失，并指责进谏大臣少有忠良，所论之事，大多雷同，道听途说，经不起质问。

陆贽对德宗这些指责，劝谏说，谏臣就是有辞情拙劣之时，作为君主也应当以宽容精神加以开导，如果"震之以威，折之以辩，则臣下何敢进言！"即使陛下能穷其辞，也未必穷其理；能服其口，也未必服其心。因此，陆贽希望德宗，开奖善之门，宏纳谏之怀，对犯颜直谏者奖而亲之，对利口谗佞者疏而斥之。

陆贽这些政论，言简理顺，切中要害，开导性极强，但德宗很难听得进去。

在贿赂公行、贪污成风的封建官场中，陆贽始终坚持廉洁自律，他虽居宰相高位，但一尘不染，两袖清风，有很高的道德修养。

德宗对陆贽这种自洁自律的行为不以为然，认为"清慎太过"，对诸道馈送的礼品，一概拒绝，于情理也不通，比如，鞭靴之类小东西，受之亦无妨。

陆贽对德宗的这种说法不敢苟同，他从不同角度论说了廉洁自律对国家、对社会、对个人的必要性和重要性。他说，自己出身于贫困家庭，并非没有物质享受的欲望。自己所以时刻警惕私欲，始终坚守清廉，是因沐浴皇恩，身负宰相大任。如果一个宰相不顾廉耻，大开贿赂之门，不但忘掉了忧国之诚，也会加速灭身之祸。

陆贽劝德宗对那些贪腐的公卿、大臣不要姑息养奸，否则就容易使贪婪之徒惑乱圣听，使国家法度遭到破坏，从而引起百姓的怨恨。其危害之大，不但国家难以振兴，而且有危亡之患。

陆贽深知今天的老百姓，天天伸着脖子，盼望天下能够太平，想得到国家的恩惠和抚恤。因此,食厚禄和掌握财利大权的官员,就应当对百姓加以怜悯和救护。可是一些官员反其道而行之,私受贿赂,贪污成风,致使已受困境的百姓遭受更加严重的盘剥和伤害。因此,为使百姓安定,为官者必须廉洁自律。

陆贽深刻地意识到,廉洁自律必须从朝廷的高官做起,朝廷高官廉洁自律,就会对下级有引导和表率作用,其影响是深远的。如上级不受贿,就有权威、有资格检查和处罚下级的不法行为,还可以建立严格的制度加以防范。如果上级贪,下级也贪,这就很难防范了。如果朝廷高官不能作廉洁自律的表率,自身不正,下级必然影斜,那么谁还不贪?这样就一级一级地相率榨取,朝廷高官取之于方镇,方镇取之于州,州取之于县,县取之于乡,乡是最基层,如何取呢?只能取之于百姓的肝脑筋髓。可见最倒霉的、最受盘剥的还是老百姓。

陆贽进一步指出,朝廷高官贪污,对下级就会失去赏善罚恶的公心,就会善恶不分,功过不辨。因为上级常以行贿多少来考核下级官员的业绩大小,对操守清廉不行贿者,处处找麻烦,想办法报复;对那些行贿者,即使有罪也可以释放;对那些敲骨吸髓者,反而赞之为忠心;对那些巧言伪饰者,反而称之为才智,这完全是颠倒了黑白。

陆贽还指出,凡是高官一心追求私利,下边官员就会千方百计地敛财;朝廷高官喜欢纳贿,下边官员就肆意掠夺。上下官员都昧着良心追求私利,已成社会风气,以致乡间凋敝,纲纪日坏,既不能以礼义相劝,也不能以刑法惩处,由此廉耻之道衰矣。可见国家之所以衰败,正是由于官风不正。

陆贽还强调,如果高官不贪,能以德育人,封杀贪贿,百官必然戒惧,不敢触犯刑律,侵害百姓的事就会逐渐减少,从而乡里得安,郡国太平,朝廷具有威信,这就是廉洁之风来自于上所产生的必然结果。

陆贽特别针对德宗说的,收一些小东西何妨。他明确指出,接受别人的贿赂常常是从小到大,其实利于小者,必害于大;易于始者,必悔其终。贿门一开,就收不住了,越来越严重,今天鞭靴小东西收了,跟着来的是衣裘;衣裘受纳了,跟着来的是币帛;币帛受纳了,跟着来的是车舆;车舆受纳了,跟着来的是金璧。面对这些令人喜爱的东西,又不能自我控制;既然与之交往,收了物品,又难以中途回绝。因此,居涓涓细流,最后酿成洪水巨灾。陆贽最后说:执掌大权的人不能任意收受别人的小东西,当政者不能徇于私情,否则,就会发生奸乱,引起灾祸。因此,高官不可不慎!

陆贽这一番廉洁政论,发自肺腑之音,发自做宰相的强烈责任感,发自个人道德品质的修养,发自治国安邦的根本理念,也是他自觉、自爱、自重、自尊意志的自然体现。这一政论,高调呼吁朝廷高官要廉洁自律,从小事管住自己,从抓早抓小下工夫,严格守住底线,不要因小害大,不因蚁穴而溃大堤,不要自己打败自己。因此,官员自律是防腐倡廉第一位的大问题,如果官员没有廉洁自律的意识,即使防贪的制度再严密,惩处的力度再严厉,也是防不胜防,那些贪婪成性的物欲狂徒,也会冒风险,闯红灯,心存侥幸,以身试法,以求一逞。

陆贽的政论,针对性极强,既婉转批驳了德宗的糊涂观念,又对朝廷的内外高官存在的贪污行为给予强烈的提示和警戒。

陆贽对人才的政论,也很有特色和独到之处。

德宗经常叹息朝廷缺乏人才,因而忧形于色。

陆贽对德宗表明,当在衰世之时,都说缺乏人才,可是衰世刚过,新的创业主经纶天下,那些贤才相继而来,接踵而至。细一考察,这些兴王的良佐,都是衰世的弃才。这正如含玉之璞,弃之则如瓦石,雕琢则成碧玉。因此,人才的有无和多少,关键在于帝王,好之则至,奖之则崇,抑之则衰,斥之则绝,这就是人才消长的基本原因。

德宗对于犯有过失的人才,常终生不再用。

陆贽对德宗说,人的才行,罕有完备者,苟有所长,必有所短。若用长补短,则天下没有不可用的人;如责短弃长,则天下没有不可丢弃的人。因此,用人如同使用器皿一样,用其所长,则事无不成。

任何人不可能没有过失,就是孔子也说过自己:"五十学易无大过。"何况圣人之下的一般人!因此,珠玉不因瑕疵而不珍,俊才不因过失而不用。昔日齐桓公、秦穆公之所以称霸天下,就是因为不遗弃犯有过失的贤才;项羽之所以失天下,是因其不记人之功,只记人之过。因此,陆贽总结说:弃掉有过失的人而不再用,是霸王之道;只记其过而遗弃贤才者,是衰乱之源。

德宗用人多疑。

陆贽特别提出,用人应待之以诚。如果君主对臣下多疑,君臣必然产生隔阂,上意不能与下沟通,下情也不能与上通达。君怀疑臣的忠诚,臣也不听从君的命令,君臣异心,岂有不败之理! 陆贽以历史为例,昔日的项羽,怀疑二十万降卒有复叛之心,一举而坑杀之,可谓防范到了极点;而刘邦赫然大度,对天下之士归来者,纳用不疑,可谓防范过于疏漏。可是最后结局,项羽败亡,刘邦得了天下,可见,蓄疑与推诚的后果就是这样的悬殊!

陆贽从许多历史经验中得出结论,帝王凡以怀诚对待人,人亦思附;凡用权谋用人,人终不亲。情思附则感而悦之,就是仇敌也可化为亲信者有之;意不亲则惧而阻之,虽亲骨肉化为仇敌者有之。所以陆贽最后说,此道之得失,实关系国家之大局。

陆贽关于人才的恢恢宏论,十分精彩。其立意在于知人,知人才能发现人才,才能用好人才。立意也在于诚信,诚信才能团结人才,上下同心,化消极为积极力量,国家才能兴盛。

陆贽的政论涉及的范围十分广泛,上面所举只是其中的一部分,其他还有好多,比如,如何对待藩镇叛乱,如何加强京都的防务,如何用将,如何加强边防,如何节赋税抚恤百姓等。其论述针对性极强,论理深透而服人。他的政论,不浮、不飘、不虚、实实在在、脚踏实地,他是大唐一流政论家,思想深邃、才华横溢。

因此,陆贽的政论享誉古今,唐宪宗宰相权德舆对陆贽十分敬佩,说他的功业不在唐代名相房玄龄、魏征、姚崇、宋璟之下,他的时政论述"昭昭然与金石不朽"。宋代大文学家苏轼把陆贽的才智比作汉代的智星张良,把他的思辨才华比作汉代最著名的政论家贾谊,称赞陆贽的政论"聚古之精英,实治乱之龟鉴"。对他的推崇和评价非常高。就是在今天,对陆贽的政论也十分重视,重新整理出版了他的文集,可见他的卓越政论虽然相隔今天已一千多年,但仍然有重要的借鉴意义。

七十五天宰相

> 举世皆浊我独清,众人皆醉我独醒。
>
> ——战国·屈原
>
> 胡骑长驱扰汉疆,庙堂高枕失堤防。关河自昔称天府,淮海于今作战场。
>
> 退避固知非得计,威灵何以镇四方? 中原夷狄相盛衰,圣哲从来只自强。
>
> ——南宋·李纲

　　风雨飘摇的南宋小朝廷建立后,第一任宰相就是李纲,面对国难当头,临危受命。李纲从宋高宗建炎元年(公元 1127 年)六月初二做上宰相,到同年的八月十七日,就从宰相的位置上下来了,整整做了 75 天宰相,真是来也匆匆,去也匆匆,是一个短命宰相。

　　就在这短短的 75 天的宰相日子里,李纲的处境始终是十分艰难的。

李纲像

北方的金人,气势汹汹,南下入侵,南宋的江山已是危在旦夕,风雨飘摇;而在朝廷内部,主战派和主和派又闹得乱哄哄,打得不可开交。宋高宗皇帝,虽然起用了主战的李纲为宰相,但又常常听信投降派的叫嚣,是个地地道道、毫无主见,又无决断的软骨头。李纲面对这种内外困难局面,方寸不乱,意志坚定,有胆有识,足智多谋,是一位铁骨铮铮的坚强宰相。

　　李纲即将上任时,投降派一些人

就掀起一股反对李纲为相的叫嚣,说什么,"李纲为金人所厌恶,现在虽然任命为宰相,应在未上任时就罢免他。"真够狠的,投降派想在李纲就要出来时,棒打出头鸟,使其不能上任。还有人说:"李纲名浮于实,有震主之威,不可任用为宰相。"这等于吓唬皇帝,挑拨李纲与皇帝的关系,教唆皇帝赶快放弃他做宰相。

可见,李纲即将迈步进入宰相殿堂时,就遭此种种暗算,投降派对他的打击是如何凶险了,但李纲像一只搏击乌云的雄鹰,在狂暴的风云里翱翔。同时,李纲对这些恶意的中伤,也十分气愤。到任后,拜见高宗时,就直截了当地说:"如果说臣的才能不足以为相,还可以;如果说臣为金人所厌恶,不当为相,则就不可以了。身为赵氏之臣,要受金人喜欢,才可以为相,那样自古卖国于敌者都可以是忠臣了。外廷之论既如此,臣岂敢为相。"李纲对投降派的叫嚣,给予了必要的回应,同时也看看高宗对投降派的叫嚣采取什么态度。

宋高宗既然已经任用李纲为宰相,对投降派的叫嚣,他也无可奈何,只得安慰李纲几句:"朕知卿忠义智略甚久,使远人畏服,四方安宁,非相卿不可。"李纲这才受命。

李纲不顾投降派如何反对,一上任,就向高宗提出十议书,以后又多次上书,归纳起来,主要有以下几个方面:

一、罢和议,明国是。高宗即位后,黄潜善等投降派一直主张与金议和。在当前危局下,是和,是战,是守,李纲作了精辟分析。他认为,和、战、守,三者有密切的联系,试想即使有高城深池作为屏障,还不能防守,又如何能与之作战? 即使有坚甲利兵,也不能在战场上取胜,又如何讲和? 只有守得坚固,在战场上取胜,然后再和谈,这样的和才有保障。否则,不专心谋划战、守之计,只一味讲和,国势必然越来越衰败,走向受敌人控制而不能立国的投降道路。

为此,李纲举出北宋时成败的事例,真宗景德年,契丹(辽)入侵,真宗打消南逃的意图,决定北上亲征,结果大败辽兵,和约乃成。此后,百余年,两国百姓,都过着安居的生活,这就是和、战、守三者全得到了。但是到了钦宗靖康之春,金军南侵,宋军夜袭金营失败,朝廷罢战讲和,这是和与战两失也。这年冬天,金军再犯京都,朝廷极力求和,甚至命令勤王之师撤回,这样一来,金军南侵之图谋更加嚣张,竟把徽宗、钦宗两个皇帝强掳到北方,这真是宋之奇耻大辱,这就是和议误了国家大事。

现在有人大唱和议,认为只有和议才能把徽、钦二帝解救出来。李纲对此论调严加驳斥,他说:"夫为天下者不顾其亲,顾其亲而忘天下之大计者,此匹夫之孝友也。"他举出从前汉高祖与项羽交战,汉高祖的父亲为项羽所掳,项羽要挟要把他的老爸丢在油锅里炸,但汉高祖不但置之不顾,反而攻打项羽更加猛烈,项羽最终还是不敢加害他的老爸,只得放回。这是汉高祖使老爸归来的高明手段。如此看来,屈膝求和,并不能解救徽、钦二帝。

李纲认为,当今之计,莫若罢论和议,加强防守,充实国力,积极备战,以待时机成熟再议和,这就是李纲经过深思熟虑而确定的国是。

二、修内政,强战备。自宋徽宗以来,政出多门,一些宦官、恩幸、女宠也出来干涉内政,以致主政的宰相只知保身固位,不敢言政,从而法度废弛,发生了靖康之祸。因此,李纲提出,政出于一,归于中书。只有这样,朝廷才有威严,四方才能服从,天下才能安定。特别是今日的朝廷正处在多事之秋,出政更不可多门,必须统一,才能洗刷靖康之大耻。

李纲还提出修内政、强战备必须重视人才。他推荐抗金名将宗泽为开封府尹兼东京留守。起用抗金的积极力量张所为河北西路招抚使,傅亮为河东经制使,建议高宗重用有智谋的许翰,在皇帝左右参决大事。李纲用人重德又重才,更重主战人才,更重有气节的人才。

更为重要的,李纲对战备提出一系列措施:在要害的河北地区,建藩镇,加强兵力;沿黄河、长江、淮水设置帅府、要郡、次要郡,加强扼守;在边郡加紧修建城池;改善军中的兵器,教练水战和车战;健全军队编制和军法,在枢密院设赏功司,有功行赏,受贿者、逃溃者按军法处理;为解决兵源和财源不足,主张取财于东南,募兵于西北;为对付金人的铁骑,大量购买马匹,甚至请求下令,非品官将校,不许乘马,以充实骑兵力量;在京东和京西制造战车,对抗金人骑兵。总之,李纲对加强战备,谋划得十分周到,他估计,三几年间,军政得到整治,备战得以加强,到那时可以大举进攻金军。

三、严惩伪楚皇帝。靖康初,当京师陷入金军时,张邦昌身为宰相,不顾名节,接受金人册立为"大楚皇帝"。对张邦昌这样卖身求荣的叛逆,朝廷不但未加惩处,反而加封为太保、奉国军节度使、同安郡王。李纲认为张邦昌之罪应当杀头,以大快人心,以戒万世。并严正指出,陛下欲建中兴之业,反而尊崇叛逆之臣,这样宣告四方,有谁还信任朝廷? 李纲气愤地说:"臣不能与张邦昌同列,陛下一定要重用张邦昌,请罢臣宰相之职。"高宗不得已,才把张邦昌贬到潭州。

四、反对迁都建康(今南京),暂都南阳。黄潜善、汪伯彦投降派主张放弃故都开封,迁都南方的建康。而李纲认为开封是宋朝宗庙社稷之所在,天下之根本,不应放弃,请求暂时迁都南阳(今河南邓州),南阳地处中原,北近京都开封,可以进援;南通巴蜀,可以取财货;东连江淮,可以运米谷;西临关陕,可以招将士。南阳又有高山峻岭,可以扼守;又有宽城平野,可以屯兵。总之南阳有利条件很多,今冬暂时迁往南阳,等待两河整治就绪后,即可迁回开封。如迁都建康,虽有暂时之安,但中原一丢,则东南不能保证无事。由于李纲的理由很充分,高宗同意暂时迁都南阳,但因黄潜善和汪伯彦极力主张迁都建康,高宗又改变主意。李纲再谏,高宗已听不进去了。

宋高宗对李纲抗金救国的意见,有的采纳,有些不但不采纳,也不支持,反而对李纲多次坚持己见感到很不耐烦,再加上黄潜善、汪伯彦之流对李纲的反对和攻击,给李纲加上很多罪名,竟要求罢免李纲宰相。这使李纲深深感到,实施抗金救国的政策已太困难,阻力太大,自己已经无能为力了,于是请求辞去宰相。高宗也就顺水推舟,于建炎元年(公元1172年)八月十七日罢去李纲宰相。李纲罢相后,他所采取的内政备战措施,也就一风吹了。

李纲为相虽然只有短短的75天,但他为了抗金救国,可谓殚精竭虑,费尽心血,提出一些具有战略意义的政策和措施,更由于他在短期内的精心治理,就是高宗也不得不承认,李纲入朝月余,边防军政,已略就绪,使混乱的南宋小朝廷逐渐走上正轨。在这么短的时间里,李纲能做到这一点,也是很卓越的。

李纲是一个有骨气、讲节操的宰相,在抗金的艰苦的斗争中,比起那些软骨头的投降派要可贵得多,可敬得多。在强敌面前,他顶天立地,有气魄,有才能,形象高大。

李纲最可悲的是,他处于一个败世时代,但更重要的他没有遇到一个好皇帝,没有遇到一个坚决支持抗金救国的英明皇帝。在位的宋高宗,是一个既软弱又偏信投降派的皇帝,这就给李纲为相造成很大的困难,李纲无法施展他的抱负。

　　李纲的75天宰相,步履艰难,几乎每前进一步,都受到讲和派的反对和阻挠,他虽然气壮山河,据理力争,在艰难的抗金救国的道路上,拨云雾,斩荆棘,夺路独行,但他还是抗不住投降派与庸君的打击和阻挡,最后他只能选择不与他们为伍的道路,辞相而去,这是南宋的悲剧,也是历史的悲剧。

　　说起李纲受制于投降派,不妨补白一事。李纲早在青年时,就才智过人,不但写得一手令人敬佩的好文章,而且还善于耍枪弄棒,可谓文武双全。22岁时,决定进京赶考。快近考期时,母亲忽染重病,他以一颗孝亲之心,昼夜守候在母亲身旁,一直到母亲病好后,他才匆匆忙忙地起身赴京赶考,家乡邵武(今福建邵武)离京城很远,他掐着考期拼命赶路,心里又总是惦记老母的健康,到达京城后,他怀着很不安定的心情进入考场。

　　当时的主考官是宋徽宗宰相李邦彦,此人嫉妒成性,更怕后来居上的后生,在政治上也是一个投降派。当他看到李纲的考卷,句句珠玑,奇才四溢,远远超过自己,深感后生之可畏,于是他就起了歹心,睁大眼睛在鸡蛋里挑骨头,逐句逐字地找毛病,最后果然发现李纲的考卷里把马的四点写成一横,这位主考官就像发现金砖一样,无比兴奋。竟以此为据,把李纲本来定为第一名进士、也就是状元,用他权力的黑手,一下子拉到进士第四名。

　　当宋徽宗召见前几名考生时,发现李纲的考卷大放异彩,比主考官李邦彦亲定状元的考卷高明得多,皇帝问李邦彦这是怎么回事?李邦彦回答说,李纲虽有才华,但他的考卷把马的四蹄写成一横,马之四蹄捆绑在一起,如何奔驰,如何作战?请陛下明察!

　　宋徽宗听李邦彦如此一说,觉得也有道理。于是又问李纲,你为何把马的四蹄捆在一起?

　　李纲何尝不知这是因当时心情不安所造成的一时疏忽,但他脑筋转得快,在对答中补救了这一疏忽:"臣考卷中的马,本是驰骋疆场,行奔如风,屡建奇功的名马铁骑,只因捆在南山上,使四蹄连在一起,不能奔驰,现在正等待朝廷的召唤,扬鞭自奋蹄。"李纲说得很有趣,徽宗听得也很高兴,赞赏他的文采和才智,便封他为太常少卿。但李纲仍未戴上令士人羡慕的状元桂冠,只以进士居之。

别忘照镜子

> 夫以铜为镜,可以正衣冠;以古为镜,可以知兴替;
> 以人为镜,可以明得失。

——唐·太宗李世民

镜子之于人,终日相依相伴,不可分也。面对镜子,镜内的自己是虚的,镜外的自己是实的,镜外自己只有通过镜内自己才能看到自己的真模真样,这既是日常生活,也有哲理味道。

一位哲学家认为,人很难从自身直接认识自己,人需要镜子。

镜子的最大功能,就是对照,经过对照,可以明察自己,认识自己,故而自古以来,常以人为镜。

古代思想家墨子,在《非攻》中说:"镜于人,则知吉与凶。"的确是这样,汉高祖刘邦以楚霸王项羽为镜子,才认识自己为什么能夺取天下,项羽有一个足智多谋的范增不能用,而自己能重用萧何、张良和韩信。"此三人者,皆人杰也,吾能用之,此吾所以取天下也。"

唐朝著名宰相魏征,经常直陈唐太宗之得失,不断地向这位皇帝敲警钟,进谏言。当魏征离开人世时,太宗悲痛地说:"魏征没,朕亡一镜矣!"说明唐太宗把魏征当作自己的一面镜子。

而唐玄宗宰相韩休,对玄宗一言一行也是盯得很紧,对皇帝的所作所为老有进谏,特别是玄宗稍有不当,谏言必进,谏书必到。有一天,玄宗面对镜子,觉得自己比以前瘦了,心里有些不自在。在玄宗身边的侍从认为这可能是宰相韩休闹得,因此对玄宗说:"韩休做宰相,陛下消瘦了,为何不把韩休赶出朝廷?"玄宗长叹一声说:"我个人虽然瘦了,但天下人必然肥了。过去萧嵩做宰相时,一切事情不管对不对都顺着我的旨意,可是当

唐玄宗（李隆基）像

他退朝后，我总是放心不下。韩休做宰相，遇事常与我力争，纠正我的一些过失，故而事情决策得比较完善，当他退朝后，我很放心，我用韩休为宰相是为国家，不是为我个人。"

你看，唐玄宗照镜后说的这番话，多么有帝王的气度，多么有政治头脑，又多么无怨无悔，说明韩休这位贤宰良相的确是玄宗的一面镜子，对玄宗安定天下、巩固统治大有好处。

可见，作为一个独尊的皇帝，以人为镜，可以知得失，知祸福，知安危，明谬误，使自己的头脑更清醒，免于铸成大错，走上一条健康之路。

其实宰相作为皇帝的一面镜子，是最得力的。因为宰相是辅佐皇帝的第一号人物，皇帝的一举一动、皇帝的一言一行、皇帝的得失和功过，宰相看得明明白白，摸得一清二楚，他们针对皇帝的直接谏言，往往有力度、有深度、有高度，甚至皇帝对自己的失误还没有察觉或不愿自觉的时候，宰相的警钟就已经敲响了。最好的例证就是唐宰相魏征，魏征以社稷为重，刚直不阿，对唐太宗的治国理政、个人过失，甚至一些值得注意的倾向和苗头，魏征不但诤谏及时、到位，而且毫不留情面。

比如，魏征察觉太宗在贞观年后期，悄然有些变化，骄傲自满的心态日有增长，追求个人享乐的欲望逐渐抬头，为使太宗始终保持头脑清醒，继续发展贞观之治，他不怕冒犯龙颜，于贞观十一年（公元637年）向太宗上《十思疏》，提出十个问题请太宗思考。隔两年，又上一篇《十渐不克终疏》，又从十个方面指出太宗不能善始善终的问题。太宗看到两篇上疏后，对魏征说，人臣侍奉君主，顺从旨意很容易，触犯情面，直言相谏最难，你作为朕的重要辅助大臣，常常进谏国家大事，供朕参考采纳，实在难得。随后，太宗又把魏征的上疏贴在屏风上，以便早晚看到这面镜子，随时警戒。

历史也是一面镜子，故古人常以史为镜，历代有作为的统治者对前朝或历代统治的政治得失，尤为重视。

唐太宗宰相马周曾提出,夏商周三代及汉朝,所以统治时间比较长,多则八百年,少则四五百年,其根本原因在于积累德政,深结民心。因此马周希望太宗对百姓广施恩德。

隋朝统一中国后十分强大,但因以杀父取得帝位的隋炀帝,暴政虐民,民不聊生,隋朝只统治 38 年就短命而亡。魏征认为其根本原因在于君主失去为君之道。因此唐建国后,以隋为镜,特别注意为政宽静,轻徭薄赋,更特别注意水可载舟亦可覆舟的教训,从而有辉煌的贞观之治。

明朝建立之初,开国皇帝朱元璋以元朝纲纪废弛、官吏贪污,导致农民大起义,因而使国家败亡为镜子,所以他在立国之初,正纲纪,用重典,严厉惩治那些贪腐和奸顽分子,对缓解当时社会矛盾、发展经济,起了积极作用。

大史学家又做过宰相的司马光编撰《资治通鉴》时,其用心在"监前世之兴衰,考当今之得失"。也就是以历史中各朝各代的兴衰作为一面镜子,考察当今朝政之得失,故而宋神宗定名为《资治通鉴》,"鉴"就是镜子,特别是帝王的一面镜子。

当然可以作为一面镜子的事很多,在当今国与国之间,人与自然之间,官与民之间,等等,都有一面镜子可以对照。

可见,历史和现实在不断启示我们:

聪明人,喜欢照镜子,越活越聪明;愚笨人,不喜欢照镜子,故步自封,只知自己比别人高,不知自己比别人矮,越活越愚蠢。

有智慧的领导人,喜欢照镜子,事业越来越发展,前途越来越光明;自负的领导人,不喜欢照镜子,自以为是,自以为一贯正确,自以为老子天下第一,不知山外有高山,湖外有大海,已成井底之蛙,目光窄小,事业必然败落,甚至跌得很惨!

可见,镜子之于人,关系可谓大矣,千万不要忘掉镜子,更不可不照镜子。

埋在墓地的诚信

> 人而无信,不知其可也。
>
> 与朋友交,言而有信。
>
> ——春秋·孔子
>
> 言无常信,行无常贞,惟利所在,无所不倾,若是则可谓小人矣。
>
> ——荀子

　　唐德宗的宰相李勉,在少年时家里特别穷。但人穷志不短,人穷品格好。有一次他外出,与一个书生在宋州(今河南商丘)同住一个旅店,两人相处甚好,逐渐成为亲密的朋友。不幸的是,这位书生忽然得了大病,又难以救治,已感到自己的生命要走到尽头,因此在临终时,只得将自己的后事托付给好友李勉:"我的家乡在洪州(今江西南昌市),这次本想到北方求官,不料在此地得了重病,将要离开人世,这种遭遇,也是命中注定的。我的袋中装有黄金百两,现在全部交给你,请用此金为我办丧事,余下的黄金全部送给你。"

　　李勉答应了这位好友的请求,并接过百两黄金,在好友去世后,李勉为他办完丧事,余下的大量黄金,李勉并没有按照好友的吩咐收归己有,而是将黄金秘密地埋在他的墓地,等待有一天他的家人来领取。

　　数年以后,李勉出任开封尉。死去好友的弟弟寻找哥哥来到宋州,得知李勉曾为哥哥办了丧事,于是又到开封找到李勉,并问起黄金的事。

　　李勉热情地接待了他,并亲自带他到墓地,挖出埋在墓地旁的黄金,全部交给好友的弟弟。

　　这个故事很简单,但寓意很深。不同的人,可能有不同看法。有的人可能认为李勉埋下黄金是个傻蛋。其实李勉一点也不傻,他虽家贫如洗,但"贫贱不能移"是他的理念;朋友之交,诚信是他唯一的信守。在他的心目中,诚信的价值比黄金还贵重,黄金有价,而诚信无价。因此,他只履行诚信,不为黄金所动。说明他在品格的境界里不被非己之物的黄金所迷惑,在他的道德园地里不被意外之财所侵蚀,他的人格力量、他的道德风范为人所敬仰。

在古今社会里,诚信常常为个人利益所吞没,常常为一己之欲所绞杀。因此,在诚信走失的社会里,制假贩假、坑蒙拐骗的事,层出不穷。远的不说,就以现今社会大家所感知的败坏道德的事来说,实在令人触目惊心。什么假烟、假酒、假药、黑馒头、毒奶粉、假种子、假化肥、假纸币、假发票、假服装,简直数也数不清,简直有利就有假,简直真假难辨。

骗子常用"以假乱真"的外衣包装自己,什么假高官、假医生、假记者、假专家、假警察、假经理、假朋友,甚至还有假纪委,据报载,这个假纪委竟然把真局长骗了。只要有财可骗,什么人物都可扮假,而且面带微笑粉墨登场。最近看到《光明日报》(2012 年 8 月 29 日)一篇报道,竟然在严肃的法院审判庭上,有人敢于假打官司,诉讼程序表面上都是合乎要求的,诉讼双方表演得十分逼真,差一点把火眼金睛的法官大人忽悠了。

在这里不妨再引用《书摘》(2012 年 12 期)刊载的一则笑话:"一个农民,买来种子播下,到秋季竟然颗粒无收,因为种子是假的。老农决心一死,买来农药一瓶喝下,居然没死,因为农药是假的。一家人庆幸没死,买来一瓶酒庆祝,结果全家人都死了,因为酒是假的。"这一故事不见得真有其事,但它反映了社会中制假贩假、道德败坏的真实存在。

现在是高科技时代,制假贩假的骗子也与时俱进,也玩起高科技,其制假造假的精确度,十分逼真,连鉴定的专家也头痛,有时真假难辨,甚至在拍卖会上一锤子把真古瓷瓶当作假的砸碎了,有时又把赝品当作真品收藏了。总之,弄得你晕晕乎乎,心神不定。

现在又是信息时代,利用各种信息诈骗,更是花样百出,大显神通。一些人一不小心,缺乏警惕性,就会掉进陷阱,损失惨重。

现在的制假贩假、诈骗之邪道,公家有,私家更有;国内有,国外也有,甚至国内与国外联手作案。其范围之广、涉及之深、花样之多、下手之毒、技术之精、用心之险、为害之大、令百姓防不胜防,令百姓既忧心,又寒心,既痛心、又伤心,道德之缺失非常严重。因此,无不感到诚信之可贵,无不

呼唤诚信的建立,无不呐喊道德之再生。诚信是人际关系的道德底线,诚信是保持社会稳定的基石,诚信是保持人类和谐的顶梁柱。因此,宰相李勉感人的诚信事迹就显得无比的光辉,特别是对于诚信缺失的现实社会,是多么可贵的启示和榜样力量。

"诚"和"信"两个字,像兄弟一样联手组成一个合成词。《说文解字》又把"诚"和"信"解释得那样密不可分,"诚",信也;"信",诚也。彼此互训,你我难分,都有诚实不欺的意思。但细一琢磨,"诚信"二字又有所差别,"诚"是关键的,诚是一个人本质的体现,其精神、其灵魂是实实在在的,是真实的,上不欺天,下不骗地,更不欺骗男女老少,是从心底里涌出的真实之泉,洁净而甘甜。正因为有了心地的诚实美德,因此,与远近亲疏的交往紧紧守住一个"信"字,"君子一言,驷马难追。"

微观显示,诚出于内质,信偏于交往,但二者常常糅得那样严丝合缝,你中有我,我中有你,难解难分。

李勉正是出于其内质的诚实美德,不但答应了好友的请求,而且信守承诺,为他修墓送入天堂,而且把余下的黄金埋在墓旁,交给了亡友的灵魂,等到一天,再交给亡友的亲人。

李勉对这件事办得这样尽心、干净、无私、竭诚、忠信,有天可鉴,有地可察,有人可证。其好友当含笑九泉、含谢九泉。

李勉在亡友墓旁埋下的虽是黄金,但他更埋下了比黄金更贵重的诚信。

后代的成败

> 臣闻爱子,教之以义方,弗纳于邪。骄、奢、淫、佚,所自邪也。四者之来,宠禄过也。
>
> ——《左传》隐公三年
>
> 世家子弟,最易犯一"奢"字、一"傲"字。不必锦衣玉食而后谓之奢也,但使皮袍呢褂,俯拾即是,与马仆从,习惯为常,此即日趋于奢矣。见乡人则嗤其朴陋,见雇工则颐指气使,此即日习于傲矣。
>
> ——清·曾国藩

宰相的后代,也就是他们的子孙,成长为什么样的人,可谓各有千秋,优劣相伴。宰相后代的成长,不仅是宰相及其一家人最为关心的事,也为社会所注意。

俗语说"龙生龙,凤生凤",这是帝王传承制度下的常见现象。但相门出相子,却不是常见的事,因为宰相职位没有传承制度,因此宰相后代的成长,那就取决于家庭的教养,社会的机遇和挑战,个人的能力、品格和奋斗了。

有的宰相,家风严正,对后代教导有方,再加上儿孙头脑聪明,追求上进,勤学苦读,鲤鱼跳龙门,一举成为一榜进士,最后官运亨通,而成为宰相者,确有其人。这种相门出相子的现象,虽然为数很少,凤毛麟角,但仅以唐朝说,也不是极个别的。

武则天当政时,就有父亲韦思谦和他的两个儿子韦嗣立、韦承庆先后做了宰相。韦思谦,郑州武阳(今河南园阳)人,进士出身,于垂拱元年(公元685年)二月出任宰相,但因年老体衰,于垂拱三年(公元687年)三月辞相告退,在相位仅两年。但他的宰相门庭并未黯然失色,反而更加辉煌,他的儿子韦嗣立,也是进士出身,接过父亲的宰相接力棒,于长安四年(公元704年)正月也做上宰相,虽然相隔19年,但青出于蓝而胜于蓝。韦嗣立在武则天朝做宰相只近一年,但以后又在中宗、睿宗时做宰相。

韦思谦另一个儿子韦承庆,也是进士出身,与弟弟韦嗣立在长安四年(公元704年)同一年的十一月也做上宰相,不过比弟弟晚了十个月。在武则天退位后,又在中宗朝做宰相。

父子三人同为进士,又同在武则天朝先后为宰相,这种特殊情况,在唐代历史上也是仅此一家,就是在中国历朝历代的宰相家族中也是空前绝后的。因此,女皇武则天下制曰:"芝兰并秀""骐骥齐驱",给予很高的评价。

在唐代,也有祖、父、孙三代都是宰相的,张嘉贞就有这样的光荣家史。张嘉贞在唐玄宗开元八年(公元720年)正月出任宰相,为相善于吏治,敏于决断,也比较清廉。于开元十一年(公元723年)二月罢相,在相位三年。

相隔62年,张嘉贞的儿子张延赏在唐德宗贞元元年(公元785年)六月也出任宰相,因与将军李晟不能和谐共事,于同年八月罢相。后又于贞元三年(公元787年)正月再次入相,于同年七月再次罢相。张延赏两次在相位时间也不过八个月,其声望没有父辈高。

在张延赏罢相后的27年,其子张弘靖于唐宪宗元和九年(公元814年)六月也出任宰相,在相位一年七个月。

张嘉贞家族,从爷爷一辈一直传到孙子,垂直三代为相,在大唐独此一家,在中国其他朝代也未见,故古人有云,"冠古绝今"。

相门出相子,以上两例,比较突出。在唐代,父子两代为相,祖孙两代为相者,就稍多了。苏瑰在中宗时为相,他的儿子苏颋在玄宗时为相;韩休在玄宗时为相,他的儿子韩滉在德宗时为相;崔铉在武宗、宣宗时为相,他的儿子崔沆在僖宗时为相;德宗宰相郑余庆,他的孙子郑从说在僖宗时为相;肃宗宰相萧华,他的孙子萧俛在穆宗时为相,等等。相门出的相子和相孙,未必都是顶呱呱的,但子孙爬到宰相的高位,也是很难得的。

但宰相后代不成器,不成材,成为不肖子孙者,却大有人在,甚至名相之子也不例外。比如,辅佐唐太宗草创天下第一功臣的房玄龄,是太宗最信任、最倚重的宰相,太宗把他比作汉代著名宰相萧何。房玄龄的儿子房遗爱,娶皇帝女儿高阳公主为妻,可谓尊贵至极,但房遗爱因参与谋反而被杀。又如,与房玄龄齐名的著名宰相杜如晦,其次子杜荷,也因参与太子李承乾谋反而处斩。武则天、睿宗、玄宗三朝著名宰相姚崇,他的长子光禄少卿姚彝和次子宗正少卿姚异在东都洛阳任职时,因接受贿赂,为时人所讥,使姚崇处境十分不利,因而辞去宰相。

看起来名相之子,由于地位和环境优越,没有继承父辈的优良品质,照样烂下去,而成为罪人。

不妨再看看唐玄宗所重用的奸相杨国忠的第二代,杨国忠的儿子杨暄,本来品学皆下等,不是成材的料。为了给自己身上套上一个功名的光环,也参加了明经的科举考试。可想而知,这样一个浪荡公子,如何能考得好呢? 由于考试成绩十分低劣,主考官礼部侍郎达奚珣判其为不合格,要落选。但考虑他是宰相杨国忠的公子,就不敢秉公判其落选,于是就打发儿子达奚抚到杨国忠相府,报告其子考试情况,主要摸摸宰相是何态度,有何明示。

达奚抚面对这位八面威风的宰相大人实在难以启齿,可是又不能不说,于是诚惶诚恐地张开了口:"奉我父之命,相君之子,考试未中,然不敢判落选。"

话音刚落,杨国忠从座位上立即站起来,怒气冲冲地说:"我儿何愁不富贵,岂因一明经,为鼠辈所卖弄!"说完,头也不回,出门而去。

杨国忠这一番语言和动作,要尽了宰相的霸道和威风。儿子不中,是考官的卖弄,而且把朝廷考官蔑称为鼠辈,何其狂妄!

但杨国忠耍弄的这套蛮横、霸道还真管用,吓得考官达奚珣面色苍白,恐惧万分。这位考官当然明白,杨国忠那种威势和权力可使自己在转瞬之间可悲可喜,为免受其害,何不改弦更张,因而决定判其子杨暄为上第。

这一改判,杨国忠当然知道这是自己使用宰相的威力压出来的,自然很高兴。儿子既然有了明经的头衔,很快他又用宰相的权力,将儿子杨暄提升为户部侍郎,等于现今的副部长,是当时的四品大员。

为报答达奚珣的改判,杨国忠将其由礼部侍郎(正四品下)提升为吏部侍郎(正四品上)。但杨国忠的儿子杨暄还记恨考官对他所谓的刁难,抱怨老爸对达奚珣提升太快了。

由此可见,杨国忠的儿子完全靠他的宰相权力取得功名,升为高官的。

《三字经》有一句话:"子不教,父之过。"杨国忠对其不肖之子,不但不调教,不严管,反而百般袒护,实有不教子之过;但话又说回来了,像杨国忠这样的人品,又能把儿子教养成什么人呢,不是歪瓜裂枣,就是破铜烂铁,绝不能成器。

大海的肚量

太山不让土壤,故能成其大;河海不择细流,故能就其深;王者不却众庶,故能明其德。

——秦·李斯

海纳百川,有容乃大;山高万仞,无欲则刚。

——清·林则徐

俗语云,"宰相肚里好撑船",说明宰相有宽广的胸怀,有很大的肚量,能容纳常人不能容纳的人,也能容忍常人不能容忍的事,宰相这种高风度、高眼界、高涵养、高品位的优异气质,一直传为佳话。

在《三国志·蒋琬传》里有这样一段记载,蜀国丞相诸葛亮去世后,由诸葛亮称赞具有"社稷之器"的蒋琬,继任为丞相。

蒋琬主政时,对下级宽容仁厚。他手下有一个官员叫杨戏,性格比较特别,平时少言寡语,就是丞相蒋琬和他说话,他也不搭理。这就引起有的人看不下去了,在蒋琬面前说杨戏的不是:"丞相你和杨戏说话,他竟不搭理,对大人也太傲慢了。"可是蒋琬非常平和,面带微笑说:"每人性格都不一样,就如同人的面貌。杨戏当面赞扬我,这不是他的性格;当众说我的不是,又担心我下不了台,因此他默然不语,这可是他的可贵之处呀!"蒋琬从杨戏对他的傲慢中看到他的可贵之处,这正是蒋琬善于体量人的地方,他是以善良的心胸理解人的短处,他是以包容的眼光看待部下的难处,如果没有很高的涵养,没有宽大的肚量是绝对做不到的。

蒋琬还有一个部下,叫杨敏,他私下贬损蒋琬说:"这个人办事糊涂,实在不如从前的丞相。"有人把杨敏的话告诉蒋琬了,还请求蒋琬,惩治一下杨敏。但蒋琬不以为然,他说:"我的确不如前任,没有理由惩罚他。"这个人又问,那你办事是不是真糊涂? 蒋琬说:"我既不如前任,当然有的事情处理不好,处理不好,可不是头脑不清楚。"蒋琬的这几句话,既不恼,也不惬,说得多么心平气和,多么实事求是,没有虚怀若谷的心胸,哪能容得下这样的刺激? 以后杨敏因犯事而入狱,有些人认为杨敏得罪蒋琬必死无疑,可是蒋琬心存公正宽厚,不但未夹嫌报复,而且得免杨敏重罪,可谓宰相肚量之大了。

武则天时期,狄仁杰与娄师德同朝为相,狄仁杰自恃才智过人,很看不起这个又胖又忠厚的娄师德,曾多次排挤娄师德出任外使,娄师德何尝不明白这种情况,可是他从不计较,也不积怨。

这种情况瞒不过女皇武则天的眼睛,有一次,女皇问狄仁杰:“你和娄师德同朝为相,你看他贤德吗?”

狄仁杰哪里瞧得起娄师德,只回答说:“我知道他是一员统兵守疆的将领,至于他是否贤德,臣不知道。”

女皇又问:“娄师德善于知人吗?”

狄仁杰回答:“臣与他同朝为相,没听说他善于知人。”

淡淡的回答,武则天显然看出狄仁杰对娄师德的傲慢和蔑视。干脆挑明了,女皇直截了当地说:“朕用卿为宰相,正是娄师德推荐的,这可以说是知人吧。”说完,就命令左右将娄师德推荐狄仁杰为相的表章交给狄仁杰看。

狄仁杰听到女皇的话,又看到娄师德推荐自己的表章后,心中十分惭愧,长叹一声说:“娄公之盛德,竟是那样地宽容我,其心胸之宽大,实难测知!”狄仁杰这才醒悟过来,敬佩娄师德的宽大肚量。

其实,宰相狄仁杰也不是小肚鸡肠的人,也有宽宏的肚量。有一次,武则天对狄仁杰说:“卿在汝南时,甚有善政,可是有人中伤你,你想知道这个人是谁吗?”

狄仁杰对女皇说:“陛下认为臣有过,臣必改之;如陛下认为臣无过,是臣之幸运。臣不愿知道中伤者是谁。”女皇非常赞赏狄仁杰之大度。

狄仁杰曾一度被贬官,在路经汴州(今河南开封)时,想在这里停留半天看病。但开封县令霍献,非常势利眼,知道狄仁杰是贬官,不问其身体如何,竟不允许他在本地停留看病,粗野地将他驱逐出县境,狄仁杰对这个冷面县令非常愤恨。

以后狄仁杰做上宰相,在此之前,霍献也从地方调到朝廷做郎中,真是狭路相逢，狄仁杰对此人的愤恨仍未消除。

有一次，女皇命狄仁杰选择一个御史中丞，狄仁杰没有考虑成熟。

第二次，女皇又问此事，狄仁杰说是忘了，实际仍未考虑成熟。

第三次，女皇再问此事，狄仁杰提出霍献还合适，女皇很快恩准，任命霍献为御史中丞。

看起来，狄仁杰推荐霍献为御史中丞，是经过思想斗争的，狄仁杰不是无私，也不是无恨，但他最后还是不计前嫌，从吏治大局出发，举荐霍献为御史中丞，体现了宰相的气度。

霍献上任后，狄仁杰对他说："最初我还是怨恨你，我之所以推荐你为御史中丞，这是你的命运，不是我狄仁杰的作用。"狄仁杰所以这样表白，叫他不要感恩于自己，这也体现了宰相的气度。

说实在的，论宰相的气度，狄仁杰的确不及娄师德。

娄师德对人对事的肚量的确惊人，绝非常人所能达到的。

有一次，娄师德的弟弟出任代州刺史，在临行前，他非常不放心，对弟弟说："吾以不才，位居宰相，你现在又去做一州刺史，我们兄弟都占据很高的地位，别人一定会嫉妒，你将如何保全自己？"

对这样的现实问题，如何对待？娄师德的弟弟回答说："自今以后，如有人唾我面，我不会言语，把它擦干就是了，我一定以此勉励自己，以免兄长担忧。"

但娄师德并不满意弟弟的回答，于是对他说："这正是我担忧的，有人唾你面，是因对你有怨恨，如果你把脸上的唾沫擦干，显然对那人不满，唾沫不擦，自己会干的，何不以笑脸相迎，以笑化怨。"

弟弟听兄长如此教导，感到受益匪浅。

说实在的，宰相娄师德这样的心胸，这样的容忍，一般人是难以做到的。他能逆来顺受，以忍对辱，以笑化怨，如此和解对方的矛盾，没有很高的忍耐力、没有很大的肚量是难以承受的，这也可能是他在长期官场上磨炼出来的。正因为娄师德有此品质，在女皇对宰相像走马灯一样频频更换的年代里，娄师德能保持相位达六年之久，是很不容易的。

宋真宗宰相王旦，也颇有容忍功夫，肚量很大，涵养很高。

王旦做宰相时，寇准曾多次在皇帝面前说王旦的短处，可是王旦也曾多次在皇帝面前赞扬寇准的长处。真宗琢磨不透,为什么两人反差这么大。

有一天,真宗对王旦说:"卿虽然经常赞扬寇准的长处,可是寇准总是说卿的短处。"真宗仔细观察王旦的反应,王旦不以为然,十分冷静,对真宗说:"臣在相位参与政事多年,必然有一些失误,寇准在陛下面前毫无隐瞒地说出臣的缺失,这正是寇准的正直和忠诚,所以臣才一再举荐他。"王旦的坦然大度,使真宗笑逐颜开,从而更加认识王旦,更加赞赏他。

寇准像

之后,真宗任用寇准为宰相时,寇准入朝拜谢皇帝:"臣承蒙陛下知遇之恩,才有今日。"真宗也就实话实说了,将王旦一再推荐他为宰相的事告知寇准。这时寇准感到十分惭愧,自知仁德和肚量远不及王旦。

寇准的肚量虽然不及王旦,但他也有宰相的宽宏雅量。

宋真宗时,参知政事丁谓曾经在朝廷接二连三地迫害过寇准,寇准因而罢相,被贬雷州(今广东海康县),丁谓由于排挤寇准,很不得人心,因此京城流传这样的民谣:"欲得天下宁,当拔眼中丁(指丁谓),欲得天下好,莫如召寇老。"可见京城人对丁谓如何痛恨,对寇准如何爱戴了。

寇准被贬雷州还不到一年,丁谓也被贬去崖州(今海南岛),在丁谓路经雷州时,寇准不计前嫌,以远地主人之礼,派人送给丁谓一只羔羊,丁谓受如此礼物,又感动、又惭愧,想要会见寇准,寇准不愿见他。家童要对丁谓进行报复,寇准也制止了。寇准这种不计前嫌的宽厚气度,实在令人称赞。

宰相肚量宽宏,能于容忍。容忍的"忍",其字形是一把刀的锋刃悬在心上,告诉人们必须具有坚强的心理状态才能承受这种令人可怕的处境。因此,容忍,是内心的坚强,不是懦弱的表现,是柔中有刚的行为,是深怀远谋的宽广心胸。孔子说:"小不忍则乱大谋。"北宋大文豪苏轼也说:"君子之所以取远者,则必有所持;所就者大,则必有所忍。"都说明容忍是一种可贵的精神,是一种优良品质,因此担负国家重任的宰相必须具有广阔的胸怀,宰相肚里能撑船。

人生活在纷繁的社会里,可能遇到各种意想不到的问题。官大了,别人会嫉妒;权大了,别人会讥讽;地位高了,别人会泼脏水。遇到这些麻烦事，没有肚量，没有宽容，不但会激化矛盾，而且还会弄坏事。北宋宰相吕蒙正遇到这样意外的事，颇有气度，也能容人，深得众望。在他初任翰林学士、参知政事时，第一次入朝议事，就有人指着他的脊梁骨说，这小子也配做参知政事，对他进行了公开的讥讽和蔑视。但吕蒙正既不怒，也不恼，扬长而过。有人见此愤愤不平，要追问那个说闲话的姓名，吕蒙正赶忙阻止说，不可这样做，如果知道此人姓名，那就不能忘记了，还是不知为好。朝中大臣皆佩服吕蒙正的肚量。

吕蒙正做宰相后，也有人给他栽赃。金部员外郎张伸在蔡州做知州时，因贪污被罢官，但有人竟对宋太宗说，张伸乃豪富，岂肯贪赃，此乃吕蒙正在贫困时向张伸借钱，未能满足他的要求，故罗织此罪名。这本是对吕蒙正的栽赃陷害，但宋太宗偏听偏信，恢复了张伸原职。此时的吕蒙正，并不因为自己受委屈而申辩。当吕蒙正罢相后，考课院才拿到了张伸贪赃的罪证，罢了他的官。在吕蒙正第二次入相时，宋太宗把张伸的事告知他，他好像没有发生这件事一样，不辩亦不谢，其容人容事的肚量竟如此之大。

吕蒙正三次入相，三次罢相，对宦海沉浮，毫不介意，悠然自得，总是过着轻松自乐的生活，可见他心胸是如何开阔了。

但是，也应看到，宰相的心胸并不都是广阔的，他们的肚里也不是都能撑船的，甚至一两个浮萍也不相容，甚至肚里装不下一个芝麻粒。而且这样的宰相大有人在，特别在权力的争夺上，常常彼此斗得死去活来，半点也不让，毫无肚量可言。唐高祖时的宰相裴寂与宰相刘文静的斗争，不把对方置于死地绝不罢休；唐高宗时的宰相许敬宗对元老宰相长孙无忌的搏斗，要尽手段，编织很多假话，直逼元老宰相自缢身亡而罢手；唐玄宗时的著名宰相姚崇与宰相张说的斗争，一山不能容二虎，有我在，不容你在，最后把张说踢出朝廷；玄宗新宠杨国忠，暗算老奸巨猾的宰相李林甫，李林甫从而失势忧愤而死，杨国忠做上宰相；至于唐朝后期，宰相牛僧孺、李宗闵与宰相李德裕的党争，水火不容，互相排斥，你上我下，成为朝廷一大难题。

宰相是封建官僚中最大的官，握有国家可兴可衰的大权，因此宰相的人格、官风、气质、肚量，直接影响政治的走向，事业的成败。

尝屎、放鸟与送镜

> 居视其所亲,富视其所与,达视其所举,穷视其所不为,贫视其所不取。
>
> ——西汉·司马迁
>
> 不要人夸颜色好,只留清气满乾坤。
>
> ——元·王冕

历史上有人甘愿品尝别人的大便,这种人并不是有精神病,而是头脑清楚,有自己的算盘,虽然口感痛苦于一时,说不定会换取更大的利益。

魏元忠是武则天朝和中宗朝的宰相,为官既不阿谀别人,也反对别人阿谀自己。早在他做御史大夫时,有一次生病卧床不起,他的下属侍御史郭霸,心急火燎地要去探望魏元忠。看望病人,人之常情,无可厚非。但郭霸一见顶头上司,就为魏元忠的病,忧容满面,不仅于此,为表现对上司最大的关心,他提出要尝尝魏元忠的大便,以检验领导的病情是轻,还是重?

魏元忠知道郭霸此举是出于献媚,故意讨好自己,因而严词拒绝郭霸的请求。但郭霸不厌其烦,一而再,再而三地纠缠,非要品尝大便。搅得病中的魏元忠实在没办法,只得勉强答应了,但心中实在不安,不自在,心里又留有几分警觉。

郭霸不嫌上司的大便臭气熏天,趴在便盆,吃在口里,细细地品味,然后面带笑容对魏元忠说:"大人,您的大便如果味道甘甜,病可就难好;可是您的大便味道苦臭极了,很快病就好了。"

魏元忠对他的话并不相信,见他如此媚态,心中实在憎恨、恶心,十分鄙视。

此事也在朝廷中传开了,朝臣对郭霸品尝魏元忠臭屎的行为无不惊奇,这种卑鄙的行为,既不堪入目,更令人呕吐,更把自己的人格降低到谷底深渊,实在令人看不起。

但郭霸有自己的如意算盘,品尝上司的臭屎虽然是一件令人十分难堪的丑事,需要很大的生理和心理的忍受能力,但郭霸深知,取媚上级所取得的个人利益远大于自己所付出的代价。恶心也好,卑鄙也好,个人灵魂和声誉的损伤都是虚的,唯有升官发财才是实的,由此可见,郭霸是一个为升官发财,不要脸面,不要名声,灵魂极为肮脏的市侩主义者。

可贵的事,魏元忠由于鄙视郭霸的人品,讨厌他取媚自己,当然不会给他升官,更不会有什么提携。郭霸没有捞到任何好处,郭霸尝屎的算计完全落空了。他万万没有想到,宰相竟也有讨厌献媚的。

姚崇像

无独有偶,唐玄宗宰相姚崇生病时,也来一个献媚的人。此人姓成名敬才,是个读书人,文章也写得不错,官居大理正(从五品下),是大理寺掌管刑狱的官员,他与姚崇还有点姻亲关系,因此他就利用各种机会与宰相姚崇套近乎,他听说姚崇生病,巴不得立即去探望姚崇。

一天,他去探望姚崇,表现得异乎寻常,一见面,就一把眼泪、一把鼻涕地大哭不止,极为伤心悲痛。这一反常的表现,令姚崇十分奇怪。

不仅如此,他还把怀中揣着的几只小鸟一一取出,请姚崇亲自放飞,放生当然是一种善举,成敬才借此善举,扬首高声祝愿:"愿宰相大人的病早日痊愈。"姚崇勉勉强强地接受了他的祝愿,但心里很不是滋味。

在成敬才离开后,姚崇对他的献媚举动十分鄙视,对身边的人说:"哭什么,此泪从何而来?"从此以后,姚崇再也不想见他了。

成敬才精心设计的这出表演,实在令人作呕。如丧考妣似的一通哭,显然是在演戏。放飞几只小鸟的祝愿,以此讨好姚崇,更是低级的卖弄,反而引起姚崇的反感和鄙视,因此,他的献媚图谋也就一风吹了。

其实,像郭霸、成敬才一类的人,各个朝代几乎都有。不妨再看看宋朝的一个人为巴结宰相所耍弄的花招。

吕蒙正是北宋深有众望的资深宰相，为官知人善任，正直敢言，他特别反对在官场上走邪路、找门子，巴结高官，玩弄各种手段，图谋提携升官的不良风气。

有一个官员，家藏古镜一面，声称能照两百里，视为独一无二的珍宝。他为了请宰相提携高升，亲自把这一宝镜献给宰相吕蒙正，并且夸耀此宝镜如何神奇，竟能远照两百里。

吕蒙正笑着对这位官员说："我的脸不过碟子那么大，哪里用得着照两百里的镜子。"吕蒙正幽默地回绝了这位官员的奉献，这位官员竹篮打水一场空，什么也没有捞到，扫兴而归。

可见，宰相这个位高权重的大人物，已成为一些人为了升官发财，巴结和献媚的对象。宰相如何对待这种人的攻势，那就要考验宰相的个人品德了。以上的三位宰相，可谓品格高尚，吏治严肃，是为相为官的正面镜子。

这三则小故事在启示高官，千万不要喝下属的迷魂汤，不要轻易地接受他人的献殷勤，更不要听那些肉麻的轻狂的吹捧话，始终保持清醒的头脑，不为别有用心的人所左右、所利用，更不能大搞权钱交易，把官当成商品，从而坏了吏治，更坏了国家。

李林甫选女婿

> 李林甫有女六人,各有姿色,……林甫厅事壁间,开
> 一横窗,……使六女戏于窗下,每有贵族子弟入谒,林甫
> 即使女于窗中自选可意者事之。

——五代·王仁裕

　　李林甫是唐玄宗的心腹宰相,春风得意竟做了 19 年宰相,是玄宗时期做宰相时间最长的一个,而且专权霸道,专搞邪门歪道。他经常以一副微笑的面孔与人来往,而且又有一张甜言蜜语的嘴巴哄骗别人,把自己打扮成为一个佛心善面、关心别人、体贴别人的谦谦君子。可是他面善心黑,有一肚子陷害别人的坏水,因此当时的人说他"口有蜜,腹有剑",是一个臭名远扬的奸相。

　　李林甫既然是相门大户,他的豪宅也是京都长安令人伸大拇指的阔气,他的家庭成员,当然也是高人一等的贵人。别的不说,单说李林甫的六个千金小姐,她们不但穿戴高贵,打扮超时,金枝玉叶,各有姿色,而且都在青春待嫁之时,目不转睛地、芳心怦怦跳地精挑细选自己的如意郎君。

　　李林甫为了给六位千金选婿,可谓费尽脑筋。给女儿配上一个中意的郎君,那可不是一件简单的事。李林甫左思右想,既不用媒婆牵线,也不需父母包办,更不接受为巴结自己前来求亲的人,决定采取开放政策,由六位小姐亲选对象。但那时又不能开派对,又不能私自幽会,也没有手机传情,更难以书信吐心声。李林甫头脑机灵,便想出一个好主意。

　　他在豪华、敞亮的会客大厅旁边,独辟一室,室内开一个小窗,饰以各种可爱的小物,窗上还遮上一个薄薄的缦纱,这六位千金站在小窗前,可以透过缦纱看清大厅里来的客人,从客人中任意挑选意中人。

李林甫家中大厅的客人从来不断,老中青各种年龄的都有,当然不乏豪门望族穿着锦衣绣服的公子哥;也有文质彬彬、书生气十足的小白脸;还有年轻气盛、新进官场的小官僚;又有细皮嫩肉、弱不禁风的奶油小生。更有善于钻营、喜攀高枝的油头小混混;甚至还有贪美色、喜异味、紧盯六位千金、想做乘龙快婿的苍蝇蚊子。可谓要与李相爷结亲的各色人物都有,李林甫对这些年轻人来者不拒,让女儿们通过缦纱可以看个够,任其指指点点,品头论足。

至于哪个女儿相中哪位相公,史料无交代,不好妄猜。反正宰相的女儿不愁嫁,何况李林甫这等大人物,位显、权大、势强、豪富,不知有多少人要巴结他成为自己的岳父大人,从此成为权贵的暴发户,因此他家的六位千金,不会成为老大嫁不出去的女光棍。

联想李林甫选婿的开放作风与他在朝廷的霸道作风,可谓大相径庭。他做宰相时,独专大权,甚至不许大臣在皇帝面前多说话,恐怕有损他的专政,因此他对那些敢于进谏的大臣说:"现在明主在上,群臣将顺之而不暇,不要多说话,你们没有看见仪仗队的马吗?它们吃的是三品等级的食料,可是一旦鸣叫,就立刻被赶出去,后悔莫及。"看看这位宰相该有多么霸道,竟敢封住朝廷大臣的嘴巴,不听话,就一脚踢出去,而且说到做到。

谏官杜琏没有听他的话,仍然上书进谏,第二天,李林甫就把他赶出朝廷,贬为下邽令。自此以后,朝廷内外大臣谁也不敢说话了,李林甫得以安心地独揽大权。

李林甫这样一个极权主义者,在为女儿选婿的做法上竟然一反常态,不做封建的老太爷,一言定终身,而为女儿创造条件,自选伴侣。可见,奸相在有的地方也有其可取的地方,这就看清了,这位相爷李大人,对内对外,竟然是截然不同的两副面孔,也可能奸,也就奸在这里。

刚烈的风骨

> 志士仁人,无求生以害仁,有杀身以成仁。
>
> ——春秋·孔子
>
> 不降其志,不辱其身。
>
> ——春秋·孔子
>
> 人无钢骨,安身不牢。
>
> ——明·施耐庵

　　魏元忠是武则天朝和中宗朝的宰相,在早年,是一位太学生,心怀大志,性格刚正不阿,对于官场上那种吹吹拍拍、献媚求官的不良风气,非常气愤,由于他自己不搞这一套,因此,很多年也没有迁升,他也不在乎。

　　魏元忠不断增长自己的才干,曾拜江融为师,向他学习古今用兵之法,深得其术。

　　唐高宗仪凤年,吐蕃多次侵犯边塞,魏元忠为此上书朝廷,他以太学生的文才,学来的用兵之术,进言皇帝,认为战胜吐蕃,必须精于选将用兵,实施赏罚,方可成功。高宗很欣赏魏元忠的上书,为此授予他秘书正字,魏元忠开始做官,很快又升为监察御史。

　　高宗永淳元年(公元682年),高宗因避关中粮荒,从京都长安去东都洛阳,考虑这段路程常有强盗出没,很不安全,于是就命令监察御史魏元忠前后护驾。魏元忠受命后,深感这是一次保证皇帝安全、车队无事、责任重大的勤务。万一有闪失,轻则丢官去职,重则要掉脑袋,于是魏元忠心生一策。

　　一天,魏元忠到赤县(今西安万年县)一个监狱里,在狱吏的领引下,魏元忠仔细观察犯人,偶然发现一个犯人的神采与众多犯人大不相同,两只眼睛不时地射出凶狠的贼光。与之搭话,知道这个犯人盗龄很长,盗术精通,盗伙甚多,盗路广阔,是一个不可多得的盗才。

魏元忠决定除去这个犯人的刑具,令狱吏为这个犯人换上新的衣帽,将其带出监狱,骑上马,到达驻地。这个犯人莫名其妙,是祸,是福,天知道,只得听天由命。魏元忠还和这个犯人同吃同住,认为这个犯人是自己很好的助手,便对他实话实说,叫他跟随自己保卫皇帝,一路上防止盗贼掠夺和抢杀,这个犯人一笑许诺。

魏元忠带着这个犯人随大队人马款步前进,这个犯人对这一路线的强盗出没规律特别熟悉,因此,一路十分机警,防范非常严密。当高宗和众多随行官员、士卒和马匹到达洛阳时,平平安安,一无惊吓,毫无丢失,可谓极其顺利。

魏元忠以盗制盗之谋,保护高宗平安抵达洛阳,大获成功,因而升为殿中侍御史。

以后,魏元忠又协助大将军李孝逸讨伐徐敬业叛乱,因其巧妙用兵,取得很大胜利。魏元忠因功升为司刑正,很快又升为洛阳令。

正在魏元忠因功屡屡晋升,如日中天之时,他的厄运忽然来了,意外地遭到酷吏周兴的无端陷害,不分青红皂白,就将魏元忠关进监狱,随后又判魏元忠死刑。在拉到刑场处斩时,魏元忠面不改色,镇静自若,毫不畏惧。

武则天是一个爱才惜才的皇帝,考虑魏元忠曾有过讨平徐敬业的大功,故在临刑时,下一道赦免魏元忠的敕令,急速派凤阁舍人王隐客骑快马口传赦免令,赦免的传呼声很快传到刑场,监刑者将魏元忠立即松绑,令其起身。魏元忠也怪,不但不起身,还说了一句:"未知敕令虚实,岂可随便起身。"魏元忠面临如此生死关头,还这样的从容不迫,还这样的挥洒自如,还这样的幽默调侃,这就是魏元忠在大难时特有的风骨。

宣布赦免后,魏元忠才起身向皇帝谢恩。魏元忠这一不寻常的举动,时人都赞叹他临刑而神色不屈,铁骨铮铮。

真是祸不单行,长寿元年(公元692年),酷吏来俊臣又诬告魏元忠等六人谋反。当酷吏侯思止审讯魏元忠时,魏元忠义正词严,毫不屈服。侯思止大怒,命令他头朝下,拖着他在地上走。残酷的惩罚,血腥的折磨,魏元忠的意志十分坚强,咒骂酷吏:"我的命运实在不好,竟然从驴上掉下来,脚挂在镫子上,被驴拖着走。"侯思止更发火了,命令继续拖着他。魏

元忠仍然不屈服,痛斥:"侯思止你这个坏蛋,如果你需要魏元忠的脑袋就砍下,何必要我承认谋反!"其坚贞不屈的精神,有如铜墙铁壁,任何邪恶力量也摧不垮。

由于武则天察知酷吏有诈,魏元忠又从谋反的死罪中活过来,被贬为涪陵令,不久又恢复御史中丞原职。

圣历二年(公元 699 年),魏元忠升为宰相。之后,对张易之、张昌宗这两个武则天男宠的横行霸道,非常气愤。张易之的恶奴在大街上胡作非为,魏元忠立即下令乱棍打死,当然也就得罪了张易之。

女皇武则天要把张易之的弟弟张昌期提升为雍州长史,问宰相:"谁能胜任雍州长史?"魏元忠回答说,现今朝臣中没有哪个可以比薛季昶更合适的了。女皇不想用薛季昶为雍州长史,推说对他另有任用,于是便提出张昌期如何?其他宰相为媚女皇,都说陛下选的人太合适了。独魏元忠不拍马屁,提出反对:"昌期不能胜任这一职务。"女皇很不高兴,问为什么?魏元忠实话直说:"张昌期很年轻,不熟悉理政之道,从前他在岐州任职时,当时人口几乎逃亡光了。况且雍州地处京城,政务繁多,责任重大,张昌期当然不如薛季昶精明强干,熟悉政事。"女皇也觉得有道理,不再坚持任用张昌期,这一次魏元忠又得罪了张易之。

魏元忠不怕张氏兄弟的报复,不怕女皇的恼怒,又大胆地上奏女皇,"臣蒙恩备位宰相,不能为陛下以死尽忠,使小人在君侧为非作歹,作为臣子的确有罪。"这里指的小人,当然指的是张易之兄弟,不能铲除这两个逆贼,深痛有负宰相之重责。这一来更引起张氏兄弟的更大怨恨,也使女皇很不高兴。

报复果然来了,张氏兄弟编了一个瞎话,胡说魏元忠向人私议:"女皇老了,不如请太子出来,才是长久之计。"这一狠毒的诬陷,显然是让女皇交权,激怒女皇。果然有奇效,女皇立即大怒,把魏元忠打入大牢。

魏元忠哪肯服气,要求与张氏兄弟在朝廷上公开辩论,弄清是非。张昌宗心里有鬼,密请凤阁舍人张说为其作证,并贿以美官,张说当面答应了。

于是一场双方激烈对质的戏在朝廷开锣了,女皇召太子和相王李旦还有其他宰相也参加了,争辩双方你来我往,交锋十分激烈,难以有胜负。这时证人的出现就是关键了,于是张昌宗说,张说听见魏元忠说的话,叫他进来作证。

张说在众目睽睽之下走进来，女皇问他是否可以作证，张说迟迟不语。张昌宗慌了，催促张说快说。张说终于说话了："臣面对朝廷诸位大臣，不敢不说实话，臣实在没有听见魏元宗说过这样的话，是张昌宗逼臣作诬证。"张说的作证，如雷轰顶，张氏兄弟像疯狗一样大声喊叫，又胡乱咬人，说张说与魏元忠同反。

武则天已察觉魏元忠被诬陷，但仍然照顾张氏兄弟的面子，把魏元忠贬为端州高要尉。

魏元忠在武则天时期受到莫名其妙的诬告和迫害，三上三下，死去活来，大难逃生，捡了一条命。但他从不屈服酷吏的淫威和残暴，也不屈服权大势强的张氏兄弟，更不怕女皇的震怒和淫威，他大气凛然，是一位硬骨头宰相，他的风骨为后人所敬仰。

对武则天男宠进行坚决斗争，天不怕，地不怕的，还有硬骨头宰相宋璟。

长安四年（公元704年），武则天年老病重，张氏兄弟怕女皇一死，大祸临头，就和党羽密谋，暗中准备起事，因此有人告发二张要谋反，但女皇不信也不问。以后又有人告发张昌宗秘密找术士李弘泰占相，术士说他有天子相，劝他在定州造佛寺，使天下归心。这事关系非常重大，女皇不得不问了。于是就命令凤阁舍人韦承庆、司刑卿崔神庆和御史中丞宋璟（这时尚未入相）三人审查此案。韦、崔二人为讨好女皇，又怕二张的权势，尽力为张昌宗开脱。但宋璟认为张昌宗受到如此宠幸，还找术士占相，他究竟想要干什么？显然是包藏祸心，想要翻天，按律应当处斩，请求把他们收入监狱，细审其罪。女皇哪里舍得把心爱的男宠关进监狱，因此对宋璟的请求没有批准。

但宋璟仍然不放过张昌宗，对女皇说，如果不把他关进牢房问罪，恐怕要动乱天下，扰乱民心。

宋璟讨伐张昌宗的锋芒使女皇十分不安，女皇要宋璟不要追究此

宋璟像

事,为避开宋璟的锋芒,女皇令宋璟去扬州按察,宋璟不去;又令宋璟去幽州按察,宋璟还是不去;最后又令宋璟去安抚陇、蜀,宋璟仍然不去。宋璟为治罪张昌宗,甘冒三次违令的巨大风险,不肯奉旨成行。其实,宋璟何尝不明白这是女皇的拖延战术,回避战术,庇护张昌宗的战术。但宋璟不看女皇的脸色,不顾女皇的情感,不畏惧女皇的威严,可谓天不怕地不怕,风骨铮铮。

宋璟又上奏女皇,收张宗昌下狱,女皇为其辩解。宋璟认为此乃谋反大逆之罪,如不服刑,国法何在?臣知请求惩治张昌宗,必然大祸临头,然正义之情激愤于心,虽死也无憾。

女皇见宋璟如此声势,只得勉勉强强地令张昌宗去御史台接受审讯,实际女皇玩了一个把戏,当宋璟在审讯张昌宗时,女皇派宦官召回张昌宗,下敕书赦免了。宋璟气得捶胸顿足,懊悔自己没有先把这小子的脑袋砸碎,以消此恨。其刚烈之气、激愤之情,无以复加。

女皇深知宋璟是将来可以大用的忠臣直相,因此宋璟无论怎样对她廷争、对抗,她都宽容,耐心应付,从不动怒惩治,给予最大的包容,甚至命张昌宗到宋璟府上去致歉,宋璟拒而不见,弄得张昌宗灰头灰脸。

宋璟刚直之气,上不畏天子,下不畏权贵,也不怕掉脑袋,可谓浩气冲天,胆气冲霄汉。

宋璟的刚直和骨气,在武则天朝是这样,在唐玄宗朝做宰相时也是这样。有一次,玄宗设御宴,玄宗以所用金箸(筷子)赐给宋璟,宋璟不明其意,未敢拜谢。玄宗说:"朕所赐之物,不是赐给你金子,而是赐给你筷子,以表彰你的刚直也。"

贪污也有冠军

廉者,民之表也;贪者,民之贼也。
——北宋·包拯
世路无如贪欲险,几个至此评平生。
——南宋·朱熹
唐之乱,赂赂充塞于天下为之耳。
——清·王夫之

在中国古代,有政绩卓著的宰相,有品德高尚的宰相,有清廉称著的宰相,还有因巨大贪污而臭名昭著的宰相,他们利用手中掌握的大权,贪污的财物,数量之大,品类之多,十分惊人。他们都是一个朝代中首屈一指的大贪官,是当朝的贪污冠军。在中国的历史上得此贪污冠军的有:唐朝宰相元载、南宋宰相秦桧、明朝宰相严嵩、清朝宰相和珅。下面请看这四大贪污宰相,是如何盗取和占有巨大财富的?

一、占有 800 石胡椒的唐朝宰相元载

唐代宗手下的宰相元载,由于除掉了气焰嚣张、不把皇帝和宰相放在眼里的大宦官鱼朝恩以后,认为自己非常了不起,立下了亘古以来未曾有过的奇勋大功,是朝廷中最有才能的人物,其他文武大臣谁也比不了他,从此他就不知天多高,地多厚,狂妄起来。在朝中,他目空一切,桀骜不驯,他同大宦官鱼朝恩一样,根本不把皇帝放在眼里,横行霸道,杀害忠良,大肆贪污,成为大唐首屈一指的巨贪,是大唐一代贪污的绝对冠军。

代宗对他已经积怒好久,忍无可忍,于大历十二年(公元 777 年)三月,终于把这个巨贪奸相关进大牢,经审讯后,决定杀头。

在万年县行刑时,元载请求行刑者,让他"快点死"。行刑者对他说:

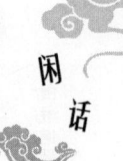
"你今天受点污辱吧,不要见怪。"说完,脱下臭袜子,塞进他的嘴里,手起刀落,人头滚地。

元载死后,抄他家时,没收了无数的金银财宝,还有难以计算的珍贵奇物,不用说别的,仅胡椒一项就有800石,其他物品也就可想而知了。

令人惊奇的,也是不可理解的,更是莫名其妙的,元载的赃物中为什么竟有800石胡椒?800石这个数字合今天的计量是多少呢?查《中国历代衡制演变测算简表》,知唐时的一石等于现在的79320克,800石即为63456000克,也就是63456公斤,约等于63.4吨。可见,元载这个巨贪,仅胡椒一项竟占有63吨,其数量之大,令人不可思议。

胡椒是一种具有辛麻味道的调味品,原产于印度的热带雨林。在兴盛的大唐时期已传到中国,因远道而来,在当时是不可多得的奢侈品,因此贪求的元载也就把胡椒视为奇货可居了。

这么大数量的胡椒,他一家享用,简直是个笑话,元载一家人口再多,如何用得了63吨胡椒?就是成年累月地用,也不知用到哪朝哪代,猴年马月。

转手出售,发一笔大财,这倒符合元载贪图钱财的性格。

元载这个人很灵巧,来财之路很多,凡有求官者,必须拜其门下,进行贿赂。曾在广州任职的徐浩,是个行贿的能手,搜尽江南珍宝,贿赂元载求官,于是元载便上奏代宗,封徐浩为吏部尚书,这是中央人事部门的第一把手,等于现在的组织部长。

史书还说他:"在相位多年,权倾四海。"凡是"外方珍异,皆集其门"。甚至皇宫里没有的,他那里都有。至于800石胡椒怎么来的,史书没有记载,从贪污成性的元载来说,不会从正道来的。

在中国历朝历代的贪污史中,独占胡椒800石可谓是前无古人,后无来者,空前绝后。元载玩的这一绝招,真是独树一帜,令人耳目一惊,他为中国创造了一项世界的吉尼斯纪录。

史书还说,从他家没收的赃物还有钟乳500两。钟乳是什么东西?查辞书略有所知,乃是由石灰岩洞顶部,垂下来的檐冰状物,形如钟乳,故有此名,可供药用。据有人考察,岩洞下垂的东西乃是一种碳酸钙淀积物,可从中提炼出一种通气健胃的药物。在唐代吴兢所著的《贞观政要》的"纳谏"一题中有这样的记载:太子右庶子高季辅向唐太宗上疏,陈述治国之得失,太宗特地赐给他一剂钟乳药,并对他说:"你上奏的那些话,都是拯救时弊的良药,所以用药物报答你。"可见钟乳是一种名贵的药。由于这种药相当稀少,也是皇家御用药,当然十分珍贵了。元载竟有 500 两钟乳,这个数量也是不小的,可能皇家也比不上他。从这一侧面可以看到元载这个巨贪,家中无奇不有,而且数量特大,这是元载贪婪和腐败的一大特色。

但凡巨贪都热衷于豪宅和女人,元载在这方面更是出人头地。他在长安城里的大宁、安仁里两处豪宅,富丽宏伟,冠绝京城。他建造的芸辉堂,以沉檀木为栋梁,以金银装饰门窗,室内墙壁是以西域奇香洁白的芸辉草碾成粉末和之以水涂抹而成的,故名芸辉堂。

芸辉堂内布置有紫绡帐,此物产之于南海,轻柔而质薄,寒冬时,冷气透不进;盛暑时,凉气自然来。隐隐约约地还出现紫色之光,因而有人说,元载卧室里弥漫着紫气,紫气乃祥瑞之气、帝王之气。可见元载之豪华,可与帝王相比。

至于元载和女人,本书专门有一题"在朝为相,在家为奴"谈到这一点,这里就不重复了。

二、卖国大奸也是大贪,家产超过国库的南宋宰相秦桧

南宋高宗宰相秦桧,是一个破坏抗金斗争、杀害抗金名将岳飞的罪魁祸首。他不顾朝野舆论,强行与金订立了屈辱投降的绍兴和议,使南宋皇帝向金称臣纳贡,使国家备受屈辱。因此秦桧也就成为千人唾万人骂、遗臭万年的民族败类。他和老婆王氏的雕制丑相,至今还跪在杭州岳武穆祠的前面,受到广大人民的鄙视和唾骂。

秦桧对外卖国,对内使用各种卑鄙手段,安插党羽,打杀异己;鼓励告密,大搞特务活动;大兴文字狱,陷害忠良。因此朝廷内外,极为黑暗腐败。

更为甚者,秦桧还是一个特大贪污犯。《宋史》说他"开门受贿,富敌于国,外国珍宝,死犹及门。人谓熺秉政无日不锻酒具,治书画"。不妨把这几句话拆开说。

秦桧开门受贿十分惊人,他毫无掩饰地在公开场合卖官鬻爵,而且把很多官位标出价钱出售。你想做官吗,必须先给秦桧送去几万贯钱才能得到一官半职。你想捞到监察官、镇守一方执掌军政大权的美差吗,必须

给秦桧送上价值连城的奇珍异宝,才能得到这顶乌纱帽。

有一个下级官员姓徐名宗说,以重金贿赂秦桧,秦桧就把他提升为南宋的户部侍郎,户部在中央六部中是要职,执掌全国土地、赋税、粮饷、财政收支等事项。而侍郎又是户部第二把手,等于现在的副部长。这个部门相当有油水,这个被超级提拔的高官,岂能不在自己的肥厚岗位上大捞一把。

秦桧选官用人,不是贪官污吏,就是奸佞小人。特别是他喜欢贪官,厌恶廉士。所以在秦桧的统治下,南宋贪官特别多。这些贪官为秦桧当奴才,当走狗,想尽办法捞钱,拼命地榨取民脂民膏,增加很多苛捐杂税,苏浙百姓要缴纳棉、绸税和茶捐,有的一亩地纳四五斗的税,甚至"官收一岁之赋,而民输两倍之积"。因此弄得百姓贫困交加,饿死很多人,生活极其悲惨。

在与金和议以后,为了如期如数地向金朝输送巨大的贡赋,于是高宗和秦桧巧立名目,下令各地官员以羡余之款,献助中央,从这方面所得的财物除送给金朝外,余下很大的数目便成为秦桧的家产。因此秦桧的家产越积越多,以至"富敌于国",也就是说秦桧的相府财富已等于国库。其实岂止等于国库,按照南宋史学家李心传撰写的《建炎以来系年要录》卷一六九说的,秦桧家里的财富,超过南宋朝廷的左藏库(国库)数倍,甚至南宋宫廷没有的高级物品,秦桧家中也是琳琅满目。可见秦桧这个巨贪的家产是如何豪富了。

但凡封建社会的大贪污犯,都广治田产、家产,把安乐窝修建得豪华富丽。大贪污犯秦桧利用宰相权势,霸占了大量田产、家产,比如,刘世光将军死后,他在建康(即今南京)的豪宅、大片家园,秦桧毫无保留地霸占为己有。有一年,秦桧的私家田产遭受洪水灾害,秦桧就以朝廷名义,征发民工三万多人抢修他的良田。这不仅是假公济私,更可以看到他的田产规模该是如何之大了。

秦桧所修建的宰相府第,那更是规模宏大,富丽堂皇,比之于皇帝宫殿。无怪宋高宗在退位后,看上了这座豪宅,当秦桧死去后,这位太上皇把这座豪宅改为德寿宫,在这里享受晚年。

有其父,必有其子。秦桧的儿子秦熺,是一个贪得无厌的浪子,借他父亲的光,也做了高官,史书说他秉政时无日不打造酒具,可见他是一个花天酒地、纸醉金迷、一掷千金的酒鬼。同时他也是一个贪恋高官厚禄的家伙。绍兴二十五年(公元1155年),秦桧病重,秦熺知道老爸将不久于人世,宰相的位置将出现空缺,秦熺心眼一动,奏问高宗,将来代替父亲的宰相是谁?这一问,是在试探皇帝能否由自己接替父亲为宰相,但高宗给他泼了冷水,丢了一句:"这事你不应当参与。"一脸不高兴,拂袖而去。

秦桧害国害民,犯下滔天大罪,因此留下千古骂名。甚至在杭州,屠夫杀猪去毛,在猪肚子上写有五个大字"秦桧十世身",足见民众对秦桧这个卖国贼和大贪污犯是如何的憎恨了。

三、狂贪财物又狂贪女色,获得双料冠军的明朝宰相严嵩

严嵩发迹比较晚,一直到嘉庆十一年(公元1542年)八月才拜任武英殿大学士,入直文渊阁,成为宰相,这时他已经62岁。但是这个老头子,老当益壮,虽然没有什么治国才能,但他在为相20年期间(公元1542—1562年),献媚嘉靖皇帝朱厚熜,排斥异己,要弄权术,贪污受贿,淫乱女性,倒是颇有特长和手段。

别的不说,单说他如何成为明朝的巨贪,如何是一个淫棍。

严嵩盘算自己,60多岁才做上宰相,还能活多少年,还能当几年宰相,无论怎样下手抓钱,为时也是不多了。因此他像恶狼扑食一样,寻找各种机会捞钱。其嗅觉之灵敏,其动作之迅速,其手段之狡猾,其贪欲之膨胀,皆是冠军之能手。

他万万没有想到,嘉靖皇帝对他竟如此庇护,竟如此放心交权,因此他就毫无顾忌地一手遮天,为所欲为,主政长达20年。当他年老体衰时,又把他的宝贝儿子严世蕃提拔起来,成为工部左侍郎,作为帮凶。此少爷别看长相不怎么样,缩脖子,一身肥肉,一目失明,正是这个独眼龙,手黑心狠,青出于蓝而胜于蓝。父子两人,卖官鬻爵,敲诈勒索,疯狂搜刮,无恶不作。当恶贯满盈之时,父子俩都受到了御史弹劾,嘉靖四十一年(公元1562年),皇帝罢免了严嵩宰相,这个老家伙虽然没有掉脑袋,但不久被抄家,失魂落魄,无处容身,回到老家江西分宜,寄居于一个看坟人的家中,最后交代了老命。他的儿子严世蕃虽是帮凶,但罪恶深重,被砍了头。

在抄严嵩家时,其搜刮财富之多,列出很长一个清单,竟印成一本书:《天水冰山录》,说明他贪得财富之多,竟像冰山那样高大。不妨看看这个

清单中个别项目的数字,实在令人大开眼界。

金锭、金条共 13171 两。纯金器皿 3185 件,共重 11033 两。金厢珠宝器皿,共 367 件,金厢宝石首饰,1803 件。古铜鎏金器 1127 件,共重 6994 斤。银器皿 1649 件,共重 13357 两。此外还有大量的珍奇器玩。在查抄中,仅衣服就有 1304 件。还有大量衣料,布 576 匹,绢绫罗纱等 14331 匹。此外,还有大量房产,估价值白银 86350 两。各处的田地,估价值白银 44493 两。并有大量的古今名画,名家石刻墨迹,等等。赵翼在《二十二史札记》的《权奸黩贿》一题中说:"严嵩籍没时,金银珠宝,书画器物,田产,共估银 2359247 两余。"

《明史》说抄严嵩家时,抄出黄金 3 万多两,白银 200 多万两。以常人看,这个数字够大的了,令人惊骇。但赵翼在《二十二史札记》中的《明代宦官》一题内,对此数字另有表述,他据稗史所载,严世蕃和他的妻子把金子藏在地窖里,每百万两为一窖,共有十数窖。那这个贪赃数字可就更加惊人了。

严嵩在相位期间,经常卖官鬻爵。不论文武官员的迁升和擢拔,均以贿赂严嵩的财物多少来决定,因此买官贿官的人鱼贯而入严府。礼部员外郎相治元贿赂严嵩 13000 金,升为吏部主事。甚至犯罪革职的军官,只要贿赂严嵩,照样可以复官,安排职务。可见严嵩卖官,无孔不入,对什么人都要捞一把。

户部岁发的守边军饷,本来是养军的,可是严嵩主政后,早晨从度支支出饷银,晚上就进入严嵩之府,只有四成送到边疆,其余六成严嵩全吃了。

由于宰相严嵩好贪,所以文武各级官吏也好贪。文官为贿赂严嵩,不得不搜刮百姓;武官为贿赂严嵩,不得不克扣士卒军饷,因此百姓和士卒苦不堪言。

严嵩父子不但是贪污狂,也是色情狂,其纵欲淫乱,秽事颇多。别看严嵩已入花甲之年,但花心不死。他令人用黄金铸成裸体美女,光亮耀眼,体态性感,摆在左右,时常逗起淫心;他又用白银铸成女阴形的便器,就是大小便也离不开一个"淫"字。

其子严世蕃更是别出心裁,他每吐一口唾沫或一口痰,刚发声,就极速命令一个漂亮的婢女张口承接,谓之曰"香唾盂"。

抄严嵩家时,奉命的人看见床榻下堆弃很多新旧白绫汗巾,不知是何故？随手抽出一巾，问是何物？知者马上捂住嘴说："这是最脏的淫物，每与女人交媾一次，就用巾擦去秽物，随便丢在床榻之下，最后一起收起来。"从这些滴滴点点，可以一窥严嵩父子的淫乱胡为了。

无怪明朝著名宰相张居正说："严嵩当国，其实商贾在位。"这的确点到穴位。严嵩这个宰相，利用其独有的权势，在政治的平台上，精心地做足了买卖，捞得满盆满罐，腰缠万贯，成为明朝首屈一指的贪污冠军。最后，抄了家，人死财空，严嵩做了一场人生噩梦。

四、享有"贪污之王"的清朝宰相和珅

和珅是正红旗满族人，是乾隆皇帝最宠爱的宰相。其实和珅并没有高明的治国、治军本事，为什么乾隆皇帝特别喜欢和珅呢？这要从和珅的素质和性格说起，和珅办事既精明又敏捷，特别是在乾隆皇帝面前的表现，那更是出人头地。举一小例，乾隆咳嗽一声，要吐一口痰，和珅迅速以器皿进之，乾隆当然觉得很称心，认为和珅会来事。和珅也善于随机应变，更善于揣摩皇帝的心意，百般迎合皇帝，讨皇帝喜欢。比如，乾隆要增补绿营兵，每年要多拿军费 300 万两白银。宰相阿桂认为费用太多，不同意增兵，乾隆当然不太高兴。而和珅为迎合乾隆心意，极力主张增兵，乾隆很高兴，最后批准此事。

乾隆喜欢作诗，几乎每天都有新作，而和珅也有一些文才，常以诗迎合皇帝；乾隆也爱书法，和珅就勤于练笔，也写出几笔好字，讨皇帝喜欢。乾隆见和珅聪明能干，办事敏捷随意，还有些才艺，就对和珅格外看重，因此于乾隆四十一年（公元 1776 年）提升和珅入军机，成为事实的宰相，而且一干就是 20 年。这二十年，和珅所控制的权力异常膨胀，其地位之高，权力之大，许多人私下称之为"二皇帝"。和珅就利用他的独霸权势，肆无忌惮地贪污受贿，疯狂地侵占和掠夺财物，可谓胆大包天，无法无天。两淮盐商徵瑞，向和珅两次行贿就有 40 万两银子。

乾隆皇帝由于不愿超过爷爷康熙在位 60 年的期限，于乾隆六十年（公元 1795 年）主动退位，传位给皇子颙琰，是为仁宗，即嘉庆皇帝，而自己成为太上皇。这时的和珅仍然权大势大，一手遮天，甚至嘉庆皇帝有事要奏禀太上皇，也要由和珅代奏，足见和珅地位之特殊了。这样一来二去，新即位的嘉庆皇帝与权大势强的和珅发生了不可调和的矛盾，但嘉庆

皇帝蓄而不发。

嘉庆四年（公元 1799 年）正月，做了三年太上皇的乾隆去世，嘉庆皇帝便开始对和珅下手了，再加上朝臣接二连三地弹劾和珅，嘉庆很快宣布了和珅 20 条大罪，立即逮捕入狱，赐其在狱中自尽，并抄了他的家。

抄家后，才知道和珅家产之大，贪污之巨，非常惊人。查抄和珅家产的清单很长，记载很多，清代外交家薛福成著有《庸庵全集》一书，其中有一节《查抄和珅家产清单》，记载颇详，这里择其要者，归拢如下：

1. 金银及金银器物

赤金 6 万两。纯金大元宝一百个（一千两一个），等于十万两。小银元宝五万六千六百个（一百两一个），等于五百六十六万两。银锭九百万个。洋钱五万八千元，制钱一百五十万文，铜钱一百五十万文。镂金八宝炕四座。

2. 珍贵物品

西洋钟四百六十座，紫檀琉璃水晶灯共九千八百五十七件，玉如意一千二百余柄，珍珠手串二百三十串，比皇家大内还要多数倍。桂圆般的大珍珠十个，大红宝石十块，银碗四十桌（如以一桌十碗算），则四百个银碗。每支三尺多高的珊瑚树十一支。铜器和银器三十六万一千件，名贵瓷器十万件。仅海参，就有六百余斤。

3. 衣服与衣料

四季好衣服七千件。纱缎绸罗、绫罗绸缎一万四千三百匹，毛呢哔叽两万板，狐皮五百五十张，貂皮八百五十张，还有其他各种粗细皮五万六千张。

4. 不动产部分

房屋三千间。田地八千顷。银铺四十二处。当铺七十五处。

据《清稗类钞讥讽》一书对和珅抄出的家财计算，计有八百兆。一兆，为一百万，八百兆即八亿，这个数字多么惊人，简直是天文数字，真可谓贪污之大王，是清朝贪污的绝对冠军。无怪当时人说："和珅跌倒，嘉庆吃饱。"因为那时清政府的岁收只有七千万两银子。

有的清史专家认为，根据当时的经济情况，和珅的贪污总数可能没有上亿,大概在二千至三千万两银之间,有的认为不超过一千万两银。就是这个数字也很大,无人与之相比,他仍然是贪污大王,理所当然的贪污冠军。

贪污犯,不仅爱财,而且好色,和珅也不例外。和珅屋里藏娇,可谓无数,但他仍然到处猎取女色。出宫的宫女,他一眼看上,就纳为小妾。人贩子手中的女色,只要他动心的,就出钱收入内室。奸人拐卖妇女的,只要他看中的,无不弄到手。这种人像狼一样,到处寻腥猎奇,他们的淫欲和贪财永远是无止境的。

以上四个巨大贪污宰相,虽然他们所处的朝代不同,但都有一些共同的特点:一、他们虽然身居宰相高位,但治国无能,害国有术,政治腐败,思想堕落。二、他们都是皇帝的宠儿,又善于阿谀皇帝,因此皇帝百般庇护他们,成为他们的保护伞,使他们横行不法,大肆贪污。三、他们都排斥异己,拉帮结派,安插死党,成为自己贪赃枉法的帮凶。四、他们最后的结局,秦桧虽然老死,但他的石像永远跪在岳武穆祠前,令人唾骂;严嵩虽然保住脑袋,但成为无家可归的流浪汉;元载上了断头台;和珅在狱中赐其自尽,都没有好结果。看起来,贪污可以使物欲的狂徒痛快一时、享受一时,但他们难以有好下场,永远被钉在历史的耻辱柱上,遗臭万年。

驱神逐鬼何其威

> 非其鬼而祭之,谄也。
>
> ——春秋·孔子
>
> 人死五藏腐朽,腐朽则五常无所托矣,所用藏智者已败矣,所用为智者已去矣。形须气而成,气须形而知。天下无独燃之火,世间安得有无体独知之精?
>
> ——东汉·王充

有一些宰相,具有朴素唯物主义思想,不信鬼,也不信神,冲破传统迷信的藩篱,大兴移风易俗之风,强化了人的尊严,显示了人的力量,使社会没有香烟缭绕,使人间没有离奇古怪,让鬼神让路,叫鬼神退位。

武则天朝宰相狄仁杰,可谓大名鼎鼎。电视剧里戏说他是神探,是中国的福尔摩斯,因此他的名声更是家喻户晓。其实他不仅是破案的能手,而且也是著名的政治家、卓越的宰相,他的思想深邃而缜密,他的作风无畏而务实,他从来不信鬼神,更谈不到怕鬼神。

根据《唐语林》卷三记载,狄仁杰在唐高宗时,曾任度支员外郎。有一次,高宗的车驾要从京都长安前往汾阳宫,汾阳宫是隋炀帝建筑的豪华宫殿,地址在今山西武宁县西南的管涔山上,靠近汾水之发源地,风景十分秀丽。高宗特别命令狄仁杰为这次出行的安顿使,负责安排皇帝车驾的行程。

当皇帝的大批车驾要经过并州(今山西太原西南)时,并州长史李元冲慌慌张张地紧急告知狄仁杰,如大批盛装的皇帝车驾经过妒女祠,就会惊扰妒女神,必然遭到怒雷狂风的可怕袭击,请避开这一灾难,另选其他道路。

天不怕地不怕的狄仁杰哪能相信有什么妒女神,更不相信妒女神能够骤起雷雨狂风,袭击皇帝车驾,阻挡前进的去路。因此他对这位长史说:"天子行幸,千乘万骑,风伯清尘,雨师洒道,妒女如何敢于挡道,叫皇帝车驾避开?"长史见狄仁杰如此理直气壮,毫不退让,更不畏惧什么妒女神,也就不敢说话,更不敢阻拦了。

于是狄仁杰命令皇帝大队车驾,浩浩荡荡地从妒女祠前经过,在此时,狂风也没有发威,大雨也没有倾下,怒雷也没有轰鸣,任何事也没有发生,风平浪静地、平平安安地过去了。

高宗知道此事,十分高兴,深赞狄仁杰"可谓真丈夫也"。

武则天当政的垂拱四年(公元688年),狄仁杰已提升为冬官侍郎(即工部侍郎),充任江南巡抚大使。狄仁杰到任后,深入乡里农村,考察民情民俗,看到江南吴楚各地修建很多祠庙,经常香烟缭绕,群男群女,纷纷祭拜神灵,祈求保佑全家,消灾免祸,大吉大利。狄仁杰认为这是民俗陋习,不利于树立良好的民风,不利于百姓的健康生活。于是他决定将1700余座祠庙绝大部分拆毁,只保留夏禹、吴太伯、季札、伍员四座祠庙。因为夏禹是治水的英雄,吴太伯是春秋时吴国的创始人,季札是吴国的贤人,伍员,即伍子胥是吴国的忠臣,这四个人有纪念意义,保留其祠庙,供人敬仰。

可见,狄仁杰拆毁祠庙并没有一刀切,考虑十分周全,用心非常精细,这也是他的一贯作风。树立良好的民风民俗,既要毁掉那些毫无意义的鬼神祠庙,也要保留少数有纪念意义和教育意义的英雄和贤人的祠庙,这是狄仁杰的历史眼光,也是他的人文眼光,体现一位著名政治家的本色。

在拆毁的祠庙中,也包括供奉楚霸王项羽的祠庙,而且这个祠庙香火很盛,膜拜和祈祷的人不少。

楚霸王项羽,不同一般人物,就是大史学家司马迁对他也另眼看待,在秦末大起义时,项羽是一个叱咤风云的头面人物,是一个力能扛鼎的西楚霸王,在江东一带影响特别大。因此司马迁把项羽的传记,列入《史记》的本纪中,与《秦始皇本纪》《高祖本纪》同等对待。

可是狄仁杰对项羽的神像就不客气了,认为他丧失江东八千子弟兵,还跑到这里享受人们的祭祀,接受男女的跪拜,实在不应该,于是就毫不留情地把供奉项羽的神庙拆得一干二净。

狄仁杰不但拆了项羽庙,还写了一篇《檄告西楚霸王文》,以昭示吴楚父老。其文字之犀利、语言之辛辣、讥讽之尖锐,实令人神往,因不便引用全文,不妨读一读用白话释义的要点。

项羽你这个庙神,崇高的名声不可以胡作乱为来取得,天下的帝位不能只靠武力去争夺,顺应天命者才享有百姓拥戴的美名,违背时代者就不是明察事变的君主。开始的这四句话,就直接指出项羽不过是一介武夫,其所作所为,不适应时代,不受百姓爱戴,写得相当刻薄和讥讽。

下边又说,在秦末群雄起义时,你虽在南方水乡聚众起事,自恃有扛鼎之雄威,有拔山之伟力,但你不知人心之所向,形势之所归。逐鹿关中,败于垓下,这都是因你不善于用人,并非天要亡你。你虽然指挥百万大军,但只剩下八千子弟兵也为你丧生。像你这样的惨败,死了以后,就应收魂匿魄,躲在远处。可是现在你还出来承受庙食,杀牛宰羊地祭祀你,真是极大的浪费。如今我狄仁杰受命在此地为官,要焚毁供奉你的祠庙,请你尽快离开,不再为人患! 檄文一到,严如律令,切勿迟误!

这篇檄文语言之严厉,时不容刻之迫急,可谓无以复加了。狄仁杰不但拆了供奉项羽的神庙,而且也把项羽的鬼魂赶跑了。

狄仁杰以大刀阔斧之势,改变了民间陋习,树立了新的健康的民风,其胆识、其作为,令人可佩可敬。

要说不怕鬼神,唐朝睿宗、玄宗两朝宰相郭震也有一个故事。据《酉阳杂俎》记载,一天夜里,郭震正在一座山中的别墅里聚精会神地在灯下看书,突然有一个好大的胖脸出现在灯前,郭震一抬头,既不惊慌,也无惧色,更是十分镇静。他信手拿起一支笔,在那雪白的大胖脸上题了两句诗:"久戍人偏老,长征马不肥。"这两句诗如何解读? 好像是说郭震的戎马一生,现在已偏老,出征时的战马也不肥壮了,但遇怪不惊,遇鬼更从容。因而这个大胖脸的鬼魂羞愧得满脸通红,就消失得无影无踪了。

几天以后,郭震漫步山中,忽然发现树上有一朵又肥又大的白木耳,其形如斗,上面有两句诗,正是郭震当夜所题。难道那夜在郭震灯前出现的大胖脸就是白木耳的鬼精吗?

这个离奇小故事,说明郭震是一位久经沙场的硬汉子,面对鬼怪,以笔为武器,题诗鞭伐之,其驱鬼之文雅和神奇,实令人耳目一新。

世上有没有鬼神,说法不一。我们的老祖宗春秋时的政治家子产和战国的思想家墨子就相信有鬼神存在,墨子在《明鬼下》一文中,就证明鬼神确实存在。而孔夫子不太相信鬼神,他在《论语·述而》篇中明确表示,他不谈鬼神。为什么不谈鬼神?不外三个原因:一是对鬼神还弄不明白;二是不相信鬼神的存在;三是愿谈人事,不愿谈鬼神事。到东汉王充,是一个无神论者,他在《论死》一文说:"人之死,犹火之灭也。""火灭不能复燃以况之,死人不能复为鬼,明矣。"

对鬼神,古人有不同的看法,今人也是这样。唯物论者,不相信鬼神;有神论者,相信有神在。这两种截然不同的思想并存于当今的世界,各有各的信仰。一个科学家、医学家对天体的研究、对人体的研究,不认为在自然之外还有一种超自然的力量。但有些科学家在走出实验室后,又去教堂做礼拜,虔诚地相信上帝。看起来,科学的研究和精神的信仰已完全是两回事。科学家在实验室里解决的是实证问题,科学家去教堂解决的是个人心理问题,二者可谓并行不悖,各有各的渠道。如果,科学家在实验室里研究宗教问题,去教堂里研究科学问题,那就缘木求鱼了。

关于科学与宗教信仰这一敏感的话题,论说者有各种观点,有的认为科学与宗教信仰是对立的,水火不相容。有的认为宗教信仰可以存在于科学还无法企及的地方。有的基督教徒认为,基督教信仰既超越科学,又不与科学相悖。当然还有的人认为,科学与宗教信仰互不相干,离开实验室时把科学留在那里;从教堂出来后,把信仰也随之留在那里。以上的一段话出自在美华裔学者里程所著《游子吟》一书。这些观点,反映科学与宗教信仰的关系是一个耐人寻味的问题,在某种程度上也反映了不同位置的人对二者关系的不同认知。

在这里,不妨重复一下中国老百姓常说的一句很朴实的话,对鬼神,信则有,祭神如神在;不信则无,有谁看见过鬼神?庙里的鬼神都是人塑造的。

一幅画，看十天

丹青难写是精神。

——北宋·王安石

　　不知什么原因，稀里糊涂的唐高宗在总章元年（公元 668 年），任用阎立本为宰相。史书说他虽有"应物之才"，也就是说他有点待人接物的本事，但"非宰辅之器"，也就是说他不是治国安邦的宰相材料。可是这个不称职的宰相却是一个著名的大画家。

　　论阎立本的家世，可谓是显赫一族，做高官的不少，更是绘画的世家。阎立本的父亲阎毗和哥哥阎立德都擅长绘画，可能受父兄的影响，阎立本也特别喜欢绘画，逐渐成为他终生的兴趣和追求。

　　有一次，阎立本特意去荆州看著名画家张僧繇的壁画。

　　张僧繇是南北朝时期的梁朝非常有名的大画家，在梁武帝（萧衍）时做过官。他擅长画人物，传神逼真，栩栩如生。他也喜欢画龙、画鹰、画花卉和山水等。梁武帝信佛，凡佛寺中壁上的佛像，都由他挥笔完成，不但形象生动，而且自成一格。

　　关于张僧繇绘画，曾有一个有趣的传说。他画的四条龙，不但各有姿态，而且活灵活现，特别生动，前来看画的人，都一口叫绝。但总觉得有一点遗憾，四条龙都没有画眼睛。大家请求张僧繇把龙眼睛画上。张僧繇说，点上龙眼睛，龙就会飞走。可是这话谁也不相信，一再请求他把龙眼睛点上。张僧繇无奈，只得拿起画笔，点上两条龙的眼睛。突然，黑云压顶，闪电大作，雷声轰鸣，暴雨倾盆，两条巨龙从墙壁上脱身，冲出殿门，腾云飞上高空。而那两条未点睛的龙仍然在墙壁之上，这就是"画龙点睛"成语的由来。这个神话故事，为张僧繇绘画之神奇增添了异彩，因此看他画的人越来越多。

阎立本抱着很高的期望来看张僧繇的壁画，粗粗一看，觉得也没什么了不起，轻蔑地说了一句："徒有其名而已。"

但他并不死心，第二次去看，就感觉与上次不同，认为这个老前辈还算得上绘画的好手。

他又第三次看画，就感到盛名之下的确没有无本事的人，这时张僧繇壁画的魅力已深深地吸引住阎立本。阎立本站在画前，久久也舍不得离开，累了就坐在地上看，再累了就躺在地上看，越看越觉得了不起，越看越觉得神韵无穷，他已处在完全痴迷状态，他在那里足足看了十天，还恋恋不舍，不肯离去。

阎立本这一看画过程，是细品、感受和领悟的过程。粗粗一看，浮浮一瞧，什么也得不到。只有潜心细看，反复琢磨，才能逐渐领悟画中那种千锤百炼的笔墨功夫，才能领悟修养与文化、哲理与精神的最高境界，才能有感受上的升华，才能有认知上的飞跃，才能有所深悟，才能有所心得，因此阎立本成为一个大画家绝对不是偶然的。

阎立本的画，无论画人物、画车马、画景物，都画得逼真生动，达到惟妙惟肖的最高境界，时人誉之为"丹青神化"。

他画的《秦府十八学士图》《凌烟阁功臣图》，都是他一生中的杰作，时人盛称其妙。

阎立本画的《宣王吉日图》，唐太宗为他亲笔题字，人称此一佳作，"越绝前世"。

阎立本也曾奉诏为太宗御容写真，为众臣绘像，这些像都画得神态逼真，形象传神，为当世之佳作。

阎立本画的《步辇图》，是唐太宗接见吐蕃使者来长安迎接文成公主入藏的情景，画面一些人物的姿态，生动而逼真。特别是唐太宗那种高贵的皇家气派，与远域人物的粗犷气质和其民族衣帽，都画得淋漓尽致，极其神妙。

阎立本画的《历代帝王图》，现藏在美国波士顿博物馆。

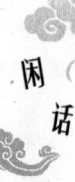

阎立本绘画的成就,青出于蓝而胜于蓝,掀开了绘画史新的一页。

张僧繇和阎立本虽然是前辈和后辈的大画家,却流传着一个有意思的故事。张僧繇曾画一幅《醉僧图》,没想到一些道士竟以这幅画嘲笑和尚,这就引起和尚不满,非常憎恨这幅画,于是他们募集数十万钱,请阎立本为他们画了一幅嘲笑道士的《醉道士图》,从而达到了和尚与道士的心理平衡。

纵观阎立本的一生,驰誉丹青,名声显赫;但他的宰相名声却默默无闻,历史给阎立本开了个大玩笑。

主要参考书目

《史记》、《汉书》、《后汉书》、《资治通鉴》、《三国志》、《晋书》、《旧唐书》、《新唐书》、《旧五代史》、《新五代史》、《宋史》、《明史》、《清史稿》、《贞观政要》、《全唐文》、《唐语林》、《大唐新语》、《隋唐嘉话》、《朝野金载》、《酉阳杂俎》、《封氏闻见录》、《唐国史补》、《开元天宝遗事》、《唐摭言》、《唐人轶事汇编》、《东都事略》、《建炎以来系年要录》、《三朝北盟会编》、《宋人轶事汇编》、《二十二史札记》、《天水冰山录》、《庸庵全集》等。

附录　中国历代宰相名称的演变

　　在我国两千多年的封建社会中,皇帝是国家的最高统治者。在皇帝之下,在中央和地方设置层层叠叠的官僚机构,在中央机构中辅佐皇帝总理政务的最高行政长官就是宰相。我国的宰相制度和宰相名称,随着我国封建社会的发展,有很多的变化。这种变化,反映了宰相制度内容的更新。

　　宰相,只是泛指辅佐皇帝掌握最高权力的高官的统称,并不是实际的官名。实际的官名,随着皇权与相权关系的变化和实际需要,各个朝代都有不同。

　　早在秦统一中国之前的战国时期,就有相当于宰相的地位和职官,比如,居于七国之雄的秦国,就在国君之下设立"相"职,秦惠文王十年(公元前328年)任张仪为相,这是秦国第一个相,以后,又有"丞相"之称,丞相有时分左丞相、右丞相,同时还有"相国"之称。

　　秦统一中国后,参照秦统一前的政治制度,结合统一后的政治需要,在皇帝之下,设丞相、太尉、御史大夫,称为三公。丞相辅佐皇帝管理国家政事,为文官之长,当时丞相分左右,各置一人,秦以左丞相为上,丞相就是当时的宰相官名。御史大夫主管监察百官,为副丞相。太尉主管军事。

　　刘邦建立西汉政权之初,沿袭秦之三公制,设置丞相一人。汉高祖十一年(公元前169年),改丞相为相国,萧何成为独一无二的宰相。汉惠帝和高后时期,改设左、右丞相各一人。秦以左丞相为贵,而汉以右丞相为尊。汉文帝二年(公元前178年)又不分左右丞相,丞相由一人担任,而且相延较久。汉武帝时,有时将丞相分左右,改尊右为尊左,有时又不分左右。汉武帝时,改三公的太尉为大司马,汉成帝又把三公的御史大夫改为大司空。到绥和元年(公元前8年),汉成帝又把大司马、大司空置于丞相的同等地位,从而三公俱为宰相。这是宰相制度一次重要变革,使西汉以来,相沿已久一、二人为相,成为三人共相的集体。汉哀帝时,又把丞相改为大司徒,与大司马、大司空,并为宰相。

　　公元8年,宰相王莽篡汉做上皇帝,改国号为新,新朝仍以大司徒、大司马、大司空为宰相,均由一人担任,直至新朝政权灭亡。

刘秀建立东汉政权后,仍沿袭西汉末年的宰相名称,以大司徒、大司马、大司空为宰相。后又在建武二十七年(公元 51 年),又将三公改为司徒、太尉、司空,仍为宰相。宰相地位的崇高和权力之大,早在西汉武帝时,就引起注意,为防止宰相专权,逐渐将宰相的权力转移到中朝尚书,到东汉光武帝时,尚书台已成为皇帝倚重的权力机构,尚书成为皇帝的左右手,三公的宰相权力大大削弱。到汉献帝建安十三年(公元 208 年),罢了三公官,复置丞相,曹操独揽丞相大权,甚至献帝也由他摆布,直到曹操于献帝延康元年(公元 220 年)去世,他的儿子曹丕称帝,东汉遂亡。

魏晋南北朝时期,是宰相制度从三公制向三省制的过度时期,宰相的名称有很大变化。

三国时期的曹魏,虽然也设置司徒、太尉、司空三公官,但不参与朝政,只是名誉虚衔。这时的真正宰相已是录尚书事、尚书令或尚书仆射。三国时期的蜀汉,以丞相为宰相,诸葛亮一人独揽。诸葛亮去世后,不再设丞相,以尚书令为宰相。三国时期的东吴政权,以丞相为宰相,以后分置左右丞相。

两晋时期,虽然也设置丞相、相国、司徒、太尉、司空等职,但只是一些宠臣的特殊名号,不掌握国政。西晋的真正的宰相却是尚书台尚书,东晋为录尚书事。

南北朝时期的南朝,虽然也设置丞相、相国等职,但都是荣誉之衔,不是宰相。南朝的真正宰相是尚书令、尚书仆射、中书监令和侍中。北朝的宰相制度,大体与南朝相同,以尚书令、尚书仆射等为宰相。

隋朝灭北周统一中国后,在宰相制度上有继承,但有很大创新,在中央建立三省制度。以尚书省、门下省、内史省的长官尚书令(尚书令位缺时,以尚书仆射代之)、纳言、内史令为宰相。尚书省主管全国政务,门下省主管封驳,内史省主管制令。具体说,内史省负责起草皇帝诏令,门下省负责审核,尚书省负责执行。三省既互相协调,又互相牵制。三省体制的基本确立,在我国宰相制度中具有重大的意义。隋朝虽然也有太尉、司徒、司空之官,但都是闲职,居优崇之位,而无实权。

唐高祖李渊灭隋建立唐朝,其宰相制度在开始时沿袭隋制,但比隋朝更完善。在中央设立尚书、中书、门下三省,以三省长官尚书令或尚书左右仆射、内史令、纳言为宰相。三省长官,既有分工,又密切合作,共议国家大事。三省长官虽然都是宰相,但以尚书令地位最高,权力最大。为正二品,统领六部二十四司,但很少授人。

武德三年(公元 620 年)三月,唐对沿袭隋制的中书、门下二省长官的名称作了改动,改纳言为侍中,改内史令为中书令。因尚书令位高权重,不常设,故经常以左右仆射为尚书省长官。

唐太宗在位的贞观年,除三省长官为宰相外,以他官领任宰相者明显增加。如杜淹以检校吏部尚书参议朝政,魏征以秘书监参预朝政,刘洎以

黄门侍郎参知政事,岑文本以中书侍郎专典机密,许敬宗以左庶子、高季辅以右庶子、张行成以少詹事同掌机务,崔仁师以中书侍郎参知机务等。从而参议朝政、参预朝政、参知政事、专典机密、同掌机务、参知机务等均为宰相之职。正如《新唐书·百官志》说的"自太宗时,或曰参政得失、参知政事之类,其名非一,皆宰相职也。"

也有的史学家认为,参政得失、参知政事等等,都不是宰相的实职,只是一种差遣,"说明早在太宗时,宰相制度中就参入了差遣制。"

贞观八年(公元634年),左仆射李靖年逾花甲,身体多病,请求辞去宰相,太宗虽准其请,但念李靖是一位功勋卓著的老臣,除下优诏令其调养外,又命他疾病稍愈之时,每三两日至门下、中书平章政事。"平章"是商议的意思,也就是请他到政事堂与中书、门下长官共议军国大事,兼领宰相之职。从此,中书门下平章事,便成为宰相的名称。

贞观十七年(公元643年)太宗以太子太保萧瑀和太子詹事李世勣并为"同中书门下三品",也成为兼领宰相之衔,从此,同中书门下三品也成为宰相的名称。

贞观二十三年(公元649年)五月,太宗去世,太子李治即位,是为唐高宗。自高宗以后,左右仆射的地位下降,甚至下降到不加同中书门下三品便不能成为宰相。比如永徽二年(公元651年),张行成为尚书右仆射、于志宁为尚书左仆射,均加上同中书门下三品才成为宰相。正如《新唐书·百官志》说的"自高宗以后,为宰相者必加同中书门下三品,虽品高者亦然。"但中书令、侍中除外,说明此时的尚书左右仆射已非宰相之任。

高宗龙朔二年(公元662年)二月,更易三省及其长官名称,尚书省改为中台,长官左右仆射易为左右匡政;中书省改为西台,长官中书令易为右相,门下省改为东台,长官侍中易为左相;中书门下三品更名为东西台三品。

高宗咸亨元年(公元670年)十二月,又将三省及其长官名称恢复原样。

高宗时期,居宰相之任者主要为同中书门下三品。以中书令、侍中入相者很少。

武则天临朝称制时,于光宅元年(公元684年),对三省及其长官的名称作了全面的改变。改尚书省为文昌台,长官左右仆射改为左右相;改中书省为凤阁,长官中书令改为内史令;门下省改为鸾台,长官侍中改为纳言。同中书门下三品、同中书门下平章事,亦改为同凤阁鸾台三品、同凤阁鸾台平章事。

神龙元年(公元713年),唐中宗复位,又将三省及其长官的名称恢复原样。

唐玄宗即位后,对三省及其长官的名称作过三次变动。

第一次,开元元年(公元713年)十二月,将尚书省长官左右仆射更名为左右丞相;改中书省为紫微省,改长官中书令为紫微令;改门下省为黄门省,改长官侍中为黄门监。

第二次,开元五年(公元717年)九月,尚书省长官仍为左右丞相,中书省和门下省及其长官均恢复原名。

第三次，天宝元年（公元742年）二月，改尚书省长官为左右仆射，改中书令为右相，改侍中为左相。

这三次名称变动，在职权上均无实质变化。

唐肃宗即位后，于至德二年（公元757年）十二月，改右相为中书令，改左相为侍中。这样，三省长官复原为左右仆射、中书令、侍中，直至唐终未变。

从唐肃宗至德元年（公元756年）开始，以同中书门下三品入相者已不出现，以同中书门下平章事入相者已居独占地位，以中书令、侍中入相者已寥寥无几。

大唐宰相名称的变化，令人眼花缭乱。但也不是没有规律可循，位高权重的三省长官，唐初虽然设置较多，但也不肯轻易授人，故常以其他职衔入相，即以品级较低的官员代替品级较高的官员入相。宰相名称也从多元化，逐渐统一于单一的宰相名称。这一宰相制度和名称的变化，既有利于加强皇权也符合当时的需要。

唐灭后，进入分裂动荡的五代时期，梁、唐、晋、汉、周五个朝代的宰相名称，基本沿袭唐朝后期的同中书门下平章事。

宋朝建立后，经历北宋和南宋两个时期。宋太祖时的宰相制度和名称，沿袭唐后期，以同中书门下平章事为宰相。但在乾德二年（公元964年）又设立参知政事，作为副相。

元丰五年（公元1082年）四月，宋神宗对官制进行一次全面的改革，在中央仿唐制，置三省长官尚书令、中书令、侍中，但因官高位重不授人，等于虚设。而以左右仆射为宰相，左仆射兼门下侍郎以行侍中之职，右仆射兼中书侍郎以行中书令之职。并废除参知政事，以门下侍郎、中书侍郎、尚书左丞、尚书右丞为副相。

北宋徽宗政和二年（公元1112年）九月，宰相名称又作了一次变更，改左仆射为太宰，改右仆射为少宰，并以太宰兼门下侍郎，以少宰兼中书侍郎，成为副相。

北宋靖康元年（公元1126年）闰十一月，又以尚书左右仆射为宰相。仍兼两省侍郎，恢复元丰旧制。

南宋孝宗乾道八年（公元1172年），诏令左右仆射改为左右丞相，恢复参知政事为副相。以后宋终未改。

这里还应提出一点，北宋哲宗元祐年间，设置"平章军国重事"，使宰相兼领军事，其地位在宰相之上，但只授元老重臣，故不常置。

元朝是蒙古族建立的王朝，在中央设置中书省，长官为中书令，一般以皇太子领中书令，实际等于虚设。而设置的右丞相与左丞相各一人，才是宰相，统六官，率百司。蒙古族尚右，故右丞相在左丞相之上。此外，还设置平章政事四人，右丞、左丞各一人，参知政事二人，为丞相之副。

朱元璋(明太祖)建立明朝之初,其官制基本沿袭元朝,在中央设立中书省,以左右丞相总理全国政务。但在洪武十三年(公元1380年)正月,朱元璋以左丞相胡惟庸谋反的罪名,杀了胡惟庸,但更使他特别痛恨的是,宰相的存在显然对皇帝的权力构成严重威胁,于是下令撤销中书省,废除了宰相制度。他甚至下了一条死命令,以后嗣君,不得议置宰相,臣下有奏请设立者,论以极刑。从此,皇帝一人独揽大权,直接指挥吏、户、礼、兵、刑、工六部,但皇帝独揽六部,事务那么繁杂,没有人辅佐怎么能行,于是于同年九月,设置春、夏、秋、冬四辅官,为皇帝讲论治道,处理一些指定事务。洪武十五年(公元1382年)又罢四辅官,设立文渊阁、武英殿、文华殿等大学士,为正五品,作为皇帝的顾问或秘书等职务。

到明成祖朱棣统治时期,内阁及其大学士的实际职权已发生明显的实质变化,大学士经常参与重大政事的研讨,甚至对六部的要政,也可以在御前进行更高层次的审议。

到明仁宗、明宣宗以后,内阁的地位和作用又进一步提高,这时年幼的皇帝不能不把很多政务交给内阁办理,内阁权力逐渐加重。及至明英宗以后的历届皇帝,差不多都是荒怠庸懒之辈,因此,国家日常事务多由内阁办理,他们逐渐担任了代替皇帝草拟诏令的工作,还负责起草批复奏章的"票拟"任务,此时的内阁大学士,有的官阶已跳到正一品,六部尚书有事常常请示大学士,实际已统属了六部,俨然已是丞相,不过没有其名而矣。明世宗嘉靖以后,内阁大学士视为宰相已成常态,比如,嘉靖四十五年(公元1566年),海瑞上书要求皇帝"日御正朝,与宰相、侍从讲求天下利害。"这里的宰相就指大学士。

内阁大学士无定员定制,约为三至七人,常为五人。大学士有地位顺序,分首辅、次辅、群辅,首辅即首席宰相,主持国家大事。

清顺治元年(公元1644年),明朝覆亡,清军入关,定都北京,从而逐渐建立全国政权。清朝最初的中央机构,沿袭清入关之前的内三院(内国史院、内秘书院、内弘文院),并在内三院任命大学士,为皇帝的辅佐,可视为当时的宰相。

顺治十五年(公元1658年),沿用明朝的内阁制,改内三院为内阁,内阁的大学士,仍为宰相。

雍正七年(公元1729年),因用兵西北,设军机房。雍正十年(公元1732年),改称军机处。军机处秉承皇帝意旨办理军机事务或机要政事,后来成为参议重要政务的中枢机构。因此,内阁的权力逐渐形同虚设,内阁大学士不兼军机大臣即无实权。军机大臣,正式称谓是"军机处大臣上行走",由满汉大学士、各部尚书、侍郎、总督等官员奉特旨充任。军机大臣一般三至六人,由皇帝指派满、汉各一员为首领,称为"揆首"。

明、清的大学士和清的军机大臣虽然可称为宰相,但由于皇权空前的加强,这时的宰相权力与汉唐宰相相比,已不可同日而语。